BIBLIOTHÈQUE A. FIRMIN-DIDOT

CATALOGUE

DES

LIVRES RARES ET PRÉCIEUX

MANUSCRITS ET IMPRIMÉS

THÉOLOGIE — JURISPRUDENCE — SCIENCES

ARTS — LETTRES — HISTOIRE

JUIN 1884

Mᵉ MAURICE DELESTRE

COMMISSAIRE-PRISEUR

27, rue Drouot, 27

Mᵐᵉ Vᵛᵉ ADOLPHE LABITTE

LIBRAIRE DE LA BIBLIOTHÈQUE NATIONALE

4, rue de Lille, 4

BIBLIOTHÈQUE A. FIRMIN-DIDOT

MANUSCRITS ET IMPRIMÉS

THÉOLOGIE — JURISPRUDENCE — SCIENCES
ARTS — LETTRES — HISTOIRE

CONDITIONS DE LA VENTE

Elle sera faite au comptant.

Les acquéreurs paieront cinq pour cent en sus des enchères.

Les livres vendus devront être collationnés sur place dans les vingt-quatre heures de l'adjudication. Passé ce délai, ou une fois sortis de la salle de vente, ils ne seront repris pour aucune cause.

M. Em. PAUL se chargera de remplir les commissions des personnes qui ne pourraient assister à la vente.

EXPOSITIONS

PARTICULIÈRE : le Samedi 7 et le Lundi 9 Juin.
PUBLIQUE : le Dimanche 8 Juin, de 2 à 5 heures.

Chaque jour de vente, il y aura Exposition publique à une heure de l'après-midi.

Voir l'*Ordre des Vacations* à la suite du Titre.

CATALOGUE

DES

LIVRES PRÉCIEUX

MANUSCRITS ET IMPRIMÉS

FAISANT PARTIE DE LA BIBLIOTHÈQUE

DE

M. AMBROISE FIRMIN-DIDOT

DE L'ACADÉMIE DES INSCRIPTIONS ET BELLES-LETTRES

THÉOLOGIE — JURISPRUDENCE — SCIENCES
ARTS — LETTRES — HISTOIRE

VENTE A L'HOTEL DES COMMISSAIRES-PRISEURS

RUE DROUOT, N° 9 — SALLE N° 3

Du Mardi 10 au Samedi 14 Juin 1884

A deux heures précises de l'après-midi

Par le ministère de M° MAURICE DELESTRE, Commissaire-Priseur
Successeur de M° Delbergue-Cormont
27, Rue Drouot, 27

Assisté de M. G. PAWLOWSKI, officier de l'Instruction publique, bibliothécaire du défunt

Et de M. EM. PAUL, gérant de la maison Vve A. LABITTE
libraire de la Bibliothèque nationale
4, Rue de Lille, 4

—

PARIS. — 1884

ORDRE DES VACATIONS

TABLE SPÉCIALE

DES

LIVRES IMPRIMÉS SUR VÉLIN

DES EXEMPLAIRES UNIQUES OU SEULS CONNUS

ET DES PROVENANCES CÉLÈBRES

I. LIVRES IMPRIMÉS SUR VÉLIN.

N°ˢ 150, 151, 153, 154, 162, 191, 208, 240, 311, 442.

II. EXEMPLAIRES UNIQUES OU SEULS CONNUS.

N°ˢ 150, 153, 155, 238, 281, 283, 284, 285, 286, 312, 365, 439, 493.

III. SIGNATURES OU NOTES AUTOGRAPHES DES HOMMES
ILLUSTRES OU DISTINGUÉS.

IV. PROVENANCES CÉLÈBRES.

MANUSCRITS

MANUSCRITS

I. MANUSCRITS OCCIDENTAUX

THÉOLOGIE, SCIENCES, ARTS
LETTRES, HISTOIRE

1. LA SAINTE BIBLE, avec glose. — In-fol., de 245 ff. à 2 col.; miniatures et lettres ornées; mar. noir, tr. dor. (anc. rel.).

> Fort beau et précieux manuscrit sur VÉLIN, remontant au commencement du XIIIᵉ siècle, et orné de QUATORZE MINIATURES.

> Il paraît offrir la plus ancienne version française de la Bible, dont les manuscrits sont d'une rareté extrême. Voici le début d'un prologue du traducteur : *Deuine es||criture nos || enseigne q̃ || prophecie || est entendu||e en treis ma||nieres : Lu||ne si est des || choses qui sont auenir. Si || com .dieu aprist aprist a isaye le || prophete...*

> La *Genèse*, de même que quelques autres livres, est précédée d'un petit sommaire rubriqué : « Faisons ce est assauer home selonc l'arme a nostre semblance, non mie selonc une persone, mais selonc toute la trenité, quar la memoire reprezente le père, entendement le flz, volenté le saint esperit. Et ceste trenité est en l'âme. » Le texte de la Genèse commence ainsi : « El comencement créa Dieu le ciel et la terre. La terre estoit vaine et vuide, et ténebres erent sur la face de l'abisme, et li esperit de Deu estoit portés sur les aigues, et Deu dist : Soit faite lumière, et faite est. » Il finit de cette manière (f. 22 vᵒ) : « Quant Joseph morut, si fu enseveli en precious oignemens et enterrés en un vas en Égypte. » Puis, sans aucune séparation, vient un commentaire de quatre pages : « Ce sont les interpretations des flz de Jacob : Ruben veut dire autretant com flz de vizion... »

> L'*Exode* débute ainsi (f. 24 vᵒ) : « Cist sont les nons des flz Israël qui

entrèrent en Egipte o [avec] Iacob, chascun o sa maisnée [famille]. » La fin de ce livre a été plutôt résumée que traduite littéralement.

Les *Nombres* commencent ainsi (f. 44 r°) : « Nostre sire parla à Moysen au désert de Sinay, dedens le tabernacle l'an après ce que li flz Israël issirent d'Egypte. » C'est encore un résumé dans lequel est compris celui du *Deutéronome*. Il finit ainsi (f. 54 r°) : « Et la forte main que Deu mostra por lui devant les flz Israël. » On lit ensuite : « Ce est la fin des V livres de Moyses.... De toz ces V livres ai toute la some translatée por savoir l'estoire. Après les livres de Moysen, si est un livre qui s'apèle le livre de *Iosué*... Cestui livre descrirai por entendre et saver coument la terre de promission fu conquise par lez flz Israël... »

Toute cette partie est accompagnée de notes marginales.

A la suite du livre de *Iosué* (f. 63), on lit une pièce de 148 vers commençant ainsi :

> El tens par la quel porvéance
> Ont toute rien estre puissance
> Qui set et puet et voit toz biens.
> Car sols est bon en totes riens,
> Sauve en voire religion.
> *Maistre* RICHART *et frère* OTHON,
> En cele sainte fraerie
> De vostre honeste compaignie,
> Gart et saintefie plus et plus.
>
> . . . . . .
>
> Seignor vostre comandement
> Ai-ge fait debonairement
> *De translater* IUDICIUM.

A la fin de cette pièce, souvent peu intelligible, le traducteur s'excuse d'avoir quelquefois amplifié le texte de la Bible :

> Porce qu'en aucun leu mis ai
> Plus qu'au latin que je trouvai ;
> Porce que la letre est oscure,
> Trop cloze as gens sanz letreure.
> Ne sai que translation vaille,
> Qui semble as oyans devinaille.

Maître Richart est probablement le traducteur du *Pentateuque* et du livre de *Josué*, et le frère Othon aura fait la version du livre des *Juges* et des suivants. En tout cas, ces deux noms n'ont pas encore été signalés dans l'histoire littéraire.

Après le livre des *Juges*, viennent ceux des *Rois*, des *Macchabées* (incomplet des deux premiers feuillets), de *Tobic* et de *Judith*, ce dernier finissant ainsi : « Quant Nabugodonozor oy ces dures noueles, si fu forment yries τ assembla autre ost τ entra en Egypte et la songist a soy τ hedefla lors Babiloine. Car il ni auoit que une tor que hom [qu'on] apeloit Babel. Apres s'entorna a domas τ ileuques morut. *Explicit iudith*. »

On le voit, notre volume ne renferme que les livres historiques relatifs à la période écoulée depuis la création du monde jusqu'à la naissance de Jésus-Christ.

Chaque livre commence par une majuscule à fond diapré, d'une rare perfection, dont les appendices s'étendent sur les marges, et il est précédé d'une miniature à fond or (H. : 0,069 à 0,074 ; L. : 0,060 à 0,064). En voici les sujets : 1° (en tête du prologue) *un Saint écrivant et un moine debout devant lui ;* — 2° (Genèse) *les Jours de la création et le repos* (f. 2) ; sept sujets en médaillons en deux miniatures ; le premier est détaché ; les six autres sont réunis deux à deux et placés dans un rectangle à fond quadrillé ; — 3° (Exode) *les Hébreux sortant d'Égypte sous la conduite de Moïse* (f. 24 v°) ; — 4° (Nombres) *Offrande d'un agneau au Dieu d'Israël* (f. 44) ; — 5° (Josué) *le Seigneur ordonnant à Josué de passer le Jourdain et d'entrer dans la terre promise* (f. 53 v°) ; — 6° (les Juges) *les Hébreux consultant Dieu pour savoir qui les conduira contre les Chananéens* (f. 64 v°) ; — 7° (Ier des Rois) *Anne, femme d'Elcana, faisant un vœu pour obtenir un enfant mâle ;* le grand-prêtre Héli qui l'observe la croit ivre (f. 94 v°) ; — 8° *David faisant mettre à mort le meurtrier du roi Saül* (f. 123 v°) ; — 9° le *Sacre de David* (f. 124 v°) ; — 10° (II° des Rois) *David dans sa vieillesse à qui on présente Abisag pour être son épouse* (f. 148) ; — 11° *Enlèvement d'Élie au ciel en présence de son disciple Élisée* (f. 180 v°) ; — 12° (II° des Macchabées) *le Siège de Jérusalem par Antiochus* (f. 226 v°) ; — 13° (Tobie) *Sommeil de Tobie pendant lequel il perdit la vue* (f. 229 v°) ; — 14° (Judith) *Judith coupant la tête à Holopherne* (f. 238).

Ces miniatures sont d'une exécution remarquable.

Conservation parfaite, sauf quelques raccommodages.

2. PSALTERIUM, CANTICA, etc. — Pet. in-8 carré, de 242 ff. ; miniatures et lettres ornées ; veau noir, compart. à fil. à fr., tr. dor.

Précieux manuscrit sur VÉLIN, exécuté dans le Nord de la France au commencement du XIII° siècle, et orné de QUATORZE MINIATURES A PLEINE PAGE et de VINGT-QUATRE INITIALES HISTORIÉES.

Les six premiers feuillets sont occupés par un *calendrier français*, qui est peut-être le plus ancien que l'on connaisse, ce qui assure à ce volume un intérêt exceptionnel. En voici quelques indications dont le nombre est restreint : 5 janv., *s. Lusien* (Lucien), le martyr, patron de Beauvais ; — 6 janv., *le Tiéphane* (Épiphanie) ; — 2 févr., *le Purificatium nostre dame candelière ;* — 6 févr., *s. Vuast et s. Amant ;* — 10 févr., *s^{te} Austreberte,* patronne de Montreuil, en Picardie ; — 1er mars, *s. Aubin ;* — 21 mars, *s. Beneoit ;* — 25 mars, *le Annunciatium nostre seigneur ;* — 1er avril, *s. Venant ;* — 1er mai, *s. Philippe et s. Jakemes apostèles ;* — 13 juillet, *s. Sylas l'apostèle* (sic) ; — 4 août, *s^{te} Walburc ;* — 10 août, *s. Leurent ;* — 16 août, *s. Ernol* (Arnoul) ; — le 24 août, *s. Bertremin* (Barthélemy), *apostèle ;* — 8 sept., *li Nativités nostre Dame ;* — 9 sept., *s. Omèr ;* — 14 sept., *s. Chiprien ;* — 17 sept., *s. Lambert ;* — 21 sept., *s. Mahiu l'apostèle ;* — 2 oct., *s. Légier ;* — 4 oct., *s. Franchois ;* — 23 oct., *s. Sérin* (Séverin) ; — 31 oct., *s. Quentin ;* — 2 nov., *Feste des armes ;* — 6 nov., *s. Wignoc* (Winoc), patron de la ville de Bergues (dép. du Nord) ; — 27 nov., *s. Maxeme, évesque ;* — ℞ noy., *s. Andriu, apostèle ;* — 6 déc., *s. Nicholai ;* — 25 déc., *la Nativités Jhesu Crist;* — 26 déc., s. *Estievéne;* — 28 déc., *les Igno-chens;* — 29 déc., s. *Thumas de Cantorbile.* Beaucoup de ces noms et leur orthographe désignent suffisamment la contrée du dialecte picard comme lieu d'origine de ce volume.

Chaque page du calendrier est ornée de deux médaillons, dont l'un représente le signe du Zodiaque correspondant, et l'autre, une occupation champêtre respective.

Les miniatures à pleine page (H. : 0,108 à 0,117; L. : 0,073 à 0,080) ont pour sujets : 1° l'*Annonciation à la Vierge* (f. 7 v°); — 2° la *Nativité* (f. 8); — 3° la *Visitation de s^{te} Élisabeth* (f. 9 v°); — 4° la *Présentation au Temple* (f. 10 v°); — 5° l'*Adoration des Mages* (f. 11 v°); — 6° l'*Arrestation de Jésus* (f. 12); — 7° le *Portement de croix* (f. 13); — 8° la *Flagellation* (f. 14 v°); — 9° *Jésus en croix* (f. 15); — 10° *s^{te} Catherine*, et les bourreaux chargés de la martyriser blessés eux-mêmes par les roues du supplice (f. 16); — 11° la *Descente de croix* (f. 105); — 12° les *Trois Marie au tombeau du Christ* (f. 106); — 13° *Jésus ressuscité apparaissant devant sa Mère* (f. 107); — 14° le MARTYRE DE S. THOMAS DE CANTORBERY (f. 108); le saint a la tête tranchée devant l'autel, et elle tombe sur ses mains; trois guerriers sont derrière lui, tandis qu'une femme, les bras levés et les mains maculées de sang, semble protéger le martyr, à moins qu'elle ne veuille recueillir de son sang dans un but pieux. (On en trouvera une reproduction au catalogue illustré.)

Toutes ces miniatures, placées pour la plupart sous des portiques tri-lobés, et enchâssées dans des cadres rectangulaires, sont à fond or. Le style a de la grandeur et de la naïveté.

Les initiales historiées représentent : 1° le *roi David jouant de la harpe;* au-dessous : *le Combat de David et de Goliath;* les deux sujets sont renfermés dans les jambages de l'initiale B du premier psaume (f. 17); — 2° *David oint par Samuel* (f. 40); — 3° *David écoutant la voix de Dieu* (f. 55); — 4° un *Fou* (« *Dixit insipiens in corde suo...* ») (f. 68); — 5° le *roi David enfoncé dans l'eau* (« *Salvum me fac Deus...* ») (f. 81 v°); — 6° le *roi David faisant le carillon* (« *Exultate Deo...* ») (f. 99); — 7° une *Femme devant la sainte Vierge* (f. 109), en tête des *Eures de nostre Dame;* — 8° *Moines chantant* (« *Cantate Domino...* ») (f. 119 v°); — 9° la *Trinité* (f. 136); — 10° *s. Pierre* (f. 187 v°); — 11° *s. Paul* (f. 195); — 12° *Jésus et un saint* (f. 197 v°); — 13° *Résurrection du fils de la veuve* (f. 199 v°); — 14° *s^{te} Marguerite* (f. 201 v°); — 15° *Marie Madeleine lavant les pieds de Jésus* (f. 203 v°); — 16° *s^{te} Marie l'Égyptienne* (f. 208); — 17° la *Trinité* (f. 210 v°); — 18° *Jésus entre deux personnages* (f. 214 v°); — 19° s. VAAST, ÉVÊQUE D'ARRAS (avec son ours) (f. 216 v°); — 20° un *Saint évêque* (f. 217 v°); — 21° le *Martyre de s. Laurent* (f. 218 v°); — 22° *s. François parlant aux oiseaux* (f. 219 v°); — 23° le *Martyre de s. Étienne* (f. 220 v°); — 24° *s^{te} Apolline* (f. 222).

Le volume est en outre décoré d'un nombre considérable de petites initiales peintes en or et en couleurs, ainsi que de bouts de ligne d'un dessin varié.

Il est terminé par la litanie. Les feuillets 225 à fin, ajoutés après coup, sont d'une écriture du xv° siècle.

Dans plusieurs endroits, on lit la signature de *Germain de Ricamnez.*

3. PSALTERIUM, CANTICA, etc. — Gr. in-8, de 176 ff.; miniatures et lettres ornées; parchemin, tr. rouge (*anc. rel.*).

Précieux manuscrit sur VÉLIN, exécuté dans le nord de l'ancienne
France (Belgique actuelle), vers le milieu du XIII° siècle, et orné de VINGT-
CINQ MINIATURES, sous forme de lettres historiées.

Il débute par une superbe lettre B, couvrant la page entière et renfermée dans un cadre rectangulaire garni de six médaillons à sujets
(H. : 0,132; L. : 0,093). A l'intérieur de l'initiale, on voit deux scènes : en
haut, l'*Annonciation à la Vierge;* au-dessous : la *Nativité.* Les médaillons
des angles représentent : *Adam et Ève* mangeant du fruit défendu, leur
Expulsion du Paradis, Caïn tuant Abel et l'*Arbre de Jessé;* ceux du milieu
nous font voir un saint moine et une sainte religieuse (on trouvera, au
catalogue illustré, une reproduction de cette peinture et de la page en
regard). Les autres initiales historiées représentent : 2° l'*Adoration des
Mages* (f. 2); — 3° la *Fuite en Égypte* (f. 14 v°); — 4° le *Massacre des Innocents* (f. 23 v°); — 5° le *Baptême de Jésus* (f. 31); — 6° *Jésus tenté sur la
montagne* (f. 31 v°); — 7° *Jésus chassant les vendeurs du temple* (f. 39 v°); —
8° *Entrée à Jérusalem* (f. 49 v°); — 9° *Jésus ressuscitant Lazare* (f. 59 v°);
— 10° la *Cène et s*^te *Marie-Madeleine* (f. 61); — 11° le *Lavement des pieds*
(f. 69 v°); — 12° *Jésus en prière, en présence de ses disciples* (f. 90); —
13° l'*Arrestation de Jésus* (f. 98 v°), en tête des heures portant cette
rubrique : *Ci cōmence li offisces en lonor le Natiuiteit n*^ro *dāme ;* — 14° *Jésus
devant Caïphe* (f. 107 v°); — 15° *Jésus devant Pilate* (f. 112 v°); — 16° la
Flagellation (f. 117 v°); — 17° le *Portement de croix* (f. 119 v°); — 18° *Jésus
en croix* (f. 121 v°); — 19° la *Descente de croix* (f. 124); — 20° une *sainte
Femme au tombeau du Christ* (f. 126 v°); — 21° *Jésus aux limbes,* en tête de
la partie précédée de cette rubrique : *Ci cōmēcent les vespres des vigiles
des mors...* (f. 129); — 22° *Jésus ressuscité et un jeune homme* (f. 147 v°);
— 23° l'*Ascension* (f. 152 v°); — 24° la *Descente du s. Esprit,* en tête des
Premieres vespres delle purification nostre damme (f. 159); — 25° *Jésus en
croix,* au pied de laquelle on voit émerger au grand nombre de têtes
(f. 166); en tête de l'office indiqué par cette rubrique : *Ci commenchent
les promieres vespres delc assumption nostre damme.*

Ces miniatures, d'une rare finesse, sont à fond or. De longs appendices partant des initiales s'étendent sur les marges. Le texte est, en
outre, orné d'un grand nombre de lettres diaprées.

Au f. 147 verso, on lit cette rubrique : *Ci cōmencent vns aueiz en romanz
ke vnz sainz hom fist en lonor de n*^ro *sangnor ᴈ de n*^ro *dāme.* Cet *Ave* en
roman, quoique transcrit à longues lignes, est en vers, dont voici les
premiers :

> *Ave* qui ainz ne commenchas
> Ne qui ja fin ne prainderas,
> De totes creatures rois
> Et jugieres de totes lois...

L'*Ave* en l'honneur de Jésus-Christ compte cinquante strophes, et celui
solonc nostre damme, tout autant.

Voici le début de ce dernier :

> *Ave* rose florie
> Et de roial lingnie,
> En cui prist reposance
> Li rois de grant poissance...

Les trois derniers feuillets sont d'une écriture postérieure.

L'origine belge de ce volume est attestée par la litanie, où on lit.(f. 95-96) les noms peu fréquents de : *s. Mengold,* patron de la ville de Huy, près Liège ; *s. Servais,* patron de plusieurs villes de la Belgique ; *s. Remacle,* patron de Liège, etc. ; *s^le Begghe,* patronne de la ville d'Andenne, près Namur.

4. LECTIONARIUM, etc. — Gr. in-4 carré, de 228 ff. ; miniatures et lettres ornées ; demi-rel. veau br.

Précieux manuscrit sur vélin, exécuté dans l'abbaye de SAINT-MAXIMIN DE TRÈVES, de l'ordre de s. Benoît, du xe au xie siècle, et orné de peintures.

Il commence, au verso du premier feuillet, par un rectangle peint en pourpre et entouré d'une quadruple bordure, argent, vert, or et bleu. Sur le pourpre, on lit, en lettres capitales, alternativement en or et en argent : *In nomine dñi.* || *Incipivnt ep̄le [Epistole]* || *cō evangliis . or||dinatī recitan||de in dieb; pri||vatis . sev in sc̄ō||rō nataliciis .* || *Dom . [Dominica] . I . in adō̄ .[adventum] D.[Domini].* Sur le dessus de ce rectangle, on voit deux coqs se faisant face, et, au milieu d'eux, un médaillon représentant, en or, s. Paul écrivant ses épîtres, avec l'inscription : *sc̄s Pavlvs.*

La page en regard offre une précieuse image, d'un grand style, tracée au trait, en or, et représentant *Dieu assis sur le trône,* tenant d'une main le globe et de l'autre un livre. Sa tête est entourée d'un nimbe crucifère. Cette image, dessinée sur le blanc même du vélin, est placée dans l'ouverture des deux cercles superposés, lesquels sont enchâssés dans un encadrement rectangulaire à plusieurs couleurs. Au-dessus de la tête de Dieu, on lit : *Rex Regvm.* Sur le dessus du rectangle, on voit deux grues et, au milieu d'elles un médaillon renfermant, en or, l'image de l'Agneau divin, avec l'inscription : *Agnvs Dī.*

La page qui suit présente un rectangle quadrillé, peint en pourpre et bordé d'or, au milieu duquel s'épanouit une grande lettre F, resplendissant d'or et d'argent, suivie des autres lettres du mot : *Fratres,* en grandes majuscules dorées. Au-dessus de cette lettre, dans le cadre même, on lit : *Lectio epistolae beati* || *Pavli ap'li . ad Romanos.*

Le feuillet suivant, dont nous parlerons plus loin, a dû être transposé à cette place à la reliure ; car, à l'origine, il figurait probablement en tête du volume, avec un autre ou plusieurs autres disparus.

Le feuillet qui vient après continue ainsi le texte de l'épître de s. Paul : *Scientes . quia hora ē iam nos de somno surgere...*

Les épîtres et les évangiles pour les fêtes des saints commencent au f. 175, et le volume est terminé par quelques indications pour des messes spéciales, dont la dernière est : *Pro quacumque tribulatione*. Les neuf lignes de la fin sont d'une autre écriture.

Tous les titres sont rubriqués en lettres capitales, d'autres sont dorés et le texte est, en outre, orné d'un grand nombre de belles initiales enluminées en or et en couleurs. Il s'y trouve de nombreuses notes marginales, avec la notation musicale en *neumes*.

Vers la fin, huit feuillets, ayant subi dans le bas des dégradations emportant du texte, ont été restaurés, mais le texte n'a pas été rétabli.

Le feuillet placé après les deux premiers, par suite d'une transposition à la reliure, comme nous l'avons dit plus haut, offre des précieux renseignements hagiologiques et autres concernant l'abbaye de Saint-Maximin de Trèves. Il donne d'abord la continuation d'un feuillet disparu qui parlait des choses antérieures à l'an 950. Nous apprenons ensuite qu'en 952, sous la direction de l'abbé Willer (*abbate regimen monachile gubernante, Ruperto vero præsulatum disponente*), cité par D. Mabillon (*Annales ord. s. Bened.*, t. III, p. 565), une crypte fut ouverte et plusieurs autels furent consacrés à divers saints, avec l'indication de toutes les reliques qui s'y trouvaient. Entre autres, un autel y fut élevé en l'honneur des évêques de Trèves, dont plusieurs y avaient été inhumés, tels que : Eucharius, Valerius, Martinus (?), Agricius, Maximinus, etc. La suite nous donne des renseignements sur une chapelle consacrée le 2 mars 1018 par le vénérable Poppo, archevêque de Trèves, à la requête de l'abbé Winric (*... venerabilis Poppo Trevirorum archiepiscopus petitione devoti abbatis Winrici rogatus...*), que D. Mabillon ne cite point.

Ce feuillet est d'une écriture du xie siècle.

Plusieurs feuillets du commencement portent une ancienne cote : n° 225.

5. APOCALYPSE, avec commentaire. — In-4, de 54 ff. à 2 col. ; miniatures et lettres ornées ; peau de truie, riches compart., tr. dor. (*Hagué*).

Précieux manuscrit sur VÉLIN, exécuté en France à la fin du xiiie ou au commencement du xive siècle, et orné de CINQUANTE-SEPT MINIATURES.

Il commence par un prologue dont voici le début : *Sains pols li apostres || dist ke tuit cil qui ve||ulent piemant uiure || an ihu crist soffreront per||se-cution...* Entre le premier et le second feuillet il en manque un, de sorte que le prologue s'arrête avec les mots : « et elle li fait veoir des eus esperiteis la ueriteit des secreis da... », et le texte de l'Apocalypse ne commence qu'au 12e verset du 1er chapitre : « Et ie me retornai por veoir la voix que parloit a moi et ui . vij . chandelabres dor... ». Le commentaire est intercalé après chaque série de plusieurs versets, et voici le début de celui qui se rapporte aux lignes que nous venons de transcrire : « Per les .vij. chandelabres que . s. Johans uit est seneflee sainte englise qui est enluminee de .vij. graices dou . s. esperit... ». Il manque encore trois autres feuillets, après le 10e, le 20e et le 30e.

La version de l'Apocalypse finit ainsi (f. 49 v°) : « Ce dist sil qui porte tesmoing de cest : je vien tost. Venés sire Jhesus. La graice nostre signour soit à nos tous. Amen. » A la suite du commentaire de ces versets vient le texte, la version et un commentaire de l'*Oraison dominicale*, ainsi qu'un *Credo* finissant ainsi : « Nous créons la resurrection des cors qui à jor dou juire resurrexiront et à la bonne créance, seu est ameir son prome vraiemant, se est la créance per coi sainte eglise croit et cognoist Deu. »

Les miniatures, très finement faites, sur fond or ou quadrillé, sont fort curieuses pour l'exégèse graphique de ce livre tant discuté.

6. MISSALE ECCLESIÆ ATTREBATENSIS. — Pet. in-4, de 75 ff.; miniatures et lettres ornées; vélin blanc.

Admirable manuscrit sur VÉLIN, exécuté en France dans la première moitié du XIVe siècle, et orné de VINGT ET UNE MINIATURES sous forme d'initiales historiées.

Ce n'est malheureusement qu'un fragment d'un délicieux petit missel de l'église d'ARRAS. Il est écrit à longues lignes, en gros caractères gothiques, d'une régularité parfaite. Il commence par la rubrique : *In die natalis domini officium*, et finit avec la Préface.

Les miniatures représentent : 1° la *Nativité* et l'*Annonciation aux bergers* (f. 1); — 2° la *Mort de la Vierge* (f. 2); — 3° plusieurs *Saintes* (f. 3); — 4° l'*Élévation du saint sacrement* (f. 4); — 5° un *Service funèbre* (f. 5); — 6° l'*Adoration des Mages* (f. 6); — 7° la *Sainte Vierge avec l'Enfant Jésus* (f. 7); — 8° la *Descente du Saint-Esprit* (f. 8 v°); — 9° la *Naissance de s. Jean-Baptiste* (f. 9 v°); — 10° la *Victoire de l'Église sur le Paganisme* (f. 10); — 11° la *Célébration de la messe* (f. 11 v°); — 12° la *Trinité* (f. 12); — 13° s. *Mathieu l'évangéliste* (f. 13); — 14° un *saint Pape* (f. 13); — 15° l'*Ascension* (f. 14); — 16° la *Résurrection de Jésus-Christ* (f. 15 v°); — 17° s. *Paul* (f. 16); — 18° s. VAAST, évêque d'Arras (f. 17 v°); — 19° la *Toussaint* (f. 18 v°); — 20° s^te *Hélène et l'Invention de la sainte croix* (f. 19); 21° un *Saint* confesseur (f. 20).

Ces miniatures, renfermées dans de charmantes initiales, et peintes sur fonds quadrillés qui les font valoir davantage, offrent un des spécimens de ce que l'art français du XIVe siècle a produit de plus parfait pour la noblesse de style et la finesse de l'exécution vraiment merveilleuse. On trouvera au catalogue illustré une reproduction de la seconde miniature avec la page entière.

7. MISSALE. — Gr. in-fol., de 11 ff. à 2 col.; miniatures, bordures et lettres ornées; velours bleu.

Fragment d'un superbe manuscrit, de l'École flamande, exécuté vers la fin du XVe siècle. Il contient ONZE MINIATURES, sous forme d'initiales historiées.

Ces onze feuillets portent leur pagination primitive, et voici leur indication : I, XXVIII, XLII, XLVI, LXVI, LXXXXIV, LXXXXIX, CXXII, CXXXVIII, CLXI, CCIII.

A la première page, après la rubrique : *Dominica prima in aduentu Domini*, dans l'initiale A est représenté un *Abbé en prière*, dans un enclos. Il a la tête tonsurée et est vêtu d'une riche cape. La page est entourée d'un charmant cadre à rinceaux fleuronnés. Dans le bas sont peints deux écussons armoriés, adossés à une crosse d'abbé supportant une mitre. Le premier écusson porte : *d'argent à une croix de gueules;* le second : *écartelé : aux 1er et 4e, de gueules à trois annelets d'argent, 2 et 1 ; aux 2o et 3e, écartelé de sable et d'or.*

Les autres miniatures représentent : 2o la *Nativité* (f. coté 28) ; — 3o la *Présentation au temple* (f. 42) ; — 4o l'*Adoration des Mages* (f. 46) ; — 5o *Jésus en prière au Jardin des Oliviers* (f. 66) ; — 6o s. *Pierre et s. André* (f. 94) ; — 7o s. *Joachim et ste Anne se rencontrant à la porte dorée* (f. 99) ; — 8o la *Purification de la sainte Vierge* (f. 122) ; — 9o s. *Jean l'évangéliste et s. Mathieu* (f. 138) ; — 10o la *Trinité* (f. 161 vo), où l'on voit Dieu tenir le globe, avec une vue terrestre peinte dessus, surmonté d'un crucifix ; — 11o s. *Pélage,* martyr (f. 203 vo) ; il est représenté en pied, tenant une palme et un glaive. Cette dernière miniature est placée au bas de la page.

L'exécution de ces peintures, de quelques-unes surtout, est d'une rare finesse. Elles sont toujours accompagnées de charmants rinceaux en bordures.

Saint Pélage étant le patron de la Galice et de Cordoue, il est possible que ce missel ait été fait pour un abbé espagnol et décoré par un artiste flamand.

8. ANTIPHONAIRE. — Très gr. in-fol., de 56 ff. ; miniatures et lettres ornées ; demi-rel.

Superbe manuscrit sur VÉLIN, exécuté probablement à Sienne au XIVe siècle, et orné de HUIT MINIATURES d'une grande beauté.

Il ne comprend que les messes pour la fête de s. Pierre et de s. Paul et pour celle de s. Nicolas de Myre.

Les miniatures se présentent sous la forme d'initiales historiées, de diverses grandeurs. Elles représentent des épisodes de la vie de saint Pierre et de saint Nicolas.

Dans la première (H. : 0,080 ; L. : 0,090) (lettre T), on voit s. *Pierre assis sur le trône* (f. 3) ; — dans la seconde (H. : 0,155 ; L. : 0,125) (lettre S), s. *Pierre recevant la clé des mains de Dieu* (f. 4 vo) ; — dans la troisième (H. : 0,220 ; L. : 0,170) (lettre P), s. *Pierre guérissant un aveugle* (f. 13 vo) ; — dans la quatrième (H. : 0,210 ; L. : 0,090) (lettre I), s. *Pierre debout, vêtu d'une chasuble et tenant le saint calice* (f. 16 vo) ; — dans la cinquième (H. : 0,110 ; L. : 0,110) (lettre H), s. *Pierre subissant le martyre et son assomption* (f. 19 vo) ; — dans la sixième (H. : 0,140 ; L. : 0,150) (lettre M), s. *Nicolas, évêque, arrêtant la main du bourreau prêt à décapiter trois jeunes gens condamnés à mort injustement;* au fond, deux cavaliers en curieuses armures (f. 27 vo) ; — dans la septième (H. : 0,290 ; L. : 0,270) (lettre N), divisée en deux compartiments superposés, en haut : s. *Pierre, en habits pontificaux, assis sur le trône;* au-dessous : s. *Pierre délivré de la prison par un ange* (f. 35 vo) ; — dans la dernière (H. : 0,215 ; L. : 0,165) (lettre B), divisée aussi en deux compartiments, en haut : *Jésus-Christ;* au-dessous : s. *Nicolas, en habits d'évêque, sur son siège* (f. 39 vo).

Il est difficile de rendre un compte exact de la splendeur de ces miniatures où l'or brille en larges plaques et où les enroulements des initiales débordent sur les marges. Pour les figures, nous avons ici un des plus beaux spécimens de l'art monastique en Italie au xive siècle. Les têtes ont tantôt une rare énergie, tantôt une douceur pleine de charme. Dans la grande miniature (la 7e), qui n'a pas moins de vingt-neuf centimètres de haut, et dont on trouvera au catalogue illustré une reproduction réduite, la majestueuse figure de saint Pierre est d'un grand caractère : c'est assurément un chef-d'œuvre d'expression et d'attitude.

Notre Antiphonaire est encore orné de plus de DEUX CENT SOIXANTE autres initiales, peintes en rouge et en bleu, d'une grande variété d'ornementation, et de toutes les dimensions, depuis des carrés de vingt-cinq millimètres de côté jusqu'à vingt-neuf centimètres de hauteur. Il n'est pas possible d'en trouver de plus belles dans ce genre, comme on pourra en juger par la lettre M, dont nous donnons une reproduction au catalogue illustré, et qui n'a pas moins de vingt-neuf centimètres de hauteur et autant de largeur.

9. HORÆ. — Pet. in-4, de 65 ff.; miniatures, bordures et lettres ornées; mar. vert, dent., dos orné (*rel. du* XVIIIe *s.*).

Très curieux manuscrit sur VÉLIN, exécuté dans le midi de la France à la fin du xive ou au commencement du xve siècle, et orné de SEPT MINIA-TURES.

Il est entièrement en latin, écrit en gros caractères gothiques, particuliers à la calligraphie méridionale.

Les miniatures représentent : 1° la *Nativité* (f. 1); la Vierge est couchée, sous une riche couverture, sur un lit spacieux, surmonté d'un baldaquin; — 2° l'*Annonciation aux bergers* (f. 4); — 3° l'*Adoration des Mages* (f. 7); — 4° la *Fuite en Égypte* (f. 10); — 5° la *Présentation au Temple* (f. 13); — 6° le *Couronnement de la Vierge* (f. 18); — 7° *Dieu bénissant la sainte hostie* (f. 21).

Ces peintures, presque toutes de forme rectangulaire (H. : 0,068; L. : 0,061), sont à fonds quadrillés, or et couleurs. Elles ont un caractère tout particulier; les figures ont de la grâce, et l'influence italienne y est visible. Les bordures faisant corps avec l'initiale présentent aussi un agencement assez rare. Elles consistent en deux listels verticaux, reliés dans le bas par une bande transversale, le tout à bords dentelés.

Leur ornementation variée est sur fond or. Les montants sont terminés en pointe d'où des branchages feuillagés s'épanouissent sur les marges, supportant, dans leurs méandres, des quadrupèdes, des oiseaux et des grotesques. Au-dessus de chaque bande transversale sont représentés des scènes de chasse ou des animaux, médiocrement dessinés. Le texte est orné d'un grand nombre d'initiales enluminées.

Sur les feuillets de garde et sur des pages restées en blanc dans l'intérieur du volume, se trouvent différentes pièces d'une écriture courante du xve siècle. En tête, il y a une *prose latine* intitulée : *Oracio de confessione ad Dominam nostram*. Au f. 46 figure un dessin à la plume, assez barbare, représentant *Jésus sortant du tombeau*. Au revers de cette page, on lit d'abord cinq vers latins dont l'anagramme forme le mot : *Maria ;* ensuite douze vers français :

> Royne des chieulx glorieuse
> Fillie (*sic*) et mere de Dieu precieuse

Enfin, vient une curieuse oraison latine commençant ainsi : « Seigneur Dieu omnipotent.... accorde à moi, ton serviteur FOULQUES (*famulo tuo Folqueto*), une belle victoire sur tous mes ennemis, qu'ils ne puissent ni me nuire, ni me résister, ni me contredire.... » Cette oraison est signée : G. DE LOMANIA. La famille de Lomagne était l'une des plus illustres du midi de la France.

A la suite, nous trouvons toute une page en provençal : *Aquesta oracion de nostra dama a fact sant Thomas l'apostel desus lo sepulcre de nostra dama....*

Le dernier feuillet de garde contient une prose latine en l'honneur de s. Sébastien, suivie d'une oraison.

10. LAUDES B. MARIÆ VIRGINIS. — In-12, de 54 ff.; lettres ornées; vélin blanc.

Manuscrit sur VÉLIN, exécuté en Italie au commencement du xvᵉ siècle, en caractères gothiques, avec des initiales enluminées. Il commence par un titre : *Lavdes* ‖ *B. V. M.*, écrit sur fond or, et est terminé par cette rubrique : *Explicit officiū btē māie* ‖ *uirginis secundū cōsuetu‖dinem romane ecclesie.* ‖ *Laus deo.*

Il n'a d'autre importance que d'avoir appartenu à un membre d'une famille fameuse, à GALEOTTO MALATESTA, seigneur de Rimini, mort en 1432, à l'âge de vingt et un ans, et à qui ses pratiques pieuses ont valu la réputation de sainteté. A la première page, en effet, est peint un écusson aux armes des Malatesta (*bandé de six pièces, trois d'azur, et trois échiquetées d'argent et de gueules*).

Il est surmonté d'une couronne et a pour cimier, non pas une tête de licorne ailée comme on le rencontre quelquefois, mais une tête d'éléphant ailée, accompagnée d'une fleur. Sur une banderole verte passant derrière l'écusson, on voit en or les initiales : G. M. Plus bas, on lit : *Hec Laudes sunt mec raŏnis* GALEOTVS MALAT †.

11. HEURES. — Pet. in-4, de 197 ff.; miniatures, bordures et lettres ornées; mar. rouge, riches compart. à froid, tr. dor. (*Lortic*).

Très beau manuscrit sur VÉLIN, exécuté en France au commencement du xvᵉ siècle, et orné de DIX-SEPT MINIATURES.

Les douze premiers feuillets sont occupés par un calendrier français, écrit en or, carmin et azur. Parmi les noms en lettres d'or, on remarque ceux de *sᵗᵉ Geneviéve, s. Marie l'Égyptienne, s. Éloy,* et *s. Denys,* patronnes et patrons de Paris. Dans le Propre des saints qui suit le calendrier, et

qui commence par la rubrique : *Mémoire de saint Michiel*, on lit les oraisons à s. *Denis* et à s. *Martin;* dans la litanie figurent les noms de s. *Séverin*, de s. *Éloi*, de s. *Médard*, et de s^te *Aure*. Toutes ces particularités
attestent l'origine parisienne de ce manuscrit.

On y lit en français les *Quinze Joies de Notre Dame* et les *Sept Paroles*
de Jésus-Christ (ff. 137 à 146).

Les miniatures représentent : 1° s. *Jean l'évangéliste* (f. 21); — 2° s. *Luc*
(f. 23); — 3° s. *Mathieu* (f. 25); — 4° s. *Marc* (f. 27); — 5° l'*Annonciation*
à la Vierge (f. 36); — 6° la *Nativité* (f. 71); — 7° l'*Annonciation aux ber-*
gers (f. 77); — 8° l'*Adoration des Mages* (f. 82); — 9° la *Présentation au*
Temple (f. 87); — 10° la *Fuite en Égypte*, en grisaille (f. 92); — 11° la
Vierge assise à la droite de Dieu (f. 99 v°); — 12° le *Roi David en prière*
(f. 106); — 13° *Jésus en croix* (f. 123); — 14° la *Descente du s. Esprit*
(f. 130 v°); — 15° la *Vierge avec l'Enfant Jésus*, assise dans un fauteuil
(f. 137); — 16° *Dieu assis sur un arc-en-ciel* (f. 143); — 17° *Cérémonie des*
funérailles (f. 147).

Ces peintures, de forme rectangulaire (H. : 0,065; L. : 0,056 à 0,060),
encadrées d'un double listel, or et couleur, sont soit sur fond rouge ou bleu,
avec ornements dorés, soit sur fonds quadrillés. Le côté pittoresque n'y
joue presque aucun rôle, ce qui nous rapproche davantage du xive siècle.

La finesse de leur exécution est remarquable. Les contours sont tracés
avec une grande sûreté de main, et les lignes du visage offrent souvent
une pureté peu commune. L'expression est en général d'une vérité sai-
sissante. En un mot, c'est une œuvre d'art réelle, comme on pourra s'en
convaincre par la vue de la reproduction de la treizième miniature qu'on
trouvera au catalogue illustré.

La partie décorative du volume a été très soignée. A chaque page
ornée de peinture, l'initiale du texte se marie à une bordure en or et en
couleur, qui enserre le texte et d'où partent des branchages à feuilles de
houx s'étendant sur les marges. Le tout forme un encadrement qui
charme l'œil. Des initiales dorées et enluminées, avec ou sans appendices,
disséminées dans le texte; dont tous les vides sont garnis de tirets ornés,
complètent ce riche ensemble.

12. HORÆ. — Pet. in-4 carré, de 135 ff. ; miniatures, bordures
et lettres ornées ; mar. rouge, compart. à froid, tr. dor.

Très beau manuscrit sur VÉLIN, exécuté dans le centre de la France
vers le milieu du xve siècle, et orné de VINGT MINIATURES.

Les douze premiers feuillets sont occupés par un calendrier latin,
écrit en or, carmin et azur. Parmi les noms en or, on remarque ceux de :
s. *Hilaire*, évêque de Poitiers; s. *Julien*, évêque; s. *Thibaud (Theobaldus)*,
confesseur; s. *Martin*, évêque de Tours; s. *Gatien*, premier évêque de
Tours; etc. Au surplus, on y lit les noms de prélats suivants avec l'indication des sièges occupés par eux, ce qui est tout à fait exceptionnel : s. *Licin*,
évêque (*Licini, episcopi Andegavensis); s. Aubin*, évêque d'Angers;
s. *Martin*, abbé de Vertou, qui prêcha l'évangile dans le Poitou. Dans
la litanie, on trouve encore les noms de s. *Martial*, de s. *Hilaire* et

de *s^{te} Radegonde*. Tout cela indique suffisamment la patrie de ce manuscrit.

Les miniatures représentent : 1° *s. Jean, l'évangéliste a l'île de Patmos* (f. 13); — 2° *l'Annonciation à la Vierge* (f. 19); — 3° *la Visitation de s^{te} Élisabeth* (f. 35 v°); — 4° *l'Arrestation de Jésus* (f. 46); — 5° *la Descente du s. Esprit* (f. 47 v°); — 6° *la Nativité* (f. 49); — 7° *Jésus devant Pilate* (f. 53); — 8° *Jésus insulté au prétoire* (f. 54); — 9° *l'Annonciation aux bergers* (f. 55); — 18° *la Flagellation* (f. 58 v°); — 11° *le Portement de croix* (f. 59 v°); — 12° *l'Adoration des Mages* (f. 60 v°); — 13° *la Mise en croix* (f. 63 v°); — 14° *la Présentation au Temple* (f. 64 v°); — 15° *la Descente de croix* (f. 67 v°); — 16° *la Mise au tombeau* (f. 68 v°); — 17° *la Fuite en Égypte*, avec une jolie vue de ville dans le fond (f. 70); — 18° *le Roi David en prière* (f. 85); — 19° *Cérémonie de funérailles* (f. 100); — 20° *la Vierge avec l'Enfant Jésus* (f. 129).

Ces miniatures, d'un caractère particulier, sont très curieuses pour l'histoire de l'art. Le coloris est fort vif. Les 4°, 7°, 8°, 9°, 10° et 11° peintures présentent beaucoup d'intérêt pour les costumes civils et militaires. Toutes ces pages sont décorées, en outre, de larges bordures à fleurs et à rinceaux.

L'écriture du volume est très soignée. Il a toutes ses marges et sa conservation est parfaite.

13. **HORÆ.** — In-8 carré, de 141 ff.; miniatures, bordures et lettres ornées; veau jaspé, tr. dor. (*anc. rel.*).

Très beau manuscrit sur VÉLIN, exécuté en France vers le milieu du XVe siècle, et orné de NEUF GRANDES MINIATURES ET DE TRENTE-HUIT PETITES.

Un calendrier français occupe les douze premiers feuillets, dont chaque page est décorée d'une bordure latérale.

Les grandes miniatures ont pour sujets : 1° *s. Jean l'évangéliste* (f. 13); — 2° *l'Annonciation à la Vierge* (f. 21); — 3° *la Visitation de s^{te} Élisabeth* (f. 35 v°); — 4° *la Nativité* (f. 49); — 5° *l'Annonciation aux bergers* (f. 56); — 6° *la Présentation au Temple* (f. 54 v°); — 7° *la Fuite en Égypte* (f. 59); — 8° *la Vierge couronnée devant Dieu* (f. 67 v°); — 9° *la Descente du Saint-Esprit* (f. 101). La place de plusieurs autres est restée en blanc.

Ces peintures ont beaucoup de finesse, de grâce et de sentiment pittoresque. Elles sont de forme rectangulaire, fortement cintrées dans le haut, et entourées d'une mince bordure dorée. Une seconde bordure, formée de listels diaprés, en couleur, séparés par de petits fleurons sur fond or, encadre le texte et les miniatures sur trois côtés. Tout le reste des marges est couvert par une large bordure de feuillage réel et de convention, entremêlé de rinceaux détachés.

Les petites miniatures représentent, le plus souvent sous la forme d'initiales historiées : 1° *s. Luc* (f. 15); — 2° *s. Mathieu* (f. 17); — 3° *s. Marc* (f. 19); — 4° *s. Joachim en prière*; — 5° *la Sainte Vierge travaillant au métier*; — 6° *la Rencontre de Joachim et d'Anne à la porte dorée*; — 7° *la Naissance de s. Jean-Baptiste*; ces quatre miniatures sont renfermées dans des médaillons de grandeur différente, qui accompagnent l'image de l'Annonciation (f. 21); — 8° la *Trinité* (f. 116); — 9° s. *Michel* (f. 117); — 10° la *Vierge avec l'Enfant Jésus et un ange* (f. 117 v°); — 11° un autre sujet analogue (f. 119 v°); — 12° la *Vierge debout avec l'Enfant Jésus* (f. 121); — 13° la *Vierge assise* (f. 122 v°); — 14° la *Vierge debout* (f. 123 v°); — 15° la *Vierge assise* (f. 124 v°); — 16° la *Vierge assise;* devant elle, une femme coiffée d'un large atour se tient à genoux (f. 125); — 17° s. *Jean-Baptiste* (f. 125 v°); — 18° s. *Pierre* (f. 126 v°); — 19° s. *Paul* (f. 127); — 20° s. *Jean l'évangéliste* (f. 127 v°); — 21° s. *André* (f. 128 v°); — 22° s. *Étienne* (f. 129); — 23° s. *Denis* (f. 130); — 24° s. *Laurent* (f. 130 v°); — 25° s. *Christophe* (f. 131 v°); — 26° s. *Sébastien* (f. 132); — 27° s. Bénigne (f. 133); — 28° s. Maur (f. 133 v°); — 29° s. Fiacre (patron de la Brie) (f. 134); — 30° s. *Martin* (f. 135); — 31° s. *Nicolas*, avec le saloir (f. 135 v°); — 32° s. *Antoine* (f. 136); — 33° s^te *Marie-Madeleine* (f. 137); — 34° s^te *Catherine* (f. 137 v°); — 35° s^te *Anne* (f. 138 v°); — 36° s^te *Marguerite* (f. 139); — 37° s. *Georges* (f. 140); — 38° s. Médard (patron de Noyon, Soissons) (f. 140 v°).

Les pages ornées de ces miniatures sont également entourées d'un large encadrement, et toutes les autres ont une bordure latérale, de même que le calendrier.

Il n'est pas facile de déterminer avec certitude le lieu d'origine de ce manuscrit. Parmi les noms des saints inscrits en lettres d'or au calendrier, nous remarquons : s. *Didier*, patron de Bourges et de Vienne, en Dauphiné ; s. *Clément*, pape ; s. *Benigne*, patron de Dijon ; s^te *Catherine*; etc. Toutefois, on ne peut rien en conclure, pas plus que des noms compris dans la litanie ou dans le Propre des Saints ci-dessus. Nous sommes cependant portés à croire que ce volume a été exécuté à Paris ou dans la contrée voisine.

En regard de la première page du calendrier, on a ajouté une grande et belle initiale (S) provenant sans doute d'un Antiphonaire, et représentant la Vierge glorieuse, soutenue par quatre anges.

14. HORÆ. — In-32, de 75 ff.; miniatures, bordures et lettres ornées; cart. recouv. en soie brochée.

Manuscrit sur vélin, exécuté en France vers le milieu du xv° siècle, et orné de six miniatures.

Les douze premiers feuillets de ce volume minuscule (H. : 0,083 ; L. : 0,060) sont consacrés à un calendrier fort sobre de noms de saints. A la suite viennent les Heures de la croix, celles du Saint-Esprit, la Messe de la Vierge, le Propre des Saints, les Sept Psaumes de la pénitence et la Litanie.

Les miniatures représentent : 1° la *Descente du Saint-Esprit* (f. 17 v°); — 2° la *Vierge avec l'Enfant Jésus*, que des anges amusent (f. 23 v°); — 3° s. Louis, évêque de Toulouse (f. 41 v°); — 4° s. *Nicolas* (f. 45 v°); — 5° s^te *Barbe* (f. 48 v°); — 6° s. Sébastien (patron de Soissons) (f. 50 v°). Elles sont encadrées de bordures à fleurs et à rinceaux.

Parmi les noms écrits en rouge dans le calendrier, nous remarquons les suivants : s^te *Aldegonde*, s. *Amand*, patron des Flandres, s. *Quentin*, s. *Lambert*, s. *Bavon*, s. *Donatien*, évêque de Reims, patron de Bruges et de Gand, s. *Nicaise*, évêque et patron de Reims. Ces particularités conduisent à penser que notre volume a été exécuté dans la contrée septentrionale de la France. On y trouve aussi la mention de la translation des reliques de *s. Servais* (13 mai), patron de Maëstricht.

15. HORÆ. — Pet. in-8 carré, de 103 ff.; miniatures, bordures et lettres ornées; mar. rouge, compart., dos orné, tr. dor. (*rel. du* XVIIᵉ *s.*).

Manuscrit sur VÉLIN, exécuté en France vers le milieu du XVᵉ siècle, et orné de DOUZE MINIATURES.

Un calendrier en français occupe les douze premiers feuillets; il est orné de bordures latérales.

Les miniatures représentent : 1º l'*Annonciation à la Vierge* (f. 23); — 2º la *Visitation de sᵗᵉ Élisabeth* (f. 32 vº); — 3º la *Nativité* (f. 42 vº); — 4º l'*Annonciation aux bergers* (f. 48); — 5º l'*Adoration des Mages* (f. 51 vº); — 6º la *Fuite en Égypte* (f. 55); — 7º la *Présentation au Temple* (f. 58 vº); — 8º le *Couronnement de la Vierge* (f. 61 vº); — 9º le *Roi David en prière* (f. 68); — 10º *Jésus en croix* (f. 84); — 11º la *Descente du s. Esprit* (f. 87); — 12º un *Enterrement* (f. 90).

Bien que ce manuscrit soit de ceux dits de fabrique, les figures ne manquent en général ni de finesse ni d'expression. Quelques-unes de ces peintures, notamment la dernière, offrent d'intéressants costumes. Elles sont toutes encadrées dans de larges bordures.

Dans le texte sont intercalées plusieurs pièces de vers français : une prière à la sainte Vierge (*Glorieuse Vierge Marie — A toy me rans, cy te prie...*) (ff. 21-22); une à sainte Barbe (f. 65); une autre prière à la Vierge, et une à l'Ange gardien (ff. 66-67). On y trouve aussi des oraisons en prose.

Parmi le petit nombre de noms écrits en rouge dans le calendrier, nous remarquons : *s. Blaise, s. Aignan*, patron d'Orléans, *s. Éloi, s. Louis, s. Denis*, etc.

16. HORÆ. — In-8 carré, de 140 ff.; miniatures, bordures et lettres ornées; mar. brun, compart. et fleurons à froid, tr. dor.

Remarquable manuscrit sur VÉLIN, exécuté en Italie dans la seconde moitié du XVᵉ siècle, et orné de QUINZE GRANDES MINIATURES et de DIX PETITES, sous forme d'initiales historiées.

Un calendrier, écrit en rouge et noir, et présentant un bon nombre de jours sans aucune indication hagiologique, occupe les douze premiers feuillets. A la suite viennent les Quatre Évangiles, l'Office de la Vierge, l'Office de la Croix, les Sept Psaumes de la pénitence et le Propre des Saints. Le texte est en caractères gothiques.

Les grandes miniatures, placées toutes aux versos des pages, avec les rectos blancs pour les dix premières, représentent : 1º l'*Annonciation à la Vierge* (f. 19); la scène se passe à l'intérieur d'un palais à arcatures de plein cintre, d'une curieuse architecture; — 2º la *Visitation de sᵗᵉ Élisabeth* (f. 33); la rencontre a lieu dans une salle ronde à colonnes; —

3° la *Nativité* (f. 49) ; — 4° l'*Adoration des Mages* (f. 56), à l'entrée d'une grotte ; — 5° la *Résurrection* (f. 62) ; — 6° l'*Ascension* (f. 67) ; — 7° la *Descente du Saint-Esprit* (f. 73);[la scène est placée sur une terrasse ; — 8° l'*Assomption de la Vierge* (f. 82) ; — 9° *Jésus en croix* (f. 98) ; au pied de la croix se tiennent les saintes femmes, s. Jean et deux Juifs ; au fond la vue d'une ville située au bord d'un lac ou de la mer ; — 10° le *Roi David jouant du psaltérion* (f. 109) ; — 11° s. *Nicolas, évêque* (f. 132) ; un adolescent lui présente des burettes ; — 12° s. *Érasme* (f. 133) ; — 13° DIEU ENSEIGNANT A PRIER A UN JEUNE PRÊTRE BOURGUIGNON (f. 135) ; — 14° s. *Pierre et s. Paul* (f. 138) ; — 15° s. *Mathieu* (f. 139).

Chacune de ces miniatures, formant rectangle (H. : 0,150 ; L. : 0,110), est entourée d'un cadre à filets d'azur à entrelacs, sur fond or, cadre faisant corps avec une large bordure d'un style décoratif particulier. C'est un fouillis très serré de branchages à petites feuilles dorées, parsemé de fleurs conventionnelles, bleu et rouge, et égayé, de la manière la plus charmante, par l'introduction d'animaux de toute sorte et de petits génies. On y voit des paons, des faisans, des perdrix, des lions, des léopards, des serpents, etc. Les petits enfants ailés sont toujours en action : tantôt ils jouent avec un oiseau, tantôt ils poursuivent un fauve, tantôt ils luttent contre des dragons ou des serpents. Ce genre d'ornementation se rencontre bien rarement.

Les pages de texte en regard des dix premières miniatures ont un encadrement semblable qui se marie avec une grande initiale renfermant une petite peinture. Celle qui fait pendant à l'Annonciation représente, à mi-corps, la *Sainte Vierge avec l'Enfant Jésus;* dans les sept suivantes on voit les bustes de prophètes et d'une sibylle ; la neuvième, faisant face au Crucifiement; nous montre *Jésus mort debout dans son cercueil;* enfin la dixième offre l'image du *roi David en prière.*

Ces peintures sortent des mains de plusieurs artistes d'un talent inégal, mais qui obéissent aux principes d'une même école. La composition est souvent rudimentaire, mais le rendu est en général parfaitement soigné quant aux figures. Les contours sont tracés avec netteté et finesse, le modelé résulte d'une harmonieuse gradation des tons, les draperies ont parfois une ampleur sculpturale. Ce qui frappe surtout, c'est l'expression juste et le caractère élevé des physionomies. Sous ce rapport nous appelons l'attention sur les quatre premières et les sept dernières miniatures. On trouvera au catalogue illustré des photogravures de la première et de la neuvième. Les figures d'hommes offrent un trait caractéristique : ils ont des faces larges, et ceux qui sont barbus portent des moustaches très longues et fort accentuées. Le roi David jouant du psaltérion a des traits complètement germaniques.

Les personnages représentés dans les initiales historiées sont peints avec plus de finesse encore, de même que les encadrements, et l'image de la Madone renfermée dans la première est charmante ; nous donnons au catalogue illustré une reproduction de cette page entière. Le coloris est très intense, et c'est l'incarnat qui y domine. Les paysages sont traités sommairement.

Il n'est pas facile, à défaut de caractères saillants, de rattacher cette œuvre de miniaturiste à une école de peinture bien déterminée. Nous croyons toutefois qu'elle appartient à la contrée centrale de l'Italie, sinon tout à fait méridionale. Parmi les noms des saints écrits en rouge dans le calendrier, nous remarquons ceux de : s*ᵗᵉ* Agathe, patronne de Catane et de la Mirandole; s. Nicolas (sa translation), patron d'Ancône, de Bari, etc.; s. François d'Assise (sa translation), patron d'Assise, de la Mirandole, de Guastalla, etc.; s. Antoine de Padoue; sᵗᵉ Crescence, patronne de la Basilicate; s. Donat, évêque d'Arezzo, patron de cette ville, de Fiesole, etc.; sᵗᵉ Claire, patronne d'Assise.

Dans la bordure de la page qui est en regard de la première miniature, deux anges tiennent une couronne de laurier renfermant ces armes : de sable à une croix d'or chargée d'un lambel de gueules. Elles sont surmontées d'un chapeau de cardinal. Les mêmes armoiries, mais sans chapeau, se répètent dans la bordure de la première page des psaumes. Dans plusieurs autres bordures (f. 19, 33, 82, 99), des anges tiennent un autre écusson avec ces armes : d'argent à une fasce de gueules. Ces dernières sont probablement celles d'une parente du cardinal dont nous venons de décrire les armes, et à laquelle il aurait fait cadeau de ce manuscrit. En effet, le présent volume a été fait pour une femme, ce qui résulte de ces mots de l'oraison à s. Érasme (f. 134) : « moi indigne pechèresse » (ego indigna peccatrix). S. Érasme est patron de Gaëte et de Naples.

Malgré ses nombreux côtés archaïques, ce manuscrit ne saurait être antérieur à 1450, attendu qu'au calendrier nous trouvons en rouge le nom de s. Bernardin, confesseur (20 mai), né à Massa-Carrara, mort à Aquila dans l'Abruzze, et canonisé en 1450. Il fut réformateur des Franciscains de l'Étroite Observance. Cette circonstance, jointe à ce que parmi les noms de saints cités plus haut il se trouve d'autres patrons des Franciscains, ferait supposer que notre volume a vu le jour dans un couvent de cet ordre.

Conservation parfaite.

17. HORÆ. — In-8 carré, de 158 ff.; encadrements et lettres ornées; veau brun, tr. rouge (anc. rel.).

Manuscrit du xvᵉ siècle, sur vélin, écrit en grosse bâtarde. Il commence par cette rubrique : Heures de la passion nře signř. Viennent ensuite les Heures de la Croix, les Heures du saint Esperit, le Propre des Saints, diverses oraisons, entre autres « l'Oroison de Thobie le jone et de sa femme, laquelle se doibt dire du soir à son coucher; et vault à ceulx qui se veulent marier ou qui sont nouvellement espousez, pour l'entretement d'amour et procréation de lignée ». Dans le Propre des Saints, on trouve un grand nombre d'oraisons bien spéciales; par exemple, à s. Erasme, « de s. Thomas evesque de Cantorbie », à s. Gille, s. Guthlac, s. Quentin, s. Josse (patron du Ponthieu), à sᵗᵉ Colette (patronne de Corbie et de Gand), sᵗᵉ Ethelrède, sᵗᵉ Sithe (?), sᵗᵉ Wilgeforte, sᵗᵉ Isbergue (patronne de Saint-Venant en Artois), sᵗᵉ Venefrède, sᵗᵉ Obvie (?), sᵗᵉ Vaudru ou Waltrude (Vualdrud) (patronne de la ville de Mons), etc.. La majeure partie des rubriques sont en français, mais le texte est entièrement en latin.

Vers la fin du volume on trouve une longue instruction pour les *Messes qui se debvent dire à l'onneur de saint Gille.*

Les noms de certains saints cités ci-dessus, et d'autres encore, démontrent que ce manuscrit a été exécuté dans le nord de la France, peut-être même dans la Belgique actuelle. Les formes orthographiques, telles que : *tierche, lechon, Franchois,* etc., prouvent qu'il est originaire de la contrée du dialecte picard.

Il est orné d'un grand nombre d'initiales, toutes en grisaille, et d'un charmant cadre historié à la première page.

Au xviie siècle, il a appartenu à un Arnaudier de Glarges ; en 1746, il était la propriété de Pierre-Antoine du Moulin, « logicien au neuf Collège de saint Wâs, à Douay ».

18. HORÆ. — In-4, de 244 ff. ; miniatures, bordures et lettres ornées ; velours vert.

Superbe manuscrit sur VÉLIN, exécuté en France à la fin du xve siècle, et orné de TRENTE ET UNE MINIATURES.

Il commence par une prière en français, dont le texte prouve que ce volume a été fait pour un homme. Vient ensuite un calendrier latin, écrit en azur et carmin, où l'on remarque les noms suivants : *s. Grégoire,* évêque de Langres (*s. Gregorii, episcopi Lingonensis*), seul nom cité avec la mention du siège épiscopal (4 janv.) ; *s. Nicolas,* un des patrons de la Lorraine (sa translation, 9 mai) ; *s. Gengoul,* patron de Toul (11 mai) ; *s. Mammès,* patron de Langres (17 août, et sa translation, 10 oct.) ; *s. Mansuy (Mansuetus),* premier évêque de Toul et un des patrons de la Lorraine (3 sept.) ; etc. Dans la litanie, on retrouve encore s. Mammès, s. Gengoul, et de plus *s. Godon,* évêque de Metz, ce qui démontre que notre manuscrit a été fait pour quelqu'un de la Lorraine, et plus particulièrement de Langres, dont il cite les deux saints, s. Grégoire et s. Mammès, d'une façon particulière.

Le texte du livre est en latin, mais les titres sont en français.

Les miniatures représentent : 1° *s. Jean l'évangéliste à l'île de Pathmos* (f. 16) ; — 2° *s. Luc* (f. 18 v°) ; — 3° *s. Mathieu* (f. 20 v°) ; — 4° *s. Marc* (f. 22 v°) ; — 5° *s. Bernard,* tenant le démon enchaîné (f. 24) ; — 6° la *Messe de s. Grégoire* (f. 26) ; — 7° la *Vierge tenant sur ses genoux le corps de Jésus* (f. 38) ; — 8° la *Mort sortant d'un cercueil* (f. 46 v°) ; — 9° l'*Annonciation à la Vierge* (f. 48) ; — 10° la *Visitation de ste Élisabeth* (f. 71 v°) ; — 11° l'*Arrestation de Jésus* (f. 86) ; — 12° la *Descente du s. Esprit* (f. 88) ; — 13° la *Nativité* (f. 90) ; — 14° la *Flagellation* (f. 96) ; — 15° l'*Annonciation aux bergers* (f. 99) ; — 16° *Jésus devant Pilate* (f. 105) ; — 17° *Jésus tombant sous le fardeau de la croix* (f. 112 v°) ; — 18° la *Présentation au Temple* (f. 115 v°) ; — 19° *Jésus crucifié* (f. 121), scène mouvementée, dont on trouvera une reproduction au catalogue illustré ; — 20° le *Roi Hérode ordonnant le massacre des Innocents* (f. 124) ; au fond, on voit par une ouverture, une scène de massacre ; — 21° la *Descente de croix* (f. 133 v°) ; — 22° le *Couronnement de la Vierge* (f. 136 v°) ; — 23° la *Mise au tombeau* (f. 142 v°) ; — 24° *Job et ses amis* (f. 180) ; — 25° *s. Jean-Baptiste prêchant* (f. 234) ; — 26° *s. Christophe* (f. 235) ; — 27° *s. Sébastien* (f. 236 v°) ; —

28° s. *Nicolas* (f. 238); — 29° s. *Claude* (f. 239); — 30° s^(te) *Madeleine* (f. 241); — 31° s^(te) *Catherine* (f. 242 v°).

Ces miniatures, de forme rectangulaire, cintrées par le haut (H. : 0,105 à 0,109; L. : 0,074), et souvent renfermées dans des cadres architecturaux, sont l'œuvre d'un des meilleurs artistes du temps, et on les attribuerait volontiers à l'École de Touraine. Il y a là beaucoup de charme et de vérité dans les physionomies, une science réelle du nu et un coloris éclatant.

La décoration des larges bordures dont elles sont entourées consiste en rinceaux, en fleurs et en fruits, auxquels sont associés les animaux, les chimères et les grotesques. Ce qui est à remarquer, c'est que, dans chacune, on voit plusieurs grosses branches d'arbres, ajoutées en guise d'ornementation, et qui, évidemment, constituent un emblème, peut-être une allusion au nom de celui pour qui ce volume a été exécuté.

L'ensemble de ce manuscrit extrêmement soigné est d'une grande richesse, car on y trouve, en outre, plusieurs milliers de charmantes initiales et de bouts de ligne enluminés.

Il a appartenu à la bibliothèque du collège des Jésuites à Laon, ce qui résulte de cette mention écrite sur une garde : *Collegii Laudunæi Soc. Jesu catalogo inscriptus.*

19. OFFICIA. — In-12, de 273 ff. ; miniatures, bordures et lettres ornées ; ais de bois recouv. de veau brun, à compart. à froid, tr. cis. et dor., fermoirs (*rel. du* XVI° *s.*).

Charmant manuscrit sur VÉLIN, de l'École florentine, fait pour MADELEINE DE MÉDICIS, sœur du pape Léon X, et probablement en 1487, à l'occasion de son mariage. Il est orné d'UNE GRANDE MINIATURE et d'un bon nombre d'ENCADREMENTS et INITIALES HISTORIÉS.

Le volume s'ouvre par une jolie miniature représentant l'*Annonciation à la Vierge* (f. 1 v°). Au-dessous des deux piliers de la salle, il y a des écussons aux armes des Médicis. Cette peinture, de forme rectangulaire, est entourée d'un bel encadrement composé de fleurs et de rinceaux, aux quatre coins duquel se trouvent des médaillons avec des bustes de prophètes. Dans la bordure inférieure, des anges tiennent une couronne de laurier portant au centre les armes des Médicis.

La page en regard a un encadrement semblable, avec les armoiries des Médicis dans la bordure, et au bas un écusson *d'argent à trois bandes bretessées de gueules.* L'Office de la Vierge est précédé d'un titre en quatre lignes écrites en or sur fond azur. L'initiale D du texte renferme l'image de la *Vierge avec l'Enfant Jésus.* Cette page et la précédente ont subi des retouches.

La première page de l'Office des Morts est également entourée d'un encadrement historié, où l'un des anges porte un écusson aux armes des Médicis. L'initiale D renferme une fine peinture ayant pour sujet la *Résurrection du fils de la veuve de Naïm* (f. 102).

Dans l'encadrement de la première page des Psaumes de la pénitence, un ange tient aussi un écusson aux armes des Médicis, et la petite miniature du bas représente *David tenant la tête de Goliath.* L'initiale D renferme l'image du *Roi David en prière* (f. 164).

La bordure inférieure du cadre de la première page du Grand Office de la Croix renferme trois médaillons représentant le *Portement de croix, la Vierge, s. Jean.* L'initiale D nous montre *Jésus en croix* (f. 194).

Dans l'encadrement de la première page du Petit Office de la Croix, on voit dans le bas *Jésus-Christ* à mi-corps, et dans l'initiale D : *Jésus sur les genoux de sa mère* (f. 235).

La bordure inférieure du cadre de la première page de l'Office du Saint-Esprit renferme l'image d'une biche, et dans l'initiale D est représentée la *Descente du Saint-Esprit* (f. 241).

Au f. 247 commence la *Missa in honorem quinque plagarum J. Christi.* L'initiale H du texte représente *Jésus sortant du tombeau.* Dans la bordure inférieure, deux anges tiennent un médaillon avec l'écusson d'armoiries : *Parti : au 1er de* CIBO, *qui est.: de gueules à la bande échiquetée d'argent et d'azur, de trois tires;* au chef des armoiries de *Gênes,* qui sont *d'argent à la croix de gueules;* au 2° DE MÉDICIS. Il a pour cimier les trois plumes de la maison Médicis et dans le bas sa devise habituelle : *Semper.*

Ces armes sont celles de Madeleine de Médicis, fille de Laurent le Magnifique, sœur du pape Léon X, mariée en 1487 avec Francesco Cibo, comte d'Aguillar, fils du pape Innocent VIII, et morte en 1519. C'est donc entre ces deux dates que se place l'exécution de ce manuscrit, dont les peintures sortent probablement des mains d'un élève d'Attavante, attendu que les motifs d'ornements et les figures d'anges ont une très grande parenté avec ceux des encadrements d'un superbe manuscrit dû au pinceau de ce célèbre miniaturiste florentin, et conservé aujourd'hui à la bibliothèque de Saint-Marc de Venise.

La famille Cibo, d'origine grecque, et établie à Gênes, était une des plus illustres de l'Italie. Elle eut plus tard les principautés de Massa et de Carrara, et s'éteignit, en 1790, en la personne de Marie-Thérèse, duchesse de Modène.

Les armes mentionnées plus haut, qui figurent au bas de la deuxième page (*d'argent à trois bandes bretessées de gueules*), et qui ont été ajoutées postérieurement, sont celles de la famille SALVIATI. Or la sœur de Madeleine de Médicis, Lucrèce, épousa un Jacques Salviati, père du cardinal Jacques Salviati, né en 1490. Il en résulte que ce manuscrit passa dans cette famille par voie de don.

En outre des encadrements décrits, le volume contient un grand nombre de bordures latérales et de petites initiales historiées.

Le texte est écrit en caractères ronds. Dans la dernière partie, on trouve *en italien* une longue oraison à la Vierge, et une autre à Jésus-Christ, qui clôt le volume. Leur rédaction démontre aussi que ce manuscrit a été fait pour une femme.

Il est dans sa première reliure, mais qui est détériorée.

20. **HEURES** (en flamand). — In-8, de 31 ff.; miniatures et lettres ornées; velours violet.

Manuscrit sur VÉLIN, de l'École flamande, exécuté vers la fin du XV° siècle et orné de VINGT MINIATURES, dont une grande.

Le texte est d'une écriture courante, avec beaucoup de rubriques. Les miniatures représentent : 1° la *Circoncision* (f. 2) ; — 2° *Jésus en prière au Jardin des Oliviers* (ibid.) ;,— 3° l'*Arrestation de Jésus* (f. 2 v°) ; — 4° *Jésus attaché au poteau* (f. 3) ; — 5° la *Flagellation* (f. 3 v°) ; — 6° le *Couronnement d'épines* (f. 4) ;—7° le *Portement de croix* (f. 4 v°) ;—8° *Jésus dépouillé de ses vêtements sur le Golgotha* (f. 5) ;—9° à 11° la *Mise en croix*, avec ses phases successives (f. 5 r°, 5 v° et 6 r°) ; — 12° l'*Élévation de la croix* (f. 6 v°) ; — 13° et 14° *Jésus en croix* (f. 7) ; — 15° le *Percement du flanc de Jésus* (f. 8 v°) ; — 16° la *Vierge avec l'Enfant Jésus* (f. 9 v°) ; — 17° la *Vierge de douleur*, miniature plus grande (f. 10) ; — 18° la *Messe de s. Grégoire* (f. 13) ; — 19° *Jésus en croix*, grande miniature (f. 15 v°) ; — 20° la *Vierge allaitant l'Enfant Jésus* (f. 22 v°).

Quelques-unes de ces peintures ne manquent pas de finesse. Toutes sont très bien conservées.

21. HEURES. — In-8 carré, de 214 ff. ; miniatures, bordures et lettres ornées ; veau brun, compart., tr. dor. (*rel. du* xvi° *s.*).

Beau manuscrit sur vélin, exécuté à Amiens au commencement du xvi° siècle, et orné de quatorze miniatures, dont une petite.

Il commence par un calendrier français, sans autres ornements que les initiales.

Les grandes miniatures couvrant les trois quarts de la page, cadre non compris, sont de forme rectangulaire, légèrement cintrées dans le haut (H. : 0,115 ; L. : 0,072). Elles sont toutes placées aux versos des pages et représentent : 1° la *Cène* (f. 13) ; — 2° l'*Annonciation à la Vierge* (f. 36) ; un homme habillé de noir, et une femme vêtue d'une robe rouge et coiffée d'une cornette noire à brides retombantes, assurément les destinataires de ce livre d'heures, sont à genoux ; — 3° la *Nativité* (f. 53) ; — 4° l'*Annonciation aux bergers* (f. 58) ; — 5° l'*Adoration des Mages* (f. 62) ; — 6° la *Présentation au Temple* (f. 65) ; — 7° la *Fuite en Égypte* (f. 68) ; — 8° la *Mort de la Vierge* (f. 74) ; — 9° la *Descente de croix* (f. 78) ; — 10° la *Descente du Saint-Esprit* (f. 82) ; — 11° le *Roi David chargeant Uri de la lettre qui ordonne de le mettre à mort* (f. 84) ; — 12° la *Résurrection de Lazare* (f. 105) ; — 13° la *Toussaint* (f. 173).

La petite miniature, placée en tête de la Passion, représente le *Couronnement d'épines* (f. 19 r°).

Chacune des grandes peintures est enchâssée dans un large encadrement, d'une ornementation variée, où des rinceaux, des racines et des fleurs se combinent avec la faune et les grotesques. Si la peinture des sujets ne s'élève pas, en général, de beaucoup au-dessus de la belle imagerie, et offre tous les caractères de l'École française, en revanche, les encadrements sont d'un style particulier et leur décoration est très intéressante ; on y saisit une forte influence de l'art flamand. Les pages en regard sont ornées d'une large bordure latérale et d'une grande initiale. Des centaines d'initiales enluminées décorent le texte.

Presque toutes les rubriques sont en français, et on y trouve (ff. 170 v°-173 v°), dans cette langue, une pièce de cent quarante-quatre vers, qui offre le texte, avec beaucoup de variantes, de l'une des plus gracieuses poésies pieuses du moyen âge, commençant ainsi :

> Mère de Dieu qui fustes mise
> Et assise
> Lassus au throsne divin,
> En ceste présente église,
> Sans faintise,
> Suis venu à ce matin,
> Chief enclin...

Parmi les noms peu communs qu'on lit au calendrier, se trouvent ceux de : *s^te Ulphe* (31 janv.), vénérée à Amiens ; *s. Wulfran*, patron d'Abbeville ; *s. Walery*, abbé (1er avril), patron de la Picardie ; *s. Honoré* (16 mai), patron d'Amiens, avec l'indication de l'octave de sa fête ; *s. Mausse* (ou Mauvieu), évêque de Bayeux (28 mai) ; *s. Fremin* (Firmin), patron d'Amiens et de Beauvais, avec l'indication de la fête de la découverte (invention) de son corps et de sa translation ; *s. Leu*, patron de Bayeux ; *s. Domice* (23 oct.), prêtre d'Amiens ; *s. Nicolas*, patron d'Amiens, et sa translation ; — *ss. Fuscien* et *Victoric*, martyrisés à Amiens, et la fête de la translation du premier. Nous retrouvons presque tous ces noms dans la Litanie, qui est plus longue que d'habitude, et où nous remarquons encore : *ss.^e Ache* et *Acheul*, martyrs à Amiens, etc. Tout cela prouve indubitablement que notre manuscrit a vu le jour en Picardie, et très probablement à Amiens même, dont il mentionne tous les saints protecteurs.

Le caractère de la partie décorative de ce volume inclinerait à en placer l'exécution au xve siècle, mais comme il enregistre (f. 200 v°) une bulle du pape Jules II, il est postérieur à l'année 1503, date de l'élection de ce souverain pontife.

Il est dans sa première reliure, qui porte sur les plats les initiales : Y, N.

22. HEURES (en allemand). — In-16, de 20 ff. ; miniatures et lettres ornées ; mar. noir, compart. à froid, tr. dor.

Précieux manuscrit sur VÉLIN, exécuté en Allemagne au commencement du xvie siècle, et orné de VINGT MINIATURES.

Ce n'est malheureusement qu'un fragment, mais d'un intérêt capital pour l'histoire de la miniature. Voici les sujets des peintures : 1° *Dieu le Père sur son trône* (f. 1 v°) ; — 2° la *Vierge dans sa gloire, environnée d'anges faisant de la musique* (f. 2) ; — 3° le *Mariage de la Vierge* (f. 3) ; — 4° l'*Annonciation à la Vierge* (f. 4 v°) ; — 5° la *Nativité* (f. 5) ; — 6° la *Vierge montant les degrés du Temple* (f. 6 v°) ; — 7° la *Tentation sur la montagne* (f. 7) ; — 8° la *Flagellation* (f. 8 v°) ; — 9° le *Portement de croix et s^te Véronique* (f. 9 v°) ; — 10° les *Préparatifs pour le crucifiement* (f. 10) ; — 11° *Jésus descendu de la croix par un abbé* (f. 11) ; — 12° le *Corps de Jésus reposant sur les genoux de sa mère* (f. 12) ; — 13° la *Délivrance des âmes du purgatoire* (f. 13 v°) ; — 14° la *Transfiguration* (f. 14 v°) ; — 15° *Jésus-Christ au milieu des apôtres* (f. 15 v°) ; — 16° *Saints et saintes* (parmi lesquels on remarque s. GILLE, avec la biche, s. Christophe, s^te Catherine, s^te Barbe)

(f. 16); — 17° la *Messe miraculeuse de s. Grégoire* (f. 17); — 18° *s. Thomas*, armé d'une lance (f. 18 v°); — 19° *s. Sébastien* (f. 19); — 20° *s^te Hélène* (f. 20).

Postérieurement à l'acquisition de ce volume, M. Didot a trouvé par hasard une vingt et unième miniature qui en avait fait partie et qui représente *s^te Catherine*.

Toutes ces peintures, de forme rectangulaire (H. : 0,080; L. : 0,050), sont de petits chefs-d'œuvre au point de vue du dessin, de la composition et du coloris. On y trouve des scènes d'une singulière énergie et d'un réalisme intense. *Le Mariage de la Vierge*, la *Vierge se rendant au Temple*, *Jésus au milieu des apôtres* sont de petits tableaux charmants.

On attribue ces peintures à Georges Glockenthon, miniaturiste des plus habiles, mort en 1553. Il travaillait à Nuremberg et appartient à l'École d'Albert Dürer. Or s. Gilles, représenté dans une des miniatures, est bien un des patrons de Nuremberg.

L'écriture du texte est en caractères analogues à ceux du célèbre volume de *Tewrrdankh*, imprimé en 1517.

Un manuscrit du même style se trouverait chez le prince Wallerstein-Wallerstein, près de Nordlingue, en Bavière; un autre serait à la bibliothèque de Wolfenbüttel, et un troisième à celle de Nuremberg.

23. HORÆ. — In-8, de 105 ff.; miniatures, bordures et lettres ornées; veau brun estampé, tr. dor. (*rel. du* xvi° *s.*).

Très beau manuscrit sur VÉLIN, exécuté en France au commencement du xvi° siècle, et orné de DOUZE GRANDES MINIATURES et de DIX-HUIT PETITES.

Il commence par un calendrier latin occupant douze feuillets. Le texte est en caractères gothiques, et il s'y trouve plusieurs pièces en français. Il y a eu quelques transpositions de feuillets à la reliure, dont le dos est refait.

Les grandes miniatures, de dimensions variables, enfermées dans des cadres architectoniques de style Renaissance, en camaïeu or, enserrant le texte même de la page, représentent : 1° l'*Adoration des Mages* (f. 7); — 2° la *Sainte Vierge, assise dans un enclos avec l'Enfant Jésus que deux anges amusent;* devant elle est agenouillé un personnage vêtu d'une robe écarlate bordée de fourrures (f. 9 v°); — 3° *Un homme et une femme en prière;* derrière l'un est saint Christophe, son patron; derrière l'autre, un saint évêque (peut-être s. Claude); au bas, dans l'encadrement, trois anges tiennent deux écussons armoriés, dont nous parlerons plus loin (f. 21 v°); — 4° la *Vierge glorieuse;* cette miniature est placée en regard de la précédente (f. 22); — 5° la *Visitation de s^te Élisabeth* (f. 29 v°); — 6° l'*Assomption de la Vierge* (f. 37); — 7° le *Christ descendu de la croix* (f. 41 v°); — 8° le *Couronnement de la Vierge* (f. 42 v°); — 9° *Job, sa femme et ses amis* (f. 47); — 10° le *Roi David, dans un jardin, et Bethsabée qui lui montre le corps d'Uri gisant par terre;* dans le haut, un ange tenant entre ses mains un glaive, une flèche et un paquet de verges (f. 48); — 11° le *Christ en croix;* devant lui est agenouillée *s^te Brigitte* (f. 86); — 12° l'*Annonciation à la Vierge* (f. 99).

Les miniatures moyennes et petites ont pour sujets : 1° la *Vierge avec l'Enfant Jésus* (f. 12 v°); — 2° le *Roi David recevant les remontrances du prophète Nathan* (f. 49); — 3° *David devant un ange au glaive flamboyant* (f. 50); — 4° *David devant le corps inanimé de son fils né de Bethsabée* (f. 52); — 5° *David en prière* (f. 53 v°); — 6° *David et une jeune fille* (Abisag?) (f. 55); — 7° *David et son fils Absalon mort* (f. 55 v°); — 8° la *Toussaint*, en tête de la Litanie (f. 57); — 9° la *Trinité* (f. 74); — 10° *s. Christophe* (f. 94 v°); — 11° *s. Sébastien* (f. 95); — 12° *s. Roch* (f. 96); — 13° *s. Antoine* (f. 96 v°); — 14° *s. Yves* (f. 97); — 15° *s^te Anne* (f. 97 v°); — 16° *s^te Marie-Madeleine* (f. 98); — 17° *s^te Catherine* (f. 98 v°); — 18° la *Sainte Communion* (f. 104).

Ces miniatures, les grandes surtout, sont très fines, et les portraits dont nous avons parlé (f. 21) sont tout à fait remarquables. Les armes du mari sont : *d'argent à un chevron d'azur, chargé de cinq étoiles d'or, celle du sommet étant surmontée d'un croissant de même;* celles de la femme offrent un : *Parti, au 1er, des armes précédentes; au 2°, d'argent à un chevron de gueules, chargé de trois têtes de licorne d'or*, armes qui pourraient bien être celles de la famille DE FAYE D'ESPEISSES, en Auvergne, originaire de Lyon. Leurs costumes sont ceux du règne de Louis XII.

Parmi les noms des saints du calendrier, on remarque les suivants : *s. Baldomer, Balmier* ou *Galmier* (*Baldonerius*) (27 févr.), patron de Saint-Galmier, en Forez; *s. Bernardin* (et sa translation), franciscain, canonisé en 1450; *s. Claude,* patron de Saint-Claude, dans le Jura; *s. Bon* ou *Bonet* (*Bonitus*), évêque de Clermont; *s^te Claire* (et sa translation), patronne des Clarisses. Ils conduisent à penser que ce volume a été exécuté plutôt dans le centre de la France.

24. HORÆ. — In-8, de 34 ff.; miniatures, bordures et lettres ornées; velours rouge; étui de maroquin rouge.

Admirable manuscrit sur VÉLIN, exécuté en France au commencement du XVI° siècle, et orné de DOUZE MINIATURES, qui sont autant de tableaux.

Ce n'est malheureusement qu'une première partie d'un livre qui, dans son intégralité, devait être un véritable trésor d'art. Il paraît que la seconde partie est passée en Angleterre. Notre fragment était resté, depuis 1832, entre les mains de J.-J. de Bure aîné, dont il porte la signature. Il l'opposait, comme le type de la perfection, à toutes les prétentions, plus ou moins fondées, des possesseurs de manuscrits qui venaient les lui offrir. C'est en effet un chef-d'œuvre incontestable, et il y a fort peu de manuscrits de cette époque qui puissent l'égaler. Il sort du pinceau d'un des meilleurs artistes de la Renaissance française, qui avait su s'assimiler les qualités précieuses des Écoles flamande et italienne, et les fondre avec celles qui caractérisent notre art national.

Les quatre premières peintures représentent les QUATRE ÉVANGÉLISTES (ff. 1, 2 v°, 4 et 5 v°).

Les cinquième et sixième se faisant face ont pour sujet l'ANNONCIATION A LA VIERGE (ff. 6 v° et 7); le messager divin occupe la première et l'Élue du ciel la seconde.

La septième représente la VISITATION DE SAINTE ÉLISABETH (f. 16); on y remarque une curieuse maison adossée à une tour.

La huitième nous montre l'ARRESTATION DE JÉSUS (f. 22); scène de nuit très lumineuse, les figures étant peintes en camaïeu or.

La neuvième a pour sujet la DESCENTE DU SAINT-ESPRIT (f. 23).

La dixième, le BAPTÊME DE JÉSUS-CHRIST (f. 24), composition admirablement traitée et remarquable par le dessin du nu. On en trouvera une reproduction au catalogue illustré.

La onzième nous fait assister à la *Présentation au Temple* (f. 25).

La dernière représente la *Mort de la Vierge* (f. 29 v°). C'est un tableau à onze personnages, d'une grâce touchante et d'une valeur artistique considérable. Nous en donnons aussi une reproduction au catalogue illustré.

Ces peintures sont renfermées dans de superbes portiques, peints presque entièrement en camaïeu or, d'une grande variété de conception, et le tout est environné sur trois côtés d'un cadre, également en or, formé de branches d'arbres autour desquelles s'enroulent parfois des rosaires.

Celui pour qui ce manuscrit fut exécuté est désigné, à chaque peinture, par ses armoiries, et quelquefois même par ses initiales, mais son nom demeure encore inconnu. Ces armes (*de gueules à un chevron d'or, accompagné de trois roses d'argent*) figurent sur le superbe Missel de l'église de Tours, fait pour le même personnage et que nous avons décrit dans notre catalogue de 1879, n° 18. Nous y avons mentionné trois familles ayant porté ces armes : celle d'ESTANG, en Normandie, celle d'ANTRAS, en Gascogne, et celle de LALEMANT, dans le Berry; mais aucune d'elles ne saurait être ici en cause, les initiales dont nous avons parlé et qui figurent soit sur les pilastres, soit sur les bannières tenues par des anges, dans les 4°, 8°, 9° et 12° miniatures, étant des R alternant avec ce signe ζ.

Un trait particulier de ces Heures consiste dans l'introduction de l'emblème de la Mort dans chaque miniature. Partout les têtes de mort, les ossements humains et les squelettes attirent nos regards; mais, pour ôter l'impression pénible qui naîtrait de la vue de ces restes funèbres, l'artiste y a associé, par antithèse, des anges et, le printemps de la vie, des petits enfants. Cette ingénieuse combinaison produit des effets on ne peut plus gracieux. Dans la seconde miniature, deux anges assis sur la plate-forme du portique bercent la Mort dans un hamac; elle tient l'écusson armorié; dans la suivante, deux enfants la portent assise dans un cercueil; dans la quatrième, deux squelettes traînent dans une brouette trois enfants tout nus, dont l'un armé d'un fouet hâte la marche du timonnier; dans la dernière, deux anges ramassent à la pelle des têtes de mort. Au bas de la peinture représentant le messager céleste envoyé auprès de la Vierge, les armes du propriétaire sont figurées au moyen de deux os formant le chevron et de trois têtes de mort remplaçant les roses.

Le texte est aussi entouré de luxe. En dehors d'initiales enluminées, presque toutes les pages ont de belles bordures à fond d'or.

Notre partie est terminée par cette rubrique : *Sequûtur orationes dicend'[æ] añ [tc] || psalmos penitentiales*, et par cette réclame : *Suscipere dig...*

Cette séparation en deux du volume entier, ou plutôt cette mutilation, paraît remonter au xvi° siècle, et résulter d'un singulier partage en nature. En effet, sur l'une des gardes, précieusement conservée par De Bure, on lit ce qui suit : *Ce liure contenant les quatre euangilles, heures et*

prières de nostre Dame, xxiiij (sic, pour XXXIV) *fuellets, de douze figures,
est estimé et prisé, l'escripture et vignettes comprinses, à* XXXVIII *livres. Il
appartient à moy* LEERMINA (?), *notaire,* 1599. Et plus bas : *Pour Jehanne
Lermin.. xij janvier* 1609, *jé donné ce livre pour estimation* (?) *à lad. Jehanne,
ma fille, affin d'y prier Dieu pour moy et sa feue mère, à la charge expresse
et générale ne le point vendre ny donner à aultres que aus siens propres, d'autant que je désire il soit conservé et gardé en..... et souvenance.* LERMIN...

Après l'acquisition de ce précieux monument de l'art français, d'une
conservation irréprochable, feu M. Didot a eu le bonheur inespéré de
trouver successivement quatre autres miniatures qui avaient été détachées
de ce volume : 1° la *Décollation de s. Jean-Baptiste;* — 2° le *Martyre de
s. Laurent;* — 3° le *Martyre de s*ᵗᵉ *Catherine;* — 4° s. PIERRE DE
LUXEMBOURG en prière, en habits de cardinal. Dans cette ravissante
peinture, où l'on remarque, au fond, un joli château-fort entouré d'eau,
on lit sur le couronnement du portique, autour des armoiries, cette
devise : LA OV IE DOY (Là où je dois), qui permettra peut-être de retrouver
le nom de ce fin amateur de beaux manuscrits.

Nous joignons ces quatre miniatures montées séparément.

25. HORÆ. — Pet. in-8, de 196 ff.; miniatures, bordures et
lettres ornées; mar. rouge, tr. cis. et dor. (*anc. rel.*).

Très beau manuscrit sur VÉLIN, et fort curieux, exécuté, au commencement du XVIᵉ siècle, pour un moine du célèbre monastère de Lérins
(île Saint-Honorat). Il est orné de DOUZE MINIATURES au calendrier et d'environ SOIXANTE-DIX MINIATURES de différentes grandeurs, dans le corps du
livre, sans compter les encadrements très variés et souvent d'une valeur
d'art considérable. L'écriture est en gothique et de plusieurs mains. Le
texte est entièrement en latin.

Les miniatures du calendrier (H. : 0,047; L. : 0,055), placées au bas
des pages, représentent soit des scènes de la vie seigneuriale, soit des
travaux de la campagne, et offrent une série de costumes du règne de
Louis XII, reproduits avec le plus grand soin. Les autres peintures, qui
figurent aussi le plus souvent au bas des pages, représentent : 1° *s. Jean
à l'île de Patmos* (p. 25); — 2° *s. Luc* (p. 27); — 3° *s. Mathieu* (p. 29); —
4° *s. Marc* (p. 31); — 5° la *Vierge allaitant,* ayant devant elle un moine
bénédictin (p. 61); — 6° *un Moine bénédictin embrassant la croix* (p. 72);
— 7° les *Trois jeunes Hébreux dans la fournaise* (p. 82); — 8° la *Messe de
s. Martin* (p. 90); — 9° l'*Arbre de Jessé* (grande miniature au milieu de
la p. 96); — 10° l'*Annonciation à la Vierge* (p. 97); — au-dessous, dans
la bordure : 11° *Moise et le buisson ardent;* — 12° la *Visitation de s*ᵗᵉ *Élisabeth* (p. 127); — 13° la *Nativité* (p. 146); — 14° l'*Annonciation aux
bergers* (f. 152) (on en trouvera une reproduction au catalogue illustré);
— 15° l'*Adoration des rois mages* (p. 158); — 16° la *Présentation au Temple*
(p. 163); — 17° la *Fuite en Égypte* (p. 168); — 18° la *Mort de la Vierge*
(p. 177); — 19° *Jésus en croix* (p. 197); — au-dessous : 20° le *Serpent
d'airain;* — 21° la *Descente du s. Esprit* (p. 204); — au-dessous : 22° *Moïse
sur le mont Sinai;* — 23° la *Trinité,* représentée sous les traits de trois hommes
qui se ressemblent, devant lesquels est agenouillé un vieillard; grande

miniature (p. 210); — 24° s. *Martin, évêque;* grande miniature (p. 216);
— 25° le *Roi David en prière* (p. 225); — au-dessous : 26° le *Combat de David
et de Goliath;* — 27° *Job sur son fumier* (p. 265); — au-dessous : 28° *Funérailles de s. Benoît;* — 29° *Trois moines bénédictins* (peut-être s. *Benoît,
s. Placide et s. Maure*), assis au milieu d'une campagne pittoresque, et
accompagnés de trois anges (p. 321); — au-dessous : 30° s. *Benoît assis à
l'entrée d'une grotte* (nous donnons, au catalogue illustré, une reproduction de cette page); — 31° *Jésus au Jardin des Oliviers* (p. 345); — au-
dessous : 32° l'*Arrestation de Jésus;* — 33° *Jésus devant Anne* (p. 350); —
au-dessous : 34° *Jésus devant Caïphe;* — 35° s. *Pierre repentant* (p. 351); —
dans la bordure latérale : 36° *Judas pendu;* — 37° la *Flagellation* (p. 355);
— au-dessous : 38° *Jésus insulté au prétoire;* — 39° *Jésus montré au
peuple* (p. 356); — au-dessous : 40° *Juifs réclamant à Pilate le supplice de
Jésus;* — 41° le *Portement de croix* (p. 359); — au-dessous : 42° *Abraham et
Isaac allant au sacrifice;* — 43° *Jésus en croix* (p. 360); — au-dessous :
44° le *Sacrifice d'Isaac;* — 45° la *Descente de croix* (p. 364); — au-dessous :
46° la *Mise au tombeau;* — dans la bordure latérale, quatre sujets :
47°-50° un *Pontife juif; Joseph descendu dans la citerne; Jonas avalé par
la baleine; s. Pierre;* — 51° la *Vierge mystique* (en tête des *Sept Joies de
la Vierge*) (p. 367); — 52° s. HONORAT DE LÉRINS, ÉVÊQUE D'ARLES (p. 373);
— au-dessous, dans la bordure, au centre d'une couronne, on voit :
53° une VUE DE L'ILE SAINT-HONORAT (on en trouvera une reproduction au
catalogue illustré) — 54° s. *Benoît recevant au seuil de l'abbaye du Mont-
Cassin les sénateurs romains Équice et Tertulle, qui viennent lui confier l'un
son fils Maur, l'autre son fils Placide* (devenus ses disciples) (p. 374); —
au-dessous : 55° s. *Benoît ermite et un prêtre causant ensemble, tandis qu'un
corbeau apporte un pain;* — dans la bordure latérale, quatre épisodes
(56°-59°) de la *vie de s. Benoît;* — 60° s. *Benoît dans sa cellule* (p. 376); —
dans la bordure latérale : 61° s¹ᶜ *Scholastique;* — 62° la *Sainte Vierge dans
sa gloire* (p. 377); — dans la bordure, cinq sujets (63°-67°) représentant
des saints et des saintes; — 68° un *Seigneur se confessant* (p. 380); —
69° le même *Seigneur recevant la communion.*

   La plupart de ces miniatures sont d'une grande finesse et très expressives. Il y en a qui sont dues au pinceau d'un coloriste consommé. Elles
offrent, en outre, d'intéressants documents pour l'histoire du costume.
Toutes les pages à peintures sont ornées de charmantes bordures dont
l'ornementation varie de l'une à l'autre. Tantôt ce sont des encadrements
dans le style habituel du xvᵉ siècle, composés de rinceaux fleuronnés avec
adjonction de la faune et de la flore; tantôt ils sont formés d'arabesques
dans le goût de la renaissance italienne, le plus souvent sur fond or;
tantôt ces deux éléments sont combinés très heureusement. Nous appelons particulièrement l'attention sur plusieurs bordures à fond noir
(pp. 265, 321, 345, 359, 360, 373), dont l'effet décoratif est considérable.
Elles ont été reproduites par fragments dans l'*Ornement polychrôme* de
M. Racinet (Paris, Firmin-Didot).

   Postérieurement, on a ajouté à ces Heures un titre ainsi conçu : *Hora-
rum Preces cum Kalendario. Monasterii Lerinens. Ord. Casin.* 1554.

   Nous connaissons l'histoire complète de ce livre depuis cette date jusqu'à nos jours, grâce à des annotations en latin placées à la fin. Nous y

apprenons, par une note autographe, que Denis Faucher, moine du
monastère de Lérins, de l'Ordre du Mont-Cassin, l'a donné, le 9 avril 1554,
à son frère Jean Faucher, en stipulant expressément qu'il ne devrait
jamais sortir des mains de la famille. Cette clause a pu être observée
pendant cent soixante-dix-sept ans, c'est-à-dire jusqu'en 1731, époque du
mariage de Marie-Xavière de Faucher, dernière de ce nom, avec Jacques
de Viguier, marquis de Caseneuve, seigneur de Montroux, de Peloux, etc.
Celui-ci en fit don à son frère, François de Paule-Antoine de Viguier, chevalier de Malte, grand veneur de Leurs Éminences Frères don Antoine-
Manoel de Vilhena et don Raymond Despuig, grands-maîtres de cet
Ordre. Le feuillet de garde du commencement nous fait connaître
qu'en 1802 Marie de Latour, héritière de Marie-Xavière de Faucher, veuve
de Viguier, a donné ce livre à l'abbé Pierre Gay. Il provient en dernier
lieu de la bibliothèque Desq. Sa conservation est remarquable.

26. HOMINIS CHRISTIANI ENCHIRIDION. — In-16, de 56 ff. ;
miniatures, bordures et lettres ornées ; velours rose.

Délicieux manuscrit sur VÉLIN, exécuté à Rome et daté de 1557. Il est
orné de SEPT MINIATURES.

Au centre d'un joli portique à colonnes torses, dessiné en bistre, figure
le titre ci-dessus, suivi de cette date : *Romæ*, M.D.LVII. Le texte est écrit,
avec un soin extrême, en caractères tantôt semi-italiques, tantôt ronds, et
orné d'un grand nombre d'initiales enluminées. Chaque page est entourée
d'une bordure en or et en couleur.

Les miniatures (H. : 0,080 ; L. : 0,050), placées en tête des psaumes
contre chacun des sept péchés capitaux, ont pour sujets : 1° le *Jugement
dernier* (f. 4 v°), en tête du psaume contre la Colère ; — 2° *l'Archange
Michel précipitant le démon dans l'enfer* (f. 8 v°), en tête du psaume contre
l'Orgueil ; — 3° *Lazare gisant à la porte du château du Mauvais Riche* (f. 12 v°),
en tête du psaume contre l'Avidité ; — 4° *le Fils prodigue assis à une table
de festin entre deux femmes* (f. 18 v°), en tête du psaume contre la Luxure ;
dans le lointain, par une ouverture, on le voit gardant les pourceaux ; —
5° *Jésus chassant les vendeurs du temple* (f. 24 v°), en tête du psaume
contre l'Avarice ; — 6° *Caïn tuant Abel* (f. 31 v°), en tête du psaume contre
l'Envie ; — 7° *les Vierges folles frappant à la porte du fiancé* (f. 34 v°), en
tête du psaume contre la Paresse.

Ces peintures sont d'un dessin remarquable et d'un coloris harmonieux.
La dernière est un petit bijou de finesse, comme on pourra en juger
d'après la reproduction que nous en donnons au catalogue illustré.

Les miniatures, de même que toutes les pages de texte, sont entourées
de jolies bordures avec arabesques en or et en couleur.

Au recto du f. 55 se trouve un écusson avec ces armoiries : *d'azur au
rais d'escarboucle d'or, surmonté en chef de trois roses du même.*

27. HEURES. — In-fol., de 104 ff. ; miniatures, bordures et
lettres ornées ; vélin.

Superbe et précieux manuscrit sur VÉLIN, exécuté en France vers le milieu du xvi⁰ siècle pour Claude GOUFFIER, comte DE MAULÉVRIER, grand écuyer de France, et orné de HUIT GRANDES PEINTURES, attribuées à JEAN COUSIN.

Il commence par un frontispice (f. 1 v°), consacré aux armes du grand écuyer (*d'or à trois jumelles de sable*), entourées du collier de Saint-Michel, supportées par deux griffons et surmontées d'un casque avec cimier et lambrequins de plumes, le tout sur fond azur et reposant sur une terrasse de verdure. Au-dessous, sur une tablette, dans un riche cartouche, on lit cette inscription : MESSIRE . CLAVDE . GOVFFIER . CHLʳ ‖ DE . L'ORDRE . CONTE . DE CARVARTZ . ET . ‖ DE MAVLEVRIER . SEIGNEVR . DE . ‖ BOYSI . ET . GRAND . ESCVYER . ‖ DE . FRANCE . Le tout est renfermé dans un cadre architectural d'un goût exquis. Deux termes soutiennent un fronton portant au centre une tête de Méduse. Autour des socles dont ils émergent, s'enroulent des rubans avec la devise : *Hic terminus hæret,* qui était déjà celle du père de Claude, Arthur Gouffier de Boisy, grand-maître de France, et qui est tirée d'un vers du IVᵉ livre de l'*Énéide.* Un cartouche du bas du cadre renferme un monogramme composé des lettres X I O entrelacées ; il est accompagné de deux hallebardes en sautoir et de deux groupes de fruits peints au naturel. Presque toute la partie architecturale de l'encadrement est en camaïeu or. L'ensemble offre un des plus beaux spécimens de l'art décoratif de l'époque de Henri II, comme on pourra en juger d'après la reproduction que nous en donnons au catalogue illustré.

L'inscription ci-dessus nous donne la date approximative de l'exécution de notre volume. Elle se place entre le 22 octobre 1546, date de l'élévation de Claude Gouffier à la dignité de grand écuyer de France, et le mois de mai 1564, où sa *seigneurie* de Boisy fut érigée en marquisat. Cette date tombe même plus probablement avant 1558 où il devint seigneur de Chinon, qualité assez importante qui eût mérité de figurer dans l'inscription.

Le volume tout entier est en français, mais en marge se trouve le texte latin correspondant. Il contient la *Passion de Jésus-Christ,* les *Heures de Nostre-Dame,* les *Heures de la Croix,* les *Heures du Sainct-Esprit,* les *Sept psalmes pænitentiaulx,* l'*Office des mortz.* Dans toutes ces parties, il y a beaucoup de quatrains et d'autres vers.

En dehors du frontispice, il est décoré de sept grandes peintures qui n'ont pas moins de 38 centimètres de haut sur 20 de large, y compris les encadrements, et, sans ceux-ci, 20 centimètres de haut sur 12 à 13 de large. M. Didot les a attribuées au pinceau de Jean Cousin. « Si toutes, dit-il (*Étude sur Jean Cousin,* p. 55), n'ont pas été peintes de sa main, il en est dont la perfection est telle qu'on ne saurait les attribuer qu'à lui-même ; et, dans toutes, la grandeur du style annonce le dessin de Jean Cousin. »

Nous reproduisons les descriptions que M. Didot a consacrées à ces remarquables peintures.

Deuxième miniature. LA VISITATION (f. 25 v°). « Sainte Anne, accompagnée de deux jeunes filles, s'approche de la Vierge, derrière laquelle est un ange qui se retourne pour parler à une autre jeune fille. C'est un beau tableau, dont la composition est neuve et hardie. Dans le paysage, l'effet est pittoresque, et les détails architecturaux sont aussi caractéristiques que si Jean Cousin eût signé l'œuvre de son nom, mais l'exécution est, dans certaines parties, d'une main moins habile. L'encadrement est du plus beau style; les armes de Gouffier sont au bas entre deux anges gracieusement dessinés. »

Troisième miniature. L'ADORATION DES MAGES (f. 37 v°). « C'est peut-être le tableau le plus important et dont l'exécution ne laisse rien à désirer. Rien de plus naïf que la pose de l'enfant tenu dans les bras de la Vierge. Chaque personnage est dans la situation qui convient à cette scène, et l'on remarque surtout la tête et la pose d'un Africain. Le paysage qu'on aperçoit dans le fond du portique produit un bel effet : à travers la voûte brille l'étoile qui guide les mages. »

M. Didot a fait reproduire en chromolithographie cette belle miniature, et de la grandeur de l'original, dans son *Recueil des Œuvres choisies de Jean Cousin.*

Quatrième miniature. LA CIRCONCISION (f. 40). « Le groupe des personnages, au nombre de huit, est heureusement disposé, et l'Enfant Jésus est charmant de pose et d'expression. C'est une belle composition où tout rappelle Jean Cousin : le paysage et l'architecture offrent aussi leur aspect caractéristique. »

Cinquième miniature. LE COURONNEMENT DE LA VIERGE (f. 62). « Cette composition, dans sa simplicité, est d'un grand effet. La Vierge, portée sur des nuages, s'élève au-dessus du globe terrestre et est couronnée par le Père et le Fils assis sur l'arc-en-ciel; au-dessus plane la colombe, lançant des rayons d'or sur un fond jaune et pourpre, sur lequel le groupe se détache harmonieusement. »

Sixième miniature. LE CHRIST DÉLIVRANT LES AMES DE L'ENFER (f. 47 v°). « Cette scène, par son effet grandiose et terrible, rappelle le Jugement dernier. Un palais en feu, où les murs et arcades se détachent en noir sur l'incendie, forme un contraste de rouge et de noir très bien approprié à ce sujet. La pose du Christ délivrant une femme à travers les portes brisées de l'enfer est d'un grand effet et digne du plus beau style de Jean Cousin. L'apparition, au milieu du palais en feu, de Satan peint en vert est dramatique. »

Septième miniature. RÉSURRECTION DE LAZARE (f. 79). « Belle composition et qui porte tous les signes caractéristiques de Jean Cousin. Lazare, sortant d'un tombeau surmonté de la pyramide historiée, est retiré par un saint. Ce groupe est très bien dessiné. Jésus-Christ, sur le premier plan, est d'une taille au-dessus du vulgaire, ce qui a été sans doute avec intention et d'accord avec d'anciennes traditions. Les personnages derrière le Christ, dont deux femmes, sont d'une expression touchante. Dans le fond, un fragment d'amphithéâtre circulaire et des pyramides décorent ce paysage. »

On en trouvera au catalogue illustré une reproduction réduite.

Huitième miniature. LA TRINITÉ (f. 114). « La disposition heureuse de ce groupe offre quelque rapport avec celui du Couronnement de la Vierge. Je n'ai jamais rencontré de représentation aussi satisfaisante et aussi originale pour figurer la Trinité. Assis sur des nuages, le Père, le Fils et le Saint-Esprit sont de même grandeur, de même âge, et sont vêtus de même : de leur main droite, qu'ils tiennent élevée, ils donnent la bénédiction, et de la gauche, qu'ils dirigent chacun vers un triangle lumineux placé sur leurs genoux, ils indiquent du doigt le mot de Dieu en hébreu, en grec, en latin. La réunion de ces trois doigts figure donc un triangle, et il en est de même du pied de chacun, dont le groupe forme un autre triangle. Au-dessous d'eux est figuré l'univers céleste, où l'on distingue les groupes d'étoiles : Pégase, le Scorpion, les Poissons, l'Hydre, etc. A l'époque romane, le sujet de la Trinité représentant les trois personnes fut entièrement figuré sous la forme humaine. Mabillon dit qu'Abailard avait fait sculpter les trois personnes de la Trinité sous la forme humaine et de dimension égale dans un oratoire du Paraclet; le Père était au milieu, le Fils à droite, l'Esprit à gauche. »

Les encadrements de ces peintures sont très variés, dans le goût de celui du frontispice. On y voit des cariatides, des mascarons, des fleurs et des fruits, et les deux épées fleurdelisées, insignes de grand écuyer de France.

Le volume s'arrête avec ce titre : *Sensuyuent les suffrages*, suivi de ce quatrain :

> O ineffable Trinité
> Nous te croyons en trois persones
> Coeternèles et consonnes,
> Et t'adorons en unité.

Il n'est pas seulement incomplet de la fin, mais aussi de plusieurs feuillets avec miniatures dans le corps de l'ouvrage. Ce vandalisme est à jamais regrettable, car dans son entier ce livre devait être d'une rare splendeur; au surplus, nous n'avons presque pas de manuscrits français de cette date ayant la même importance au point de vue de l'art national.

En tête il y avait un calendrier, avec peintures à pleine page, ce qui est prouvé par deux feuillets en ayant fait partie, et qui furent rencontrés par M. Benjamin Fillon. L'un d'eux, afférent au mois de *Juillet*, et représentant la moisson, a mis le savant archéologue poitevin, grâce à la bouteille armoriée que vide un des moissonneurs (voir la reproduction de cette miniature dans la *Gazette des Beaux-Arts*, t. XXIII (1867), p. 81), sur la trace de la découverte que les objets en faïence fine dite de Henri II provenaient d'une fabrique installée au château d'Oiron, dès 1529, sous les auspices des Gouffier. L'autre feuillet fut cédé à M. Didot. D'un côté, il donne le texte du mois de *Novembre*, et de l'autre, la peinture pour le mois de *Décembre*. Le texte, écrit sur deux colonnes, est suivi d'un quatrain mnémonique, destiné à rappeler les principaux saints du mois, et de cet autre quatrain :

> Quant à soixante ans l'homme vient
> Représenté par le moys de Novembre,
> Vieulx et caduc et maladif devient,
> Lors de bien faire est temps qu'il se remembre.

La peinture du mois de *Décembre*, renfermée dans un cadre analogue aux autres, avec armoiries et devise, représente la cour d'une ferme. Au premier plan, deux hommes et une femme saignent un porc; derrière eux, un homme enfourne le pain, et dans le fond, une femme tire de l'eau d'un puits. Nous joignons ce feuillet monté à part.

Toutes ces peintures portent une forte empreinte de l'influence des
artistes italiens qui ont travaillé à la cour de François Ier et de Henri II,
notamment de Rosso et du Primatice, surtout de ce dernier dans les
proportions allongées des figures. Elles appartiennent à ce qu'on appelle
l'École de Fontainebleau, et offrent une grande parenté d'art et des simi-
litudes frappantes avec les miniatures d'un magnifique livre de prières
exécuté pour le roi Henri II, et qui, du musée des Souverains au Louvre,
a passé à la Bibliothèque nationale.

Un autre livre d'heures, fait pour le grand écuyer Claude Gouffier, de
format in-8, avec trois peintures paraissant être du même pinceau, est
conservé à la bibliothèque de l'Arsenal.

C'est dans son célèbre château d'Oiron (Deux-Sèvres) que ce protec-
teur éclairé et ami des beaux-arts, mort en 1570, avait amassé une foule
d'objets précieux : faïences et émaux, tableaux, livres et sculptures, qu'on
se dispute aujourd'hui dans les ventes, et qui sont éparpillés dans les plus
riches collections.

28. ANTIPHONAL (en latin). — In-8, de 256 ff.; miniature et
lettres ornées; mar. brun, dentelle historiée, tr. dor. (*rel.
du* xvi° *s.*).

Manuscrit sur VÉLIN, exécuté en France à la fin du xvi° siècle, et orné
d'UNE MINIATURE, qui représente l'*Annonciation à la Vierge* et sert de frontispice. On y voit une religieuse agenouillée devant un prie-Dieu portant
ces armes : *d'azur à la tour d'or, maçonnée de sable.* Ces armoiries sont
celles de la famille DE FORTIA, vieille maison du Midi. Une note inscrite
sur l'une des gardes nous apprend le reste sur la provenance de ce
volume : « Ce livre a esté faict par S[r] (sœur) Marie de Fortia, pour l'usage
de S[r] (sœur) Geneviève Courtin, sa tante, et est pour la survivante des
deux. »

La reliure porte également les armes de Marie de Fortia, et, dans les
angles, ses initiales : M A et Φ Φ. La dentelle historiée des plats et du
dos offre les emblèmes de la Passion.

29. PRIÈRES, à l'usage des Chevaliers de l'Ordre de Saint-
Georges de Bourgogne (en latin). — In-16, de 32 ff.; miniature; rel. en argent cis., doré et émaillé, doublée de soie
bleue, fermoirs (*rel. du* xvii° *s.*).

Manuscrit sur VÉLIN, exécuté en France vers la fin du xvii° siècle.
H. : 0,082; L. : 0,062.

Il n'a aucun titre et commence par une page représentant une cor-
beille de fleurs très finement peintes. L'écriture du texte est fort belle.
Les intitulés sont en français, et le premier porte : *Le Chevalier dira ||
tous les matins en || se levant ces trois || versets.* A la suite vient l'Office du
S. Esprit, les Litanies de la Vierge et quelques oraisons.

La reliure de ce petit volume est un fort joli travail d'orfèvrerie, et
nous en donnons une reproduction au catalogue illustré. Elle est en

argent, avec coins faisant saillie. Les ornements repoussés, dorés et ciselés, se détachent sur un émail verdâtre. Chaque plat porte, en cabo- chons, dix-neuf rubis et quatre opales; chaque fermoir est aussi orné d'un rubis. Au centre des plats, on voit, en haut-relief, la figure de saint Georges terrassant le dragon, ce qui, joint à la nature du livre, porte à croire que ce volume a appartenu à un chevalier de l'ordre de Saint- Georges de Bourgogne. Cette association privée, qui ne fut à l'origine (1390) qu'une confrérie, devint, en 1485, un ordre religieux et militaire dont les membres devaient être nobles et Franc-Comtois, et se consacrer à maintenir, dans leur province, la pureté de la religion catholique et l'obéissance au souverain. Cet Ordre, qui n'a jamais eu de caractère offi- ciel, se maintint jusqu'à la Révolution; on a même cherché à le faire revivre sous la Restauration, mais il fut définitivement supprimé par ordonnance royale du 24 avril 1824.

---

30. PAULUS (S.). Epistolæ, cum commentario. — In-fol., de 16 ff. à 2 col.; lettres ornées; demi-rel. mar. brun.

Précieux fragment d'un manuscrit sur VÉLIN, exécuté vers la fin du XIIIᵉ siècle, et provenant de la bibliothèque des chanoines de MARBACH, dans l'Alsace supérieure (aujourd'hui royaume de Wurtemberg).

Il est orné de VINGT-CINQ GRANDES INITIALES, en or et en couleurs, d'une richesse et d'une beauté hors ligne. L'ornementation de chacune d'elles est différente.

Au bas de la première page on lit cette note relative à la provenance du volume : *Commentarius in ep'las s. Pauli ex bibliotheca Canonica Mar- bacensis in Alsatia superiore inter dispersos hinc inde libros et manuscripta repertus ab ejusdem Canonicæ Priore Petro anno 1646.*

31. BRIGITTA (sancta). Revelationes, etc. — In-fol., à 2 col., de 407 ff.; miniatures, bordures et lettres ornées; mar. vert foncé, compart. à fil. à fr., fleurons, tr. cis. et dor. (*Lortic*).

Superbe manuscrit sur VÉLIN, exécuté en Italie dans la première moitié du XVᵉ siècle, et orné de DEUX MINIATURES A PLEINE PAGE, ainsi que de ONZE INITIALES HISTORIÉES.

Les *Révélations* sont divisées en sept livres, dont chacun commence par une page entourée d'un riche cadre enluminé en or et en couleur, et ornée d'une grande initiale historiée.

Le volume débute par une table des chapitres du premier livre, écrite en rouge, précédée de cet intitulé : *Incipiunt rubrice p'mi || libri celestis reuelationū || dei diuinitus reuelati be||ate Brigide principisse Neritic || de Regno Suecie.*

Le septième livre est terminé par cette rubrique : *Explicit vltimus liber || celestium Reuelationum || xpi ad sponsam suam bea||tam Brigidam. Deo di||camus gratias. Amen.*

A la suite de ce long ouvrage en vient un autre, intitulé : *Liber Celestis*

Imperatoris ad Reges. L'*Imperator,* c'est Dieu, qui adresse, par l'intermédiaire de sainte Brigitte, un message aux rois de la terre. Cet ouvrage est précédé d'un prologue, sous forme d'épître : *Incipit epistola Solitarij ad Reges.* Suivant une note, ce Solitaire est Alphonse, confesseur de la sainte. Le premier chapitre de ce prologue inflige un blâme à ceux qui approuvent ou désapprouvent, sans une enquête préalable, les personnes ayant déclaré avoir eu des visions célestes ou des déclarations divines. Le deuxième chapitre roule sur le même sujet, et les cinq suivants sont consacrés à sainte Brigitte et à ses visions. A la suite vient un autre petit prologue, touchant la rédaction de ce livre, qui n'est qu'une compilation posthume, et la table des chapitres (LVIII). L'ouvrage lui-même commence par cette rubrique : *Incipit liber Celestis || .Impatoris ad Reges re||uclatus diuinit' b'te Brigide || p'ncipisse Nericie de Regno su||ecie.*

Deux autres ouvrages sont placés à la suite. Le premier, précédé d'un petit prologue, est un : *Sermo angelicus de excellentia beatissime Virginis,* terminé ainsi : *Expliciunt lectiones de excellentissima excellentia Virginis gloriose. dictate p̃ angelum sponse xpi beate Brigide. Deo gratias. Amen.* Le second, qui clôt le volume, est consacré à l'éloge de la conception et de l'enfance de la Vierge (*Hec oratio fuit a deo reuelata beate Brigide in qua deuote et pulcre laudat' gl'osa uirgo maria de sõa oceptõe r infantia sua,* etc.). La rubrique finale porte : *Expliciunt .orationes bea||te brigide diuinitus reuelate || Deo gratias. Amen.*

Sainte Brigitte, fille de Birger, prince de Suède, née en 1302, mariée à Ulf-Gudmarson, prince de Néricie, dont elle eut huit enfants (le dernier fut sainte Catherine de Suède), fit bâtir, après la mort de son époux, l'abbaye de Wadstena, dans le diocèse de Linköping, et y fonda l'ordre du Sauveur, destiné à honorer principalement la passion de Jésus-Christ. Ensuite, elle se rendit à Rome, où elle finit par se fixer, et où elle mourut le 23 juillet 1373, peu de temps après son retour de Jérusalem. Son corps fut transporté en Suède. Elle fut canonisée en 1391, et cette sentence fut confirmée en 1415 par le concile de Bâle. Les *Révélations* dont elle fut favorisée furent dictées par elle à Pierre, prieur du monastère d'Alvastre, en Suède, où son mari était mort, et à Mathias, chanoine de Linköping, ses confesseurs. Elles furent examinées au concile de Bâle par le célèbre Jean Torquemada, depuis cardinal, et l'impression en fut autorisée. Gerson les attaqua violemment, ce qui ne les empêcha pas d'avoir de nombreuses éditions et d'être traduites en plusieurs langues.

Passons maintenant aux peintures de notre manuscrit. Le premier des deux grands tableaux est placé en regard du prologue des *Révélations* (f. 4 v°). Cette composition à pleine page représente, dans une gloire céleste : *Jésus-Christ et la Vierge envoyant un rayon inspirateur à sainte Brigitte,* assise dans le bas devant un pupitre et tenant dans ses mains une plume et un livre. Le cortège céleste compte plus de cinquante personnages : anges, apôtres, saints et saintes, divisés en groupes superposés. En face sainte Brigitte, un prêtre célèbre la messe et on voit Dieu s'élancer de l'hostie.

Les initiales historiées qui décorent le même ouvrage représentent divers épisodes de la vie mystique de la sainte.

La seconde grande peinture, placée en tête du *Livre de l'Empereur Cé-*

leste aux Rois, est divisée en deux grands compartiments horizontaux, représentant dans la partie supérieure *Sainte Brigitte recevant des mains de Jésus lui-même, accompagné de la Vierge et entouré des bienheureux, le texte de ce livre*, et le transmettant à ses confesseurs, qui l'écrivirent sous sa dictée ; dans la partie inférieure, les mêmes confesseurs offrent le livre à un aréopage de rois et de reines, devant une nombreuse assistance. On trouvera au catalogue illustré une reproduction un peu réduite de cette scène. Curieux costumes.

Les deux initiales historiées de ce livre offrent des représentations similaires. Les deux derniers traités sont aussi ornés d'initiales historiées appropriées aux sujets.

Les grandes peintures sortent des mains d'un miniaturiste habile, et, eu égard au long séjour de la sainte dans la ville éternelle, tout porte à croire que notre manuscrit a été exécuté à Rome même, peu de temps après sa canonisation.

Il a appartenu ensuite au monastère de Saint-Jérôme de Quarto al Mare, près Gênes, de l'ordre des Olivétains, ce qui résulte d'une double mention : la première à la fin du livre VI des *Révélations* (*Hic liber est monasterij sôti Jeronimi de Quarto, ordinis sancte Marie Montis Oliveti. Ego frater servus y'. x'. Finis. Amen*); la seconde à la fin du volume (*Iste liber Revelationum Beate Brigide est conventus fratrum sancti Jeronimi de Quarto Riperie, Ordinis Montis Oliveti*).

---

32. TRAITÉ DE CHASSE A COURRE. — Pet. in-8, de 67 ff. ; miniatures ; mar. olive, fil., dos orné, tr. dor. (*Derôme*).

Charmant manuscrit français sur VÉLIN, exécuté au XVᵉ siècle et orné de DIX-HUIT MINIATURES.

Il débute par cette rubrique : *Cy diuise côment on doit aller ‖ en queste entre les châps c la forest*. Ce chapitre est ainsi conçu : « Et le varlet doit quester aux champs, blez, vignes, vergiers et tremois et aultres choses où les cerfs vont viander aux champs hors du boys, et y aille bien matin, mais qu'il puisse veoir à terre et bien jugier. Et s'il voit chose qui luy plaise, il puet getter ses brisées. »

Il est probable que ce n'est qu'une seconde partie d'un ouvrage qui paraît être un abrégé de celui de Gaston Phébus, comte de Foix. Les premiers chapitres sont consacrés au dressage des chiens courants ; les suivants, à la chasse au cerf et au sanglier. Le dernier nous apprend : *Comment on doit faire le fouail du sangler et le droit aux chiens,* et le volume finit ainsi : « Ores si varlet des chiens apprent bien ce que j'ay dit et ayme son mestier, et y a bonne diligence et est subtil et a bonne congnoyssance et bon sens naturel, je vous prometz qu'il sera bon varlet de chiens et bon veneur. »

Les petites miniatures, de forme presque carrée (H. : 0,043 ; L. : 0,044 à 0,040), sont d'une grande finesse. Les plus intéressantes sont celle du f. 45, représentant une *Assemblée des gens de chasse et le repas du seigneur dans les champs*, et la dernière, la *Préparation du fouail du sanglier pour les chiens*, dont nous donnons au catalogue illustré une reproduction avec la page entière.

On sait combien sont rares les manuscrits de chasse avec miniatures. Celui-ci semble provenir de la collection Gaignat. Il a appartenu depuis à un amateur anglais : *Auchincruive*, dont l'ex-libris est collé à l'intérieur.

33. GRECO (Gioachino). Trattato di gioco delli scacchi (Traité de jeu d'échecs). — In-8, de 166 ff.; mar. olive, riches compart., tr. dor. (*rel. du* xvii° *s.*).

Manuscrit sur papier, l'*autographe* même du célèbre joueur d'échecs, surnommé le Calabrais.

En voici le titre : *Trattato del nobilissimo et militare essercitio de' scacchi, nel quale si contengono molti bellissimi tratti, et la vera scienza di esso gioco, composto da Gioachino* GRECO, *Calabrese*. Ce titre est entouré d'un encadrement enluminé. L'ouvrage est dédié à un grand personnage (il y parle « della sua real gentilezza »), non désigné, qu'il qualifie de « Son Excellence ».

Gioachino Greco, né dans le royaume de Naples, vint à Paris vers 1693, et y battit les plus célèbres joueurs d'échecs de ce temps, entre autres le duc de Nemours, à qui ce volume a peut-être été dédié. Ce traité a été traduit en plusieurs langues, et publié trois fois en français (1696, 1713, 1714).

La reliure, à petits fers, est très riche.

34. SPLENDOR SOLIS, OU SCIENCE HERMÉTIQUE (en allemand). —In-fol., de 62 ff.; peintures; mar. rouge, fil. à fr., tr. dor. (*Lortic*).

Curieux manuscrit allemand sur papier, exécuté en 1582 et orné de VINGT-QUATRE AQUARELLES.

En voici le titre : *Das gegenwärtig Puechet wirt genannt Splendor Solis, oder Sonnen Glantz. Tayltt sich in Siben Tractat durch wellich bec-sriben* (sic) *wirt die künstlich wirckung des verporgnen Stains der Alten weissen, wiewol alles so die Natur eruordert klairlich zu uolbringen das Gantz werckh. Inn denen begriffen wirt vnd mit sambt allen mitln der zugelegten ding. Nach dem ist sich kainem darauff zu uersehen die haim-lichkait der Edlen kunst auf aignem verstund zu ergreiffen.* (Le présent livret s'appelle Splendor Solis, ou Splendeur du Soleil. Il est divisé en sept traités dans lesquels sera décrite l'action artificielle de la pierre mystérieuse des anciens sages, et tout ce que la Nature exige clairement pour l'achèvement de l'œuvre complète y sera compris, avec l'indication de tous les moyens ayant rapport à la chose. De cette façon, il ne sera interdit à personne de pénétrer les mystères de ce noble art, d'après son propre entendement.)

Ce livre est donc consacré à la recherche de la pierre philosophale. Il est orné de peintures à pleine page, hors texte, représentant des sujets allégoriques. La première offre les armes du noble art d'alchimie (*arma artis*). La seconde nous montre un philosophe portant une fiole, avec une inscription latine ainsi conçue : *Allons chercher la nature de quatre éléments.*

Plusieurs de ces peintures sont entourées de larges bordures historiées, qui constituent la partie la plus intéressante de ce volume. On y voit représentée une série de scènes de la vie privée et des épisodes de la vie publique de l'Allemagne, entre autres le couronnement d'un empereur, bataille avec le peuple, tribunaux, musique et chant, expériences scientifiques, pêche et chasse, jeux d'enfants, etc.

Ces scènes, traitées en esquisse, sont dessinées avec art et esprit, et elles sont fort curieuses pour les costumes. On y trouve également d'intéressants monuments d'architecture. La seizième peinture porte la date de 1582.

---

35. **RUBENS** (Pierre-Paul). De Figuris humanis (Théorie de la figure humaine). — In-fol., de 66 ff.; figures; mar. citron, riche dentelle, fleurons, tr. dor. (*rel. anglaise*).

Précieux manuscrit, réputé l'*autographe* même de Rubens, accompagné de QUARANTE-SIX PAGES DE DESSINS DE SA MAIN.

La plus ancienne mention que nous en ayons se trouve dans le célèbre catalogue du cabinet de Quentin de Lorangère, rédigé par le savant Gersaint (1744), qui s'exprime ainsi dans une notice biographique sur Rubens (p. 70 de la Table des maîtres); « ... Il sçavoit parfaitement sept langues, dont il faisoit usage à l'occasion, et surtout la langue latine dont il se servoit ordinairement quand il écrivoit aux sçavans, avec lesquels il avoit relation, et aussi pour toutes les observations qu'il faisoit sur la peinture. Nous en avons la preuve par un manuscrit *de sa main*, que possède actuellement M. Huquier, graveur et marchand d'estampes, et qu'il se propose de donner un jour au public. Ce manuscrit porte pour titre : *De Figuris humanis.* Il est accompagné d'environ une cinquantaine de feuilles dessinées et remplies chacune de différentes têtes et attitudes variées qui ont rapport au discours de ce manuscrit : ce qui fait voir les peines et les soins que prenoit Rubens pour étudier les divers caractères et les divers effets des mouvemens des hommes. »

Horace Walpole ayant, au siècle dernier, dans ses *Anecdotes of painting in England*, parlé d'une copie de ce manuscrit présentée à la Société des Antiquaires de Londres, Mariette, dans ses notes manuscrites sur cet ouvrage, imprimées de nos jours sous le titre d'*Abecedario* (t. V, p. 68), a fait, à deux reprises, des observations contradictoires sur notre manuscrit original. Il s'exprime d'abord en ces termes : « Le manuscrit qui est à Paris et que j'ai vu entre les mains du sieur Huquier, marchand d'estampes, n'est lui-même qu'une copie. *L'original appartenoit au sieur Boule,* et a péri dans l'incendie qui consuma la maison de ce fameux artiste et une infinité de précieux dessins et d'estampes, en 1720. Il l'avoit acheté à la vente de M. de Piles. » Dans une autre note, il dit ce qui suit : « Je ne sçais pas si l'*original* doit être mis sur le compte de Rubens; je ne l'en trouve pas digne. On en prépare une édition, qui, lorsqu'elle paroistra,

donnera peut-être quelque poids à ma conjecture. *Cet ouvrage n'a du reste
rien de commun avec* UN AUTRE MANUSCRIT ORIGINAL *de Rubens que M. de Piles
avoit acquis aux Pays-Bas, et qu'il avoit apporté à Paris.* Dans celui-ci, le
peintre parloit en homme pénétré de son art, ainsi que j'en puis juger
par un fragment qu'en a fait imprimer M. de Piles concernant les statues
antiques. Rubens s'y rendoit compte des compositions poétiques que son
imagination lui suggérait. J'en conserve un feuillet qui a échappé aux
flammes ; *car ce manuscrit, qui a appartenu au sieur Boule,* a péri dans
l'incendie qui consuma, en 1720, l'atelier de ce fameux artiste. »

Ainsi, dans la première de ses notes, Mariette ne considère notre manuscrit que comme une copie, dont l'original, provenant de chez de Piles,
aurait péri dans l'incendie de l'atelier de Boule ; dans la seconde, beaucoup mieux renseigné, il lui restitue le titre d'original, et déclare qu'il
n'a rien de commun avec le manuscrit ayant appartenu à de Piles et qui a
été brûlé avec la collection de Boule, en quoi il a parfaitement raison.
Tous ceux qui, depuis, ont eu occasion de parler des manuscrits didactiques de Rubens, ont confondu les deux ouvrages distincts dont parle
Mariette, faute d'avoir connu notre volume.

En ce qui concerne le manuscrit possédé par de Piles, c'est Bellori qui
en a parlé le premier, dans ses *Vite de' Pittori,* etc. (1672), l'ayant feuilleté
à Rome. Félibien, dans ses *Entreticns sur les vies des peintres* (1685), a traduit le passage de Bellori sur ce sujet, et, avant lui, de Piles l'avait ainsi
paraphrasé, dans sa *Vie de Rubens,* imprimée à la suite de sa *Dissertation
sur les ouvrages des plus fameux peintres* (1681) : « Rubens a accompagné
quantité de dessins qu'il a faits à la plume de raisonnements et de citations
d'auteurs. J'*en ay veu* un livre de sa main de cette manière, où les démonstrations et les discours estoient ensemble. Il y avoit des observations sur
l'optique, sur les lumières et les ombres, sur les proportions, sur l'anatomie et sur l'architecture, avec une recherche très curieuse des principales passions de l'âme et des actions tirées de quelques descriptions
qu'en ont faites les poètes, avec des démonstrations à la plume d'après
les meilleurs maistres et principalement d'après Raphaël, pour faire
valoir la peinture des uns par la poésie des autres (soit que ces habiles
peintres eussent travaillé par principe, ou seulement par la bonté de leur
génie). Il y a des batailles, des tempestes, des jeux, des amours, des sup-
plices, des morts différentes et d'autres semblables passions et événe-
mens, dont il s'en voyoit aussi quelques-uns qu'il avoit dessinez d'après
l'antique. » En 1699, de Piles était déjà propriétaire de ce manuscrit dont
il a extrait le jugement de Rubens sur Léonard de Vinci (*Abrégé de la vie
des peintres,* pp. 166-168), en ajoutant que le maître flamand « rapporte
ensuite en détail toutes les Études et tous les Desseins que Léonard avoit
faits, et que Rubens avoit vûs parmi les curiositez d'un nommé Pompée
Leoni, qui étoit d'Arezzo. Il continue par l'Anatomie des chevaux et par
les observations que Léonard avoit faites sur la Phisionomie, dont Rubens
avoit vû pareillement les Desseins ; et il finit par la méthode dont ce
peintre mesuroit le corps humain. » Enfin, dans son *Cours de peinture par
principes* (1708), de Piles a inséré un chapitre de Rubens sur l'Imitation
des statues antiques (pp. 139-148), tiré du même manuscrit.

Or ni ce chapitre ni les passages cités sur Léonard de Vinci ne se trouvent dans notre volume, pas plus que les dessins représentant des *batailles,* des *tempêtes,* des *jeux,* etc., dont parlent Bellori et de Piles. Il n'est donc pas le manuscrit que possédait ce dernier et qui a disparu ensuite dans l'incendie de l'atelier de Boule, au témoignage de Mariette.

M. Van Hasselt n'a pas été en mesure d'élucider l'existence indépendante de ces deux manuscrits didactiques de Rubens. « Dans la succession du maître, dit-il (*Histoire de Rubens,* 1840, p. 221), on trouva *un cahier* d'observations manuscrites en latin, sur toutes ces branches, avec des dessins explicatifs. *On assure que ce livre se conserve à Paris,* et que, déjà en 1744, on songea à le mettre en lumière... L'on regarde comme un extrait de cet ouvrage le livre publié à Paris en 1773 sous le titre de : *Théorie de la figure humaine,* etc., *ouvrage traduit du latin de P.-P. Rubens, avec XLIV planches d'après les dessins de ce célèbre artiste.* » M. de Chennevières, qui a parlé le dernier des manuscrits de Rubens (*Recherches sur quelques peintres provinciaux de l'ancienne France,* 1854, pp. 225-229), n'a pas pu faire davantage, et, en ce qui concerne le nôtre, il s'est borné à rapporter l'opinion de M. Van Hasselt.

La *Théorie de la figure humaine* est plus qu'un extrait de notre volume; elle en est la traduction, moins deux chapitres. C'est ce que déclare d'ailleurs le traducteur, Jombert, dans la préface de son édition. « La traduction, dit-il, de cet ouvrage de Rubens sur les proportions de la figure humaine, que je présente au public, doit son existence à l'achat que j'ai fait à la vente du sieur Huquier, vers la fin de l'année dernière (novembre 1772), des planches de cuivre gravées d'après les desseins tracés de la main de Rubens pour l'intelligence de son manuscrit. Aux épreuves de ces planches étoit jointe une copie du discours en latin, avec sa traduction en françois; mais elle étoit si mal faite, si pleine de contre-sens, et si peu conforme à l'original, qu'il m'a fallu y renoncer et me déterminer à en faire moi-même une nouvelle traduction d'après le texte de Rubens. » Jombert ne s'est pas strictement conformé aux divisions de l'original, et il y a intercalé, à l'occasion, des chapitres extraits du *Traité de la peinture* de Léonard de Vinci.

Les planches en question avaient été gravées, ainsi que le portrait de Rubens, par Pierre Aveline, et avant 1760, date de la mort de cet artiste. Elles sont en contre-partie de nos originaux dont elles ne donnent qu'une vague idée. Quatre des planches de notre volume n'ont pas été reproduites, mais celles-là pourraient bien être d'une autre main.

Notre manuscrit se divise en cinq parties. La première traite des *Éléments de la figure humaine;* la seconde, de la *Figure humaine en repos;* la troisième, de la *Figure humaine en mouvement;* la quatrième, des *Statues d'enfants;* la cinquième, des *Proportions de la femme.* Plusieurs chapitres y sont consacrés aux statues antiques, et le texte est partout émaillé de citations tirées des auteurs classiques, particulièrement d'Ovide et de Virgile. Il est généralement écrit des deux côtés des feuillets et on y trouve intercalées des figures géométriques ou de petits dessins de figures humaines que l'édition de Jombert ne reproduit point. Les pages de dessins sont souvent accompagnées d'annotations manuscrites, en latin et *en hollandais.* Ces dessins sont faits tantôt à la plume, tantôt au crayon, avec quelques additions de sanguine.

Dans ce répertoire fait pour sa propre instruction, à l'exemple de Léonard de Vinci, Rubens a principalement copié des œuvres d'autrui, en y choisissant des exemples à l'appui de son texte. Nous y voyons beaucoup de copies des statues antiques conservées à Rome, telles que le *Laocoon, Hercule portant le sanglier de Célydon, Hercule soulageant Atlas, Hercule* Farnèse, *Hercule* du Belvédère, etc. Il a copié ensuite nombre de dessins de Raphaël, tantôt sur des originaux, tantôt d'après des gravures de Marc-Antoine, tels que : *Ève, le Jugement de Pâris, les Trois Grâces, Arétin,* et d'autres figures qu'on pourrait identifier.

Il a surtout copié une série de dessins didactiques de Léonard de Vinci, qu'il a trouvés chez Pompeo Leoni, d'après sa propre déclaration, rapportée par de Piles, comme nous l'avons vu plus haut. En décrivant notre manuscrit du *Traité de la peinture* de Léonard de Vinci, accompagné de dessins du Poussin (voir notre catalogue de 1882, n° 44), nous avons dit que beaucoup d'entre eux étaient probablement des copies de ceux de Léonard lui-même. Cette hypothèse devient certitude après leur comparaison avec ceux du présent volume. En effet, dix-sept des sujets de nos dessins se retrouvent identiquement parmi ceux du Poussin, gravés en plus grand et avec des modifications pour l'édition de 1651 du *Trattato della pittura;* ce sont ceux des pages : 50, 51, 55, 56, 57, 58, 62, 65, 67, 68, 69, 76 et 85 de cette édition. Rubens, en faisant des emprunts aux dessins de Léonard, les copiait librement, en y mettant quelque chose de lui-même.

Ce n'est certes pas Rubens qui a copié Poussin, dix-sept ans plus jeune que lui; ce n'est pas non plus l'inverse qui eut lieu, car ces dessins diffèrent entre eux assez sensiblement comme on pourra le constater par les fac-similés que nous donnons des mêmes sujets empruntés à nos deux manuscrits. Ils ont donc puisé à la même source, copié les mêmes originaux qui ne sauraient être que ceux de Léonard. Ils les ont vus tous deux chez Pompeo Leoni, à Rome, à des époques différentes, et Poussin, copiant le traité de Léonard, de même que Rubens, en en faisant un pour son usage, n'ont rien trouvé de mieux que d'emprunter à l'illustre maître les exemples dont ils avaient besoin. On trouvera au catalogue illustré plusieurs reproductions des mêmes sujets tirés de nos deux manuscrits, ainsi que d'autres fac-similés.

En dehors de ces dix-sept sujets, il y en a incontestablement beaucoup d'autres, parmi nos dessins de Rubens, qui ne sont que des copies de ceux de Léonard dont on y retrouve aisément le style particulier. Nos deux manuscrits ont donc l'inappréciable mérite de nous transmettre bon nombre de compositions perdues du grand maître par l'intermédiaire de copistes tels que Rubens et Poussin.

Si Mariette ne trouvait pas digne de Rubens ce recueil de dessins, c'est probablement parce qu'il ne s'était pas rendu compte qu'il n'y a là presque que des copies où l'artiste n'avait pas souvent l'occasion de mettre son cachet personnel; d'ailleurs, il ne faut pas oublier que c'est un cahier d'études d'un jeune homme de vingt et quelques années. Cependant il s'y trouve assez de preuves intrinsèques pour pouvoir garantir l'authenticité de cette œuvre de Rubens. Nous avons vu qu'il a copié toutes les figures du *Jugement de Pâris* de Marc-Antoine, avec de légères modifications à sa façon; or ces mêmes figures reparaissent dans le dessin du *Jugement de Páris* fait par Rubens pour l'aiguière de Charles Ier, roi d'Angleterre, ciselée par Rogiers (voir le fac-similé de la gravure de Neefs dans l'ouvrage de M. Hymans : *Histoire de la gravure dans l'École de Rubens*, 1879). Dans deux planches de dessins représentant des hommes crucifiés, il y a des figures de Christ qui ont une étroite parenté avec celui de la *Descente de croix* de Rubens.

Enfin, notre dernière page est décisive à cet égard. Elle reproduit, de même que la précédente, un bas-relief antique, gravé aussi par Marc-Antoine (nº 248 de Bartsch : la *Bacchanale*). Le sujet représenté est une *Satyresse devant le terme de Priape*, dans une attitude lascive. Voici ce que dit M. Hymans, au sujet des reproductions par Rubens des œuvres de l'antiquité : « Rubens n'avait pas en vue d'interpréter, comme des sculptures, les marbres antiques. Il était conforme à ses théories de les animer, d'en prononcer les traits caractéristiques, de faire revivre, en un mot, les personnages. Il anime le regard, donne aux cheveux et aux sourcils plus de légèreté que n'en comporte la sculpture. » En effet, dans le dessin qui nous occupe, Rubens a rendu la scène vivante, et a donné au corps et à la tête de la satyresse les formes et l'expression qu'on rencontre couramment dans ses figures de femmes. Cette page dénote bien la main de Rubens, et nul copiste ne serait parvenu à l'imiter avec cette perfection. Pour qu'on puisse s'en convaincre, nous donnons au catalogue illustré le fac-similé de la partie supérieure seulement de cette composition, et pour cause.

Toutes les pages de notre manuscrit, qui n'ont que 205 millimètres de hauteur, sont soigneusement montées dans le format grand in-folio et interfoliées de papier blanc. En tête, on y a ajouté le portrait de Rubens, gravé par Aveline, plus un titre manuscrit, dont l'exécution paraît remonter à la fin du XVIIe siècle et qui porte ce titre renfermé dans un cartouche peint au lavis : *Manuscript auec les desseins originaux sur l'art du dessein par Pierre-Paul Rubens*.

Ce volume a appartenu au célèbre sir Thomas Lawrence. La reliure, exécutée en Angleterre par J. Weight, porte au dos une couronne ducale.

---

36. **PROVERBES EN RIMES**, illustrés. — Pet. in-4, de 316 pp.; dessins ; demi-rel. mar. vert.

Curieux manuscrit français du commencement du XVIe siècle, sur papier, orné de TROIS CENT SEIZE DESSINS A LA PLUME.

C'était probablement un recueil préparé pour l'impression et la gravure, et il était considérable, car rien n'indique que nous en ayons ici la fin. Les pages étaient numérotées à l'époque, mais les trente-huit premières manquent à notre volume ; la dernière est cotée 354.

A chaque page, un dessin représente le fait matériel indiqué dans un proverbe, dont la moralité est déduite au-dessous, en un huitain. En voici un exemple (p. 118) :

> Chascun selon sa qualité
> Doit amasser des biens du monde.

> S'il en prent trop grant quantité,
> A peu de prouffit luy redonde.
> Si fortune luy baille l'onde,
> A trébuchier il est contraint.
> On dit, et aussi je m'y fonde :
> *Qui trop embrasse peu estraint.*

Or le dessin placé au-dessus représente un paysan tenant une trop forte brassée de bois, de sorte que plusieurs bûches s'en échappent et tombent par terre.

En voici un autre (p. 236) :

> On ne voit maintenant
> Ame qui soit d'acort.
> D'estre la main tenant
> A vivre en bon acort.
> Plusieurs font du droit tort,
> Le plus puissant l'emporte :
> *Dame Loyauté dort,*
> *Et Vérité est morte.*

Le dessin représente une femme endormie et une autre étendue morte. Parmi ces proverbes en rimes, il y en a de bien gaulois.

Les dessins ne sont pas d'une main bien habile, mais ils ont l'avantage de nous fournir de curieux détails pour le costume, l'ameublement, etc. Les costumes paraissent être ceux du règne de Louis XII.

37. **DÈNE** (Edward de). De Waerachtighe Fabulen der Dieren. (Les Véritables Fables des animaux.)— In-4, de 40 ff. ; dessins ; cart.

Manuscrit de la seconde moitié du xvi° siècle, sur papier, orné de QUARANTE ET UN DESSINS A LA PLUME, de MARC GHEERAERTS, de Bruges.

.Les Fables, en vers hollandais, sont imitées d'Ésope par Édouard de Dène, poète brugeois. Elles ont été publiées en 1567, à Bruges, enrichies de planches en taille-douce gravées sur les dessins dont nous avons ici une partie.

Marc Gheeraerts, de Bruges, le Vieux, est un des meilleurs artistes hollandais de son temps. Il fut sculpteur, architecte, peintre sur verre et graveur. En 1571 il alla s'établir à Londres et devint peintre de la reine Élisabeth.

---

38. **SABELLICUS** (Marc-Ant. Coccio, dit). Rhapsodiæ historiarum enneades (traduction allemande de Murner, de Strasbourg). — In-fol., de 216 ff. ; dessins ; demi-rel.

Manuscrit de la première moitié du xvi° siècle, sur papier, *inédit,* et précieux en ce qu'il contient CENT HUIT dessins pouvant être attribués à HANS BURGMAIR.

Marc-Antoine Coccio, dit Sabellicus, érudit italien, mort en 1506, fit en latin, sous le titre ci-dessus, une ébauche d'histoire générale, en 92 livres, qui s'arrête à l'année 1503. Elle fut imprimée à Venise de 1498 à 1504, en deux gros volumes. Notre manuscrit contient la traduction de la huitième ennéade, et elle est due au célèbre satirique et adversaire de Luther, à Thomas Murner, de Strasbourg, traducteur de Virgile et de Justinien. Tout porte à croire que nous avons là son texte *autographe,* dont chaque livre est terminé par l'indication de la date de son achèvement. Le premier fut terminé le second jour (?) après la fête de la Conception de la Vierge (décembre), en 1534 (*Interprete* Murnero *altera post Conceptionis Marie* 1534); le huitième le fut le quatrième dimanche après la fête de la Conversion de saint Paul [c'est-à-dire en février] 1535. Le neuvième livre est incomplet de quelques feuillets de la fin.

Cette huitième ennéade embrasse l'histoire universelle depuis le règne du pape s. Boniface (418) jusqu'à celui de s. Pascal Ier (817). Le texte du premier feuillet de la préface est atteint. Elle commençait par ce titre : *M. Antonij Sabellicj hyst[orij von] anbeschaffener welt Des [viij Enneadis] Vorrede.* L'écriture est lisible, mais négligée. C'est bien certainement la copie préparée pour l'impression, qui n'eut pas lieu, sans doute par suite de la mort du traducteur, survenue vers 1536.

Le manuscrit est orné de dessins à la plume, traités largement et destinés à être reproduits par la gravure sur bois. Ils sont tantôt rectangulaires, tantôt renfermés dans des médaillons circulaires. Leur style est bien celui des dessins de Burgmair; en tout cas, on peut dire que, s'ils ne sont pas de lui, ils sont de cette école de Nuremberg où il y avait tant d'excellents artistes de ce genre sous le règne fécond de l'empereur Maximilien Ier. Ils offrent cet inappréciable intérêt de nous renseigner sur la manière de procéder dans l'illustration des livres au xvie siècle, et nous montrent que le graveur sur bois avait à remplir à cette époque une tâche beaucoup plus grande que de nos jours dans l'interprétation de l'œuvre du dessinateur.

Nos dessins représentent des portraits de papes et d'empereurs, ainsi que celui de Mahomet, évidemment sans aucune prétention à la ressemblance; des batailles et des *Vues de Venise* et *de Rome.* On y trouve d'intéressants motifs d'ornementation.

39. **BOCCACE** (Jehan). **Des Cas des nobles hommes et femmes infortunez. (Traduction de Laurent de Premierfait.) — Gr. infol., de 234 ff., à 2 col. ; miniatures, bordures et lettres ornées; mar. brun, fil. à fr., tr. dor.** (*Duru*).

Très beau manuscrit de la première moitié du xve siècle, sur vélin, orné de quatre-vingt-quatorze miniatures.

Laurent de Premierfait, traducteur de cet ouvrage de Boccace, était clerc du diocèse de Troyes, puis secrétaire du célèbre bibliophile Jean, duc de Berry, troisième fils du roi Jean, à qui il dédia sa traduction, achevée le 15 avril 1409. Il mourut en 1418.

Cette traduction, publiée par Vérard en 1494, dans un style rajeuni, n'est pas la première en date; elle avait été précédée d'une plus ancienne, exécutée en 1401 par un anonyme, mais restée inédite. Une troisième traduction, faite en 1458 par Pierre Favre, curé d'Aubervilliers, avait eu tout d'abord les honneurs de l'impression (Bruges, Colard Mansion, 1476).

Notre volume ne commence qu'au second feuillet, par la fin d'une phrase appartenant au début du premier chapitre : « [Je fuz moult esbahy et commencay] *merusement* [merveilleusement] *regarder ces deux vieillars* ‖ *qui a peine pouoient parler qui auoient* ‖ *este faiz sans ouurage de nature*..... Il a malheureusement encore d'autres et de nombreuses lacunes. Il a été anciennement coté à l'encre, de sorte qu'on peut constater que cinquante-quatre feuillets manquent à l'appel jusqu'au f. côté 289, le dernier du volume, et qui se termine par le commencement du chapitre vingt-deuxième du huitième livre et par ces mots : *Après dõc* ‖ *ques que Albonius roy des lombars*..... Il manque donc encore la fin de ce chapitre, le chapitre xxiii du huitième livre, et le livre neuvième tout entier.

Les miniatures, de forme rectangulaire (H. : 0,088 à 0,092 ; L. : 0,072), offrent une véritable mine pour les costumes en tout genre, les armes, les armures et le mobilier du xvᵉ siècle.

Nul doute que ce splendide manuscrit, datant du règne de Charles VII, n'eût été exécuté pour un grand personnage, sinon pour un prince.

40. **EMBLÈMES ET DEVISES** sur les armes du grand **COLBERT**. — In-4, de 5 ff.; miniatures; vélin blanc, compart. (*rel. du* xviiᵉ *s.*).

Manuscrit sur VÉLIN, du xviiᵉ siècle, comprenant QUATRE PAGES PEINTES.

D'après une courte explication manuscrite placée en tête, ces *devises présentées à Monsieur Colbert sur ses armes* étaient au nombre de sept. Elles avaient trait aux qualités du grand ministre auxquelles faisaient allusion des allégories ayant pour sujet un *serpent* ou *couleuvre*, la pièce de ces armes. Les trois premiers feuillets n'y figurent plus; les quatre autres qui restent représentent chacun un médaillon avec emblème surmonté d'une devise, reposant sur une console dont la tablette porte encore un distique latin, le tout soigneusement peint en or et en couleurs.

Ces devises n'ont rien de commun avec les *Cinquante Devises pour Monseigneur Colbert*, composées par le président de Silvecane et imprimées à Paris, en 1683, avec des gravures en taille-douce; elles leur sont antérieures.

RECUEILS DE MINIATURES ET DE DESSINS
MINIATURES ISOLÉES. — INITIALES.

41. Saint Luc (H. : 0,210 ; L. : 0,112). — L'Ascension (H. : 0,220 ; L. : 0,165).

Précieuses MINIATURES SUR VÉLIN, exécutées au XIIe siècle. École rhénane.

La première est à fond argent et entourée d'un encadrement. Saint Luc, assis devant un pupitre, taille sa plume; au-dessus de sa tête est son enblème.

La seconde, qui porte un encadrement semblable, offre une composition à vingt personnages (la sainte Vierge, les Apôtres, des Anges). Le Christ est placé dans une bordure ovoïdale. Au-dessus, la Main divine émerge du ciel. Peinture d'un grand caractère.

42. Massacre des Innocents. Fuite en Égypte. — H. : 0,154 ; L. : 0,110.

Précieuses MINIATURES peintes du XIIe au XIIIe siècle sur les deux faces d'un même feuillet, sur VÉLIN. Fond or. Triple bordure : bleu, or, bistre. Curieux costumes civils et militaires.

Elles paraissent avoir été exécutées dans l'est de la France; car, sans présenter le caractère germanique, elles offrent des affinités d'art avec l'École dite rhénane.

43. Martyre de s. Étienne. Un Saint. Martyrs. S. Paul. S. Pierre. — H. : 0,080 à 0,100 ; L. : 0,060 à 0,075.

CINQ INITIALES HISTORIÉES (H, T, S, Q, Q) sur VÉLIN, d'une grande beauté, provenant d'un missel du XIIe au XIIIe siècle, exécuté probablement dans le nord de la France. Fond or, ornementation dracontine, à beaux enroulements.

La seconde initiale représente un saint alité. Auprès de lui est une femme debout, et devant lui un jeune homme armé d'un arc et de flèches. Le saint tient un rouleau avec cette inscription : *Tolle arma tua, pharetram et arcum.*

La troisième nous montre plusieurs corps de martyrs; la quatrième, s. Paul avant sa conversion (Saül), sur le chemin de Damas; la dernière, Dieu remettant à saint Pierre la clef du ciel.

44. La Résurrection. — H. : 0,092 ; L. : 0,060.

Précieuse MINIATURE SUR VÉLIN, exécutée en France au XIIIe siècle. Le sujet est entouré d'un encadrement à fleurons dorés, terminé aux angles par des médaillons renfermant des écussons armoriés. Le premier : *vairé d'or et de gueules* pourrait bien s'appliquer à la maison de Bauffremont; le second porte : *d'argent à une fasce de gueules, surmontée d'un lion passant du même;* le troisième : *d'argent à trois têtes de lion* (?) *de gueules;* le quatrième : *d'or plein.* Les soldats endormis portent aussi des boucliers armoriés.

45. Les Degrés de consanguinité. — H. : 0,255 ; L. : 0,190.

MINIATURE SUR VÉLIN, accompagnée de texte, extraite d'un volume in-folio de droit canonique, du XIII⁰ siècle. Peinte en rouge, bleu et vert.

46. Scènes de la Vie de Jésus. — In-12 ; velours rouge.

Suite de SIX MINIATURES SUR VÉLIN, exécutées en France au XIII⁰ siècle. H. : 0,132; L. : 0,080.

Elles sont d'un travail remarquable, à fond or et entourées d'une bordure. Voici les sujets représentés : 1° la *Visitation de s^te Élisabeth;* — 2° la *Présentation au Temple;* — 3° l'*Entrée à Jérusalem;* — 4° *Jésus tenté par le Satan;* — 5° *Jésus en croix;* — 6° l'*Ascension.*

47. Jésus en croix. — H. : 0,165 ; L. : 0,130.

Précieuse MINIATURE italienne, sur VÉLIN, de la fin du XIII⁰ ou du commencement du XIV⁰ siècle. Elle est à fond or. Derrière saint Jean se tient s. *François d'Assise,* reconnaissable à ses stigmates aux mains et aux pieds. Cette miniature est détachée du canon d'un missel. Sur la marge gauche, on lit, d'une vieille écriture, la date de 1294, suivie de quelques mots illisibles *(idus v°...?).* Au verso, une main moderne a mis cette note : *PP. Eleutherio. Re Roberto orate pro fratre* ELEUTHERIO QUI ILLUMINAVIT, note empruntée sans doute au volume dont notre miniature a malheureusement été détachée. Ce renseignement sur le miniaturiste frère Éleuthère ne concorde pas toutefois parfaitement avec la date 1294, attendu que Robert II d'Anjou, roi de Naples, n'a régné que depuis 1309. Mais la patrie de l'artiste pourrait bien être le royaume de Naples où l'art byzantin, dont notre miniature porte une forte empreinte, a exercé une influence si prolongée.

48. FIGURES DE LA BIBLE. — Pet. in-fol.; mar. La Vallière, riches compart. à froid, tr. dor. *(Lortic).*

Précieux recueil de QUATRE-VINGT-DEUX DESSINS A LA PLUME, COLORIÉS, sur papier, exécuté dans la première moitié du XIV⁰ siècle par un maître de l'École d'Alsace ou de Franconie.

Voici la teneur d'une note jointe au volume, rédigée par l'éminent Viollet-le-Duc :

« Ces vignettes proviennent probablement d'une suite de sujets de l'Ancien et du Nouveau Testament sans texte explicatif, comme nos livres d'images modernes. Je ne connais pas de recueil fait avec autant de laisser-aller et dans lequel cependant on reconnaisse la main d'un artiste assez habile. Peut-être pourrait-on voir dans ces vignettes des esquisses de peintures destinées à décorer un cloître ou quelque galerie de couvent. Quoi qu'il en soit, ce recueil est d'un grand intérêt et peut servir de type consacré pour représenter tel ou tel sujet. Il est à remarquer que tous ces sujets sont parfaitement conformes aux données iconographiques admises par l'Église. Ces vignettes doivent avoir été peintes de 1310 à 1325, à en juger par le faire et les costumes des personnages. Plusieurs sont retouchées, beaucoup manquent certainement, la suite devait être complète. Il y a des transpositions dans l'ordre des sujets.

« Comme style, ces dessins coloriés appartiennent à l'École de Dijon, de l'époque indiquée ci-dessus. En résumé, ce recueil a-t-il un grand intérêt; comme exécution de vignettes, *c'est un exemple unique peut-être.* »

La suite complète devait compter environ cent dessins, attendu qu'un grand nombre portent d'anciens numéros dont le plus élevé est 98. Elle commence à la Création du monde, et offre vers la fin plusieurs images de saints et de saintes. La tête de Jésus est entourée partout d'un nimbe crucifère.

Nous ne pensons pas qu'on puisse attribuer ces dessins à un artiste de l'École de Dijon, pays bien français en tout temps, tandis qu'ils sont incontestablement d'une main allemande. Les têtes ont la suavité de celles du célèbre Martin Schœngauer, de Colmar, et c'est peut-être parmi les précurseurs de cet excellent peintre et graveur qu'il faudrait chercher le dessinateur de nos images. On pourra d'ailleurs en juger par les deux reproductions que nous donnons au catalogue illustré. Ce qui démontre, au surplus, l'origine allemande de cette œuvre, en dehors de son style, ce sont les inscriptions presque contemporaines qu'on lit sur quelques planches, et qui sont toujours en allemand. En voici un exemple : *Noiel vñ sine süne wie sv dic arke buchtent* (Noé et ses fils quand ils bâtissent l'arche).

Des connaisseurs affirment que ces dessins pourraient même remonter à la seconde moitié du xiii° siècle. En effet, sur celui de la *Mise en croix* il y a une date qui paraîtrait devoir être 1294.

49. La Cène. L'Ascension (H. : 0,240 à 0,245; L. : 0,240 à 0,245). — Une Bordure (H. : 0,365 ; L. : 0,100).

Admirables MINIATURES SUR VÉLIN, provenant d'un antiphonaire du xiv° siècle, de l'École de Sienne. Les sujets sont enfermés dans des initiales (O, U) entourées de riches bordures. Les têtes ont une douceur et un charme inexprimables.

Ces miniatures doivent provenir d'une autre partie du même antiphonaire que notre n° 8, ci-dessus ; en tout cas, elles sont de la main du même artiste.

La bordure, paraissant provenir aussi d'un antiphonaire italien, est curieusement historiée.

50. Un Prophète, en buste (H. : 0,082 ; L. : 0,071). — La Sainte Vierge (H. : 0,196 ; L. : 0,150). — La Communion (H. : 0,172;

4

L. : 0,172). — Dieu le Père et un apôtre (H. : 0,285 ; L. : 0,210).

QUATRE MINIATURES SUR VÉLIN provenant des antiphonaires exécutés en Italie du xive au xve siècle.

La première, sous la forme d'un médaillon polygone, est d'une grande finesse ; les deux autres, sous forme d'initiales historiées (H, C), affectent le style de peintures murales. Toutes les trois sont à fond or.

La dernière, dont les deux sujets sont enchâssés dans l'initiale A richement ornée, est d'une rare finesse. Elle occupe presque complètement la page entière.

51. **Épisodes de la Vie de saint Nicolas** (H. : 0,078 à 0,085 ; L. : 0,090). — **Histoire d'un jeune moine** (H. : 0,080 à 0,090 ; L. : 0,075 à 0,082).

SIX CURIEUSES MINIATURES SUR VÉLIN, exécutées en France au xive siècle.

Les deux premières sont sous forme d'initiales historiées (E, O). L'une paraît représenter s. Nicolas remettant, par la fenêtre d'une maison, des dots à trois jeunes filles pauvres. L'autre représente le même évêque consacrant un autel. Ces initiales proviennent d'un antiphonaire.

Les quatre autres, très finement exécutées, sur des fonds quadrillés ou en or guilloché, nous montrent des scènes de la vie d'un jeune homme qui se voue à Dieu, entre en religion et, finalement, s'enfuit à cheval du couvent et jette son froc. Ces épisodes, à cinq, six, sept et neuf personnages, sont d'un grand intérêt pour les costumes. Miniatures découpées dans un ouvrage ascétique, en latin, dont le texte se lit aux versos.

52. **ORCAGNA (A.) et GOZZOLI (B.). Fresques du cloître du Campo-Santo de Pise.**

Admirables copies de trois des célèbres fresques d'André ORCAGNA (seconde moitié du xive s.), et d'une de celles de Benozzo GOZZOLI (entre 1469 et 1485).

La première représente : *le Songe de la Vie* (H. : 0,197 ; L. : 0,252) ; on en trouvera, au catalogue illustré, une reproduction en chromolithographie.

La deuxième offre la seconde partie de la précédente ; c'est un fragment du *Triomphe de la Mort*, ayant pour sujet la légende des *Trois Morts et trois Vifs* (H. : 0,195 ; L. : 0,335). Composition mouvementée, à quatorze personnages. Reproduite en chromolithographie dans la *Vie religieuse et militaire au moyen âge*, de M. Paul Lacroix (Paris, Firmin-Didot).

La troisième a pour sujet : le *Jugement dernier* (H. : 0,335 ; L. : 0,450). Reproduite en chromolithographie dans la *Vie de Jésus*, de M. L. Veuillot (Paris, Firmin-Didot).

On sait que ces fresques se dégradent de plus en plus. Nos peintures, qui rendent les originaux avec une fidélité et une grâce parfaites, ont été faites par Carlo Rancini, de 1859 à 1869.

La fresque de Benozzo Gozzoli, représentant la *Vendange* (H. : 0,181 ;

L. : 0,288) est un fragment de celle ayant pour sujet l'*Ivresse de Noé*. C'est l'une des vingt-deux fresques que cet artiste peignit au Campo-Santo de Pise, et c'est la plus célèbre. Elle a été reproduite en chromolithographie dans les *Chefs-d'œuvre de la peinture italienne*, de M. Paul Mantz (Paris, Firmin-Didot), d'après notre copie qui est due aussi au pinceau de Carlo Rancini (1858).

53. Scènes de la vie de Jésus (H. : 0,190 ; L. : 0,145).— Jésus et Marie-Madeleine (H. : 0,137; L. : 0,128). — Saint Claude (?) et sainte Marguerite (H. : 0,172; L. : 0,130).

TROIS CURIEUSES MINIATURES SUR VÉLIN, provenant des manuscrits du XIVᵉ au XVᵉ siècle.

La première, divisée en quatre compartiments, représente : 1º l'*Incrédulité de s. Thomas ;* 2º *Jésus et ses disciples ;* 3º la *Pêche miraculeuse ;* 4º *Jésus enseignant à ses disciples.* Fonds diaprés, quadrillés et losangés. Décoration architecturale. Art français.

La seconde, provenant d'un antiphonaire, est sous forme d'initiale S et offre deux sujets : 1º la *Madeleine oignant les pieds de Jésus ;* 2º *Jésus en jardinier apparaissant à Madeleine.* Fond diapré. L'exécution en est barbare et la patrie difficile à déterminer.

La troisième, divisée en deux compartiments par un pilier, est fort belle et paraît être du pinceau d'un bon artiste flamand.

54. La Nativité (H. : 0,155; L. : 0,162). — Dieu parlant à un saint (Moïse?) (H. : 0,160; L. : 0,170). — Un Vieillard enseignant à un couple païen (H. : 0,160 ; L. : 0,160). — Un saint Moine et une sainte Religieuse à table (H. : 0,163; L. : 0,163).

QUATRE SUPERBES MINIATURES, sous forme d'initiales historiées (H, O, P, S), décorant quatre feuillets provenant d'un antiphonaire sur VÉLIN, exécuté en Italie au commencement du XVᵉ siècle.

La troisième miniature, où l'on remarque de curieux costumes de l'homme et de la femme qui écoutent un vieillard assis dans une chaire, accompagne ce texte : *Preparate corda vestra domino et servite illi soli,* etc.

Dans la dernière sont représentés deux moines vêtus de blanc devant un repas frugal, servis par un frère. L'un des moines a la tête nimbée, de même qu'une religieuse assise à côté de lui et paraissant dormir, accoudée sur la table. Cette initiale commence ce texte : *Sancti monialis autem femina dum negantis verba audisset, orationem...* Ce répons s'applique à la fête de sainte Lucie.

La partie décorative de ces initiales est fort riche.

55. Jésus en croix; la Vierge et s. Jean se tiennent auprès. — H. : 0,169; L. : 0,153.

Très belle MINIATURE SUR VÉLIN, provenant d'un missel in-folio exécuté probablement dans la contrée rhénane au commencement du XVᵉ siècle.

Fond quadrillé, or et couleurs. Appendices feuillagés s'étendant sur les marges.

56. Deux feuillets d'un antiphonaire. — In-folio.

Chacun de ces deux feuillets sur VÉLIN, paraissant remonter au commencement du xvᵉ siècle, est décoré d'une ravissante initiale (E, U), en or et en couleurs (H. et L. : 0,105), d'où partent de longs appendices s'étendant sur les marges. Leur style est particulier et elles nous semblent avoir été exécutées en Hollande.

57. Présentation de l'Enfant Jésus au Temple (H. : 0,367 ; L. : 0,349). — Le Martyre de saint Jean - Porte - Latine (H. : 0,347 ; L. : 0,306).

DEUX SUPERBES MINIATURES SUR VÉLIN, sous forme d'initiales historiées (C, P), provenant d'un grand antiphonaire exécuté dans l'Allemagne du sud au xvᵉ siècle.

La première scène, qui est à dix personnages, a lieu dans une belle salle gothique, ornée d'un riche pavage en mosaïque. La seconde est particulièrement remarquable pour son agencement pittoresque et la beauté des figures.

Dans la partie décorative, d'une richesse exubérante, on voit des anges jouant de divers instruments et des grotesques.

58 Saint Pierre. Saint Saturnin (H. : 0,047 ; L. : 0,060). — Saint Pierre et s. Paul.

TROIS PAGES SUR VÉLIN, provenant d'un missel exécuté en Italie au xvᵉ siècle.

Les effigies des deux premiers saints sont renfermées dans des initiales faisant corps avec de larges bordures d'une ornementation délicieuse. Hauteur totale des pages : 0,300 ; Largeur : 0,220.

Saint Pierre et s. Paul sont représentés en buste dans une petite initiale dont les rinceaux s'étendent sur les marges.

59. Dieu sur le trône. — H. : 0,280 ; L. : 0,240.

Superbe MINIATURE SUR VÉLIN, sous forme d'initiale R, provenant d'un antiphonaire exécuté au xvᵉ siècle probablement dans le nord de la France.

C'est un véritable tableau, exécuté de main de maître. La figure divine est d'un modelé parfait et d'un caractère solennel. L'ensemble est riche et très décoratif.

60. Apothéose de sainte Marie l'Égyptienne. — H. : 0,183 ; L. : 0,119.

Très curieuse MINIATURE SUR VÉLIN, provenant d'un livre d'heures français du xvᵉ siècle.

La scène représente un site sauvage, au milieu des rochers, avec des ermitages et des calvaires disséminés çà et là. La sainte solitaire, n'ayant pour tout vêtement que ses longs cheveux, est enlevée au ciel par six anges.

Au revers de cette page est une petite peinture où l'on voit le *Christ au roseau* entouré des emblèmes de la Passion. Le texte donne plusieurs oraisons en français.

61. **Les Saintes Femmes au tombeau du Christ** (H. : 0,195; L. : 0,128). — Martyre de saint Jean à la Porte Latine (H. : 0,153; L. : 0,177). — Les Apôtres (H. : 0,147; L. : 0,142).

TROIS BELLES MINIATURES SUR VÉLIN, sous forme d'initiales (A, U, M), provenant des antiphonaires du xvᵉ siècle exécutés en France, bien que la première, particulièrement curieuse, offre des affinités avec l'art italien.

62. **Les Vices et les Vertus, personnifiés par quatre femmes** (H. : 0,168; L. : 0,145). — Un Rhétoricien enseignant (H. : 0,178; L. : 0,146).

Superbes peintures, décorant deux feuillets provenant d'un manuscrit sur VÉLIN du *Trésor* de Brunetto Latini, in-folio, exécuté en France dans la première moitié du xvᵉ siècle.

Elles sont très importantes pour l'histoire du costume. Les pages sont entourées de beaux encadrements.

63. **Saint Pierre et saint Paul.** — H. : 0,147; L. : 0,143.

MINIATURE, sous forme d'initiale historiée (Q), décorant un feuillet sur VÉLIN, provenant d'un grand antiphonaire exécuté en Allemagne au xvᵉ siècle.

La page est ornée extérieurement d'une bordure de feuillage, au milieu de laquelle, dans le bas, est représenté un laboureur conduisant une charrue. Au-dessus, une banderole porte cette inscription : *Wolffgang Gayler* (ou *Sayler*) *Margraff von Newsidel*.

64. **Dieu sur le trône** (H. : 0,187; L. : 0,140). — Jésus en croix; la Vierge et s. Jean se tiennent auprès (H. : 0,190; L. : 0,138).

DEUX BELLES MINIATURES SUR VÉLIN, provenant d'un missel in-folio exécuté en France vers le milieu du xvᵉ siècle.

Dans la première, Dieu le père, assis sur le trône et bénissant, est le sujet central, en forme de losange, à fond quadrillé et fleurdelisé en haut et diapré en bas. Ce losange, entouré d'une bordure tricolore, bleu, blanc et orange, est placé dans un cadre rectangulaire, formé d'une bande bleue diaprée de blanc et bordée d'or et d'argent. Dans les triangles intérieurs sont représentés les symboles des quatre évangélistes.

Le second sujet, peint sur un fond en partie quadrillé, est également renfermé dans un cadre semblable au précédent, sauf que la bande est de couleur bistre diaprée de blanc.

Les deux peintures sont entourées d'une large bordure à rinceaux filiformes à feuillage doré, avec adjonction de fleurs au naturel.

65. La Forteresse de la Foi (H. : 0,230 ; L. : 0,212). — Cadres dorés.

DEUX MINIATURES SUR VÉLIN, provenant d'un manuscrit français (les *Forteresses de la Foi*) du milieu du xvᵉ siècle.

L'une représente l'entrée de la forteresse mystique et les défenseurs de la Foi discutant avec des hérésiarques ; l'autre nous montre la forteresse entière défendue par les autorités ecclésiastiques et les théologiens, et cernée par les hérétiques qui cherchent à la saper par la base avec des pioches. Cette dernière a été reproduite en chromolithographie, en plus petit, dans la *Vie religieuse et militaire au moyen âge*, par M. Paul Lacroix (Paris, Firmin-Didot).

La conception est originale et l'exécution est d'un excellent artiste. Ce sont assurément deux tableaux fort précieux pour l'histoire de l'art français.

66. FOUCQUET (Jehan). Œuvre peint. Reproductions en fac-similés. Relié en 4 vol., dont 3 en maroquin grenat, riches compart. à froid, tr. dor., et le dernier en demi-mar. dos et coins, tr. dor. (*Lortic*).

Précieux recueil de CINQUANTE-SEPT PEINTURES en fac-similés, sur papier et sur PEAU DE VÉLIN, d'après les miniatures du célèbre Jehan Foucquet. Elles ont été exécutées par des artistes éminents, avec une étonnante perfection, pour le compte de M. Curmer, qui les a fait reproduire ensuite en chromolithographie.

Elles se décomposent ainsi :

1. *Portrait de Foucquet ;* d'après la peinture faite par lui en camaïeu or sur émail noire et conservée au musée du Louvre ;

2. *Portrait d'Étienne Chevalier*, trésorier du roi Charles VII ; d'après un panneau peint à l'huile, et appartenant à la famille Brentano, de Francfort ;

3. *Lit de justice tenu à Vendôme en 1458 pour le jugement de Jean, duc d'Alençon ;* d'après une miniature qui sert de frontispice à un manuscrit de Boccace, en traduction française : *Des Cas des nobles malheureux*, conservé à la Bibliothèque royale de Munich ;

4. *Tullie faisant passer son char sur le corps de son père ;* d'après une miniature faisant partie d'un manuscrit de Tite-Live, conservé à la bibliothèque de la Sorbonne ;

5-45. Quarante et un sujets de sainteté ; d'après les miniatures du manuscrit des *Heures d'Étienne Chevalier*, dont quarante appartiennent à la famille Brentano et une à M. Feuillet de Conches;

46. *Le Retour de l'Escorte;* d'après la miniature originale de notre bibliothèque (voir le n° suivant). Elle est intercalée dans la série précédente, après le *Crucifiement;*

47-57. Onze compositions d'après les miniatures du manuscrit des *Antiquités judaïques*, de Flavius Josèphe, conservé à la Bibliothèque nationale.

Les copies des originaux de Francfort sont dues à M. Hendschel; celle du *Lit de justice*, à M. Gewundel, de Munich; et toutes les autres, à MM. Lavril et A. Racinet père.

Le quatrième volume contient : 1. le portrait du pape Pie IX, photographie admirablement coloriée par un des élèves de l'Académie de France à Rome; 2 et 3. deux épreuves, de ton différent, du portrait de Foucquet; 4. une épreuve, d'un ton différent de celui du tirage entier, de la planche des *Antiquités judaïques* représentant l'*Entrée d'Antiochus IV à Jérusalem;* 5 à 8, deux photographies et deux épreuves du tirage en chromolithographie, de ton différent, de la *sainte Vierge,* sous les traits d'Agnès Sorel, d'après un des panneaux du diptyque de Melun, panneau faisant partie du musée d'Anvers (l'autre panneau offre le portrait d'Étienne Chevalier, mentionné plus haut).

67. LE CALVAIRE ET LE RETOUR DE L'ESCORTE. — H. : 0,123; L. : 0,094.

Ravissante MINIATURE SUR VÉLIN considérée comme étant du pinceau de JEHAN FOUCQUET, et, comme telle, reproduite, en plus grandes dimensions, dans l'*Œuvre* de ce miniaturiste publiée par Curmer. C'est à tort que, dans cette reproduction, on a mis, sur la bannière du porte-drapeau, l'inscription : *Rocca,* erreur de lecture à la place des lettres S. P. Q. R. (*Senatus Populusque Romanus*) qu'on lit sur l'original.

La composition entière et les détails des costumes et des armures offrent tous les caractères du faire habituel du peintre de Tours. « Il est difficile, dit M. Curmer, dans la description des miniatures non signées, de donner des indications précises; on ne peut que procéder du connu à l'inconnu; mais, dans le sujet qui nous occupe, la similitude paraît tellement flagrante, le faire a une telle parenté, que le rapprochement conduit à une analogie évidente. »

Cette miniature provient d'un livre d'heures; au verso est écrit, en caractères gothiques très fins, le commencement d'un évangile.

68. La Résurrection de Jésus-Christ (H. : 0,084; L. : 0,084). — La Descente du Saint-Esprit (H. : 0,100; L. : 0,078).

MINIATURES décorant deux feuillets provenant d'un beau missel sur VÉLIN exécuté par un artiste flamand dans la seconde moitié du XV° siècle.

La première est renfermée dans l'initiale R. La page entière est entourée d'une large bordure à fond or mat, parsemée de fleurs, de fruits et d'insectes. Dans le bas, on voit un paon et un singe jouant de la musette, et au milieu, une crosse d'abbé, à laquelle est fixé un écusson avec ces armoiries : d'*argent à une fasce de gueules, surmontée de trois corbeaux* (?) *de sable.* Le montant extérieur de la bordure offre trois niches superposées occupées par trois figures en pied : s. *Antoine, abbé,* ayant des flammes à ses pieds; s^{te} *Gertrude,* abbesse de Nivelle; des souris ou des rats grimpent après sa robe ; un prêtre avec la tête tonsurée, probablement le portrait de l'abbé possesseur de ce missel.

La seconde miniature est beaucoup plus fine que la première. La bordure est composée d'une série de triangles multicolores, formés au moyen de troncs d'arbres et ornés de fleurs, de fruits, d'insectes et d'oiseaux.

69. La Descente de croix (H. : 0,110; L. : 0,072). — Les Trois Morts et les Trois Vifs (H. : 0,107; L. : 0,072). — Le Martyre de saint Sébastien (H. : 0,103; L. : 0,069). — Le Martyre de saint Denis et de ses compagnons (H. : 0,108; L. : 0,072).

QUATRE MINIATURES SUR VÉLIN, provenant d'un fort joli livre d'heures exécuté en France dans le dernier quart du xve siècle.

La seconde est particulièrement intéressante pour les costumes des cavaliers. La quatrième est curieuse en raison de son agencement. Par l'ouverture d'un porche gothique, on voit une belle campagne, et saint Denis portant sa tête marche sur la route. Il est encore représenté par une statue posée sur le trumeau. Sur les montants de cette porte à deux baies, sont agenouillés s. *Rustique* et s. *Éleuthère* que des bourreaux s'apprêtent à décapiter. Au-dessus du porche est une statue de la Vierge accompagnée de deux écussons aux armes de France.

Les vêtements de presque tous les personnages sont peints en bleu et or.

70. L'Ascension (H. : 0,074; L. : 0,065). — La Descente du Saint-Esprit (H. : 0,075; L. : 0,080).

MINIATURES décorant, sous forme d'initiales (V, S), deux feuillets provenant d'un missel sur VÉLIN, in-folio, exécuté à la fin du xve siècle.

Elles font corps avec des bordures d'une grande richesse, à fond d'or guilloché, avec des bustes d'anges jouant de divers instruments, et enveloppés de rinceaux multicolores qui forment quelquefois des têtes grotesques.

Un troisième feuillet du même missel a un encadrement de rinceaux en camaïeu vert et une initiale ornée de même.

Sur un ornement placé au-dessous de la miniature, au second feuillet, on lit des chiffres superposés formant la date de 1482 ou 1487, qui doit être celle de l'exécution de ce manuscrit que nous attribuons à un artiste hollandais.

71. Jésus en croix, et les Emblèmes de la Passion — H. : 0,182; L. : 0,183.

Très belle MINIATURE SUR VÉLIN, datant de la fin du xve siècle.

Au pied de la croix, on voit la Sainte Vierge s'affaissant dans la douleur et soutenue par saint Jean ; puis sainte Madeleine entourant la croix de ses bras, un saint (s. Antoine, abbé ?), et une sainte ayant le cou traversé par une épée. Dans l'encadrement à fond d'or guilloché, sont peints les instruments de la Passion, et un écusson avec ces armes : *de gueules à une rose blanche au naturel, chargée d'une étoile d'or.*

Cette peinture, très soignée, nous paraît être d'un artiste des contrées rhénanes.

Nous y joignons quatre feuillets sur VÉLIN provenant d'un livre d'heures français de la même époque et ornés de charmantes petites miniatures représentant : *s. Jean l'évangéliste, s^te Anne instruisant la Vierge, Job tourmenté par le démon* et *s. Michel terrassant le dragon* (sur son bouclier sont peintes ces armoiries : *d'azur à un chevron d'or, accompagné de trois croissants du même*). Jolies bordures marginales.

72. La Cène (H. : 0,191 ; L. : 0,157). — La Descente du Saint-Esprit (H. : 0,170 ; L. : 0,180). — La Trinité (H. : 0,190 ; L. : 0,168).

TROIS MINIATURES SUR VÉLIN, sous forme d'initiales historiées (C, S, B), provenant d'un antiphonaire exécuté en France vers la fin du xve siècle. La dernière est d'un beau caractère.

73. La Présentation au Temple (H. : 0,165 ; L. : 0,165). — La Résurrection (H. : 0,270 ; L. : 0,190). — La Trinité (H. : 0,190 ; L. : 0,207). — Saint Michel terrassant le dragon (H. : 0,165 ; L. : 0,175).

QUATRE MAGNIFIQUES MINIATURES SUR VÉLIN, sous forme d'initiales historiées (S, R, B, B), provenant d'un antiphonaire exécuté en France vers la fin du xve siècle. Elles sont de plusieurs mains.

Les initiales sont formées au moyen de larges listels bleus diaprés de blanc, sur fond or décoré de rinceaux fleuronnés.

Au bas de la scène de la *Résurrection*, dans une bordure, deux anges tiennent un écusson avec ces armes : *d'azur à un rais d'escarboucle d'or.*

74. La Cène (H. : 0,165 ; L. 0,175). — L'Ascension (H. : 0,165 ; L. : 0,175). — Sainte Anne instruisant la Vierge (H. : 0,165 ; L. : 0,167). — La Messe miraculeuse de saint Grégoire (H. : 0,165 ; L. : 0,177).

QUATRE SUPERBES MINIATURES SUR VÉLIN, provenant d'un antiphonaire exécuté en France vers la fin du xve siècle. Elles sont sous forme d'initiales historiées (S, U, G, C).

Ces compositions ont un singulier cachet de franchise et de fermeté. Le côté décoratif n'est pas moins remarquable. On trouvera au catalogue illustré une reproduction réduite de la dernière de ces belles peintures.

75. Dieu se montrant à un groupe d'hommes (H. : 0,167; L. : 0,164).—L'Annonciation à la Vierge (H. : 0,083 ; L. : 0,108). — La Présentation de l'Enfant Jésus au Temple (H. : 0,119; L. : 0,151).

TROIS CHARMANTES MINIATURES, sous forme d'initiales historiées (A, M, A), décorant trois feuillets provenant d'un antiphonaire sur VÉLIN, et exécutées par un artiste flamand à la fin du xve ou au commencement du xvie siècle.

Ces riches initiales font corps avec des bordures à fond orange ornées de fleurs, d'oiseaux et d'insectes d'une rare finesse de pinceau.

76. Recueil de copies des miniatures. — Relié en 3 vol. in-fol. ; maroquin grenat, riches ornements à froid, tr. dor. (*Lortic*).

Précieux recueil de SOIXANTE-CINQ PEINTURES, qui sont des copies des miniatures de plusieurs des plus beaux manuscrits de l'Europe, tels que le *Bréviaire du duc de Bedford*, le *Bréviaire du cardinal Grimani*, les *Heures d'Aragon*, les *Heures de Henri IV*, etc.; copies exécutées par d'excellents artistes français et italiens pour le compte de M. Curmer et d'après lesquelles ont été faites les chromolithographies des *Évangiles* publiés par cet éditeur.

Il se décompose ainsi :

1° Douze peintures du calendrier et vingt-trois sujets de sainteté, soit ensemble trente-cinq miniatures copiées d'après celles du célèbre *Bréviaire du cardinal Grimani*, la perle de la Bibliothèque de Saint-Marc de Venise, et l'un des plus beaux manuscrits connus. C'est à tort qu'on en a attribué une partie à Memling lui-même, car aucun document sérieux ne prouve que ce grand artiste ait jamais peint des manuscrits; mais il est certain que ces peintures ont été exécutées par plusieurs de ses meilleurs élèves, à la fin du xve et au commencement du xvie siècle. Photographies admirablement coloriées ;

2° Six copies sur peau de vélin (*les Quatre Évangélistes, Jésus devant Pilate* et *la Flagellation*), d'après un manuscrit justement célèbre sous le nom d'*Heures d'Aragon* (Paris, Bibliothèque nationale), dont les miniatures sont, à notre avis, l'œuvre non d'un artiste italien, comme on l'a dit, mais d'un artiste français de la première moitié du xvie siècle, bien au courant du style italien d'ornementation;

3° Deux copies d'une initiale historiée, tirée d'une *Bible* de la fin du xiie siècle, appartenant au Musée britannique (Harleian, n° 2798 et 2799);

4° Sept copies sur peau de vélin (*s. Jean l'évangéliste, la Trinité, la Robe nuptiale, la Présentation au Temple, la Conception de la sainte Vierge, la Visitation, le Couronnement de la Vierge*), d'après des miniatures du manuscrit du *Livre de prières*, dit de Henri IV, exécutées en camaïeu blanc et violet dans les dernières années du xve siècle ou au début du suivant (Paris, Bibliothèque nationale);

5° Copie sur vélin (*le Roi de Gloire*), d'après la miniature d'un *Sacre-*

mentaire allemand de la deuxième moitié du xɪᵉ siècle (Paris, Bibliothèque nationale);

6° Huit copies (calques coloriés), d'après des miniatures d'un des plus beaux manuscrits français de la première moitié du xvᵉ siècle (avant 1435) : le *Bréviaire de Salisbury*, exécuté pour le duc Jean de Bedford (Paris, Bibliothèque nationale);

7° Copie d'une miniature (*Jésus dans sa gloire*) de l'*Évangéliaire de Charlemagne* (Paris, Bibliothèque nationale);

8° Copie d'une fresque (*la Résurrection*) de Fra Angelico da Fiesole, au couvent de Saint-Marc à Florence ;

9° Copie d'une miniature (*l'Ascension*) faisant partie d'un *Évangéliaire* allemand du xɪɪᵉ au xɪɪɪᵉ siècle (Paris, Bibliothèque nationale, fonds La Vallière, n° 55);

10° Copie d'une miniature (*Jésus en croix*) d'un *Canon de la messe*, provenant du trésor de l'église de Metz; manuscrit du ɪxᵉ siècle (Paris, Bibliothèque nationale);

11° Copie d'une miniature (*les Saints Docteurs de l'Église*) paraissant provenir des *Grandes Heures* de Jean, duc de Berry, et ayant appartenu à Mᵍʳ de Falloux.

Toutes ces peintures sont enchâssées dans des passe-partout, en guise d'album.

77. Copies des peintures du Bréviaire du cardinal Grimani, conservé à la bibliothèque de Saint-Marc à Venise.

QUATRE MINIATURES SUR VÉLIN, reproduisant de ravissantes peintures de ce célèbre manuscrit.

La première représente : *la Reine de Saba devant Salomon*. Bordure en camaïeu or avec des scènes se rapportant au même sujet (H. : 0,233; L. : 0,168). Elle a été reproduite en chromolithographie dans les *Mœurs et Usages au moyen âge*, par M. Paul Lacroix (Paris, Firmin-Didot).

La seconde a pour sujet : *Sainte Catherine discutant avec les docteurs d'Alexandrie*, en présence de l'empereur Maximin II. Sur la frise d'un édifice, on lit le mot *Gosart*, qu'on regarde comme le nom du miniaturiste et qui désignerait Gossaert ou Jean de Maubeuge (mort vers 1540), élève de Memling. On en trouvera une reproduction en chromolithographie au catalogue illustré.

La troisième représente : *Saint Jean-Baptiste* qui s'achemine vers le Jourdain pour baptiser le Christ qu'on voit dans le lointain. L'encadrement en camaïeu or figure la cérémonie elle-même, ainsi que le saint prêchant à la multitude. M. Michiels (*Histoire de la peinture flamande*, t. IV, p. 449) en attribue aussi l'exécution, de même que de la première, au peintre Jean de Maubeuge.

La quatrième personnifie *les Ames des élus présentées à Dieu par des anges*. Dans l'encadrement en camaïeu, on voit les *Peines de l'enfer*. Elle a été reproduite en couleurs dans la *Vie religieuse et militaire au moyen âge*, par M. Paul Lacroix (Paris, Firmin-Didot).

Ces quatre copies ont été exécutées, avec une rare perfection, par un artiste vénitien, G. Prosdocimi, en 1864.

78. La Cène. La Descente du Saint-Esprit. — H. : 0,200; L. : 0,220.

DEUX PRÉCIEUSES MINIATURES SUR VÉLIN, débris d'un superbe antiphonaire exécuté pour le roi LOUIS XII et ANNE DE BRETAGNE.

Dans les larges bordures, on voit leurs initiales couronnées, les fleurs de lis alternant avec les hermines, enfin l'emblème du roi, un porc-épic, surmonté de l'écu aux armes de France.

Nous y joignons une bordure ornée, provenant d'un manuscrit qui paraît avoir appartenu à Louis XII, avant son avènement au trône, car les armes qui y figurent sont celles d'Orléans écartelées de celles des dauphins de France. Seulement, comme elles sont accompagnées des initiales A et L couronnées, il paraît difficile de tout concilier. Si l'initiale A désigne Anne de Bretagne, Louis XII devenant son époux était déjà roi de France et ne devait plus porter ses anciennes armes de dauphin.

79. Louis XII sortant d'Alexandrie, le 24 avril 1507, pour aller châtier la ville de Gênes. — H. : 0,263; L. : 0,180.

Copie sur VÉLIN, supérieurement exécutée par A. Racinet père, d'une superbe miniature du poème de Jean Marot sur la *Révolte de Gênes*, manuscrit conservé à la Bibliothèque nationale.

Nous en donnons au catalogue illustré une reproduction, un peu réduite, en chromolithographie.

80. Quatre sujets tirés d'un calendrier en figures. — H. : 0,078; L. : 0,128.

QUATRE CHARMANTES MINIATURES SUR VÉLIN, provenant d'un livre d'heures exécuté en France au commencement du XVIᵉ siècle.

La première (mois de *mai*) représente un jeune seigneur assis sur un banc de gazon, sous une tonnelle, et jouant de la mandoline; auprès de lui est une jeune fille les mains pleines de fleurs; la seconde (mois d'*octobre*) nous montre un gentilhomme partant à cheval pour la chasse; la troisième (mois de *novembre*), l'abatage des glands; la quatrième (mois de *décembre*), le flambage des porcs qu'on vient de saigner.

Elles sont d'une finesse remarquable.

81. Saint Charlemagne (H. : 0,110; L. : 0,092). — La Résurrection de Jésus-Christ (H. : 0,127; L. : 0,119). — Chasse au cerf (H. : 0,057; L. : 0,127). — Portraits historiques, etc.

TROIS FEUILLETS provenant d'un antiphonaire sur VÉLIN, exécuté dans le Brabant au commencement du XVIᵉ siècle.

La première miniature est renfermée dans une initiale (C). La page entière est entourée d'une belle et large bordure à fond or, avec fleurs, fruits, oiseaux et insectes. Aux angles inférieurs se trouvent : d'un côté, le portrait, à genoux, de CHARLES DE BOURGOGNE, grand fauconnier et prévôt général de Brabant, fils de Jean de Bourgogne, seigneur de Herlaër, et ancêtre de la branche de Bourgogne-Herbamez; de l'autre, celui de sa femme CATHERINE D'AELST. Les écussons armoriés des époux figurent à côté d'eux, et ces armes réunies sont encore répétées au centre de la bordure. Malheureusement, cette partie est passablement dégradée.

La Résurrection, de forme rectangulaire, est peinte au second feuillet, et cette page est encadrée de la même manière que la précédente. La *Chasse au cerf* occupe une partie de la bordure du bas, aux angles de laquelle sont encore représentés deux personnages : le mari et la femme, dans l'attitude de la prière. Auprès de lui on voit ses armoiries : *d'hermines à une bande de gueules, chargée d'une molette d'or; l'écusson est accompagné d'initiales J. J. A côté de la femme est figuré un écusson en losange, *parti* des armoiries précédentes et des siennes propres : *d'or au lion passant d'azur ; coupé d'argent à une branche (?) de sinople;* il est accosté d'initiales J. J.

La miniature qui figurait en tête du troisième feuillet a été découpée. Dans l'angle gauche du bas de la bordure est représenté un abbé ayant derrière lui son patron, saint Antoine, abbé. A l'extrémité opposée de cette bordure est placé un écusson avec ces armoiries : *d'azur à six étoiles d'or, 3, 2 et 1 ;* et, au centre, une tête de mort accompagnée de cette devise : *Quod gravissimum illud (?) commune.*

82. Job et sa femme. (H. : 0,182 ; L. : 0,108). — Saint Claude (H. : 0,170; L. : 0,115).

DEUX SUPERBES MINIATURES SUR VÉLIN, provenant des livres d'heures français du début du XVIᵉ siècle.

Dans la première, renfermée dans un portique de style Renaissance, Job est debout sur son fumier, les mains jointes et les yeux levés vers le ciel. Sa femme se tient auprès de lui ; sa coiffe indique l'époque de Louis XII ou de François Iᵉʳ.

Dans la seconde, entourée d'une simple bordure dorée, le saint évêque ressuscite des enfants morts, à la prière d'une mère qui l'implore à genoux. Elle est de la main d'un des artistes qui ont travaillé pour Anne de Bretagne.

83. L'Apparition de la Vierge à saint Norbert. — H. : 0,358 ; L. : 0,260.

Admirable MINIATURE SUR VÉLIN, datée de 1518 et provenant d'un missel exécuté en Allemagne.

Elle est divisée en deux compartiments horizontaux, et les personnages sont placés au milieu de tout un appareil architectural.

Dans la partie supérieure, on voit à genoux un saint vêtu de blanc et tenant une crosse abbatiale. Devant lui apparaît la sainte Vierge avec l'Enfant Jésus qui porte sur sa main un perroquet. De son sein elle fait jaillir du lait qui tombe sur le visage du saint, qui nous paraît devoir être saint Norbert, fondateur de l'ordre des Prémontrés. Sur les deux piliers de côté on lit la date 1518 et les initiales N. R., qui désignent soit le peintre, soit le destinataire de ce missel, un abbé représenté dans la partie inférieure, à genoux, avec la crosse, vêtu d'une robe noire et coiffé d'un béret. Saint Norbert était probablement son patron. Devant lui se voient deux écussons dont l'un porte : *de sable à une barre échiquetée d'argent et de gueules, de deux tires*, et l'autre : *de gueules à deux haches d'argent en sautoir, sur un mont à trois coupeaux de sinople.* Ils sont surmontés de la mitre et de la crosse d'abbé.

L'artiste à qui l'on doit ce remarquable tableau était assurément un maître.

Au verso de cette page est le calendrier du mois de janvier.

Une note nous apprend que ce précieux feuillet a appartenu à la bibliothèque des comtes Reisach (*ex Bibliotheca Reisachiorum*, 1809).

84. Jésus-Christ au Jardin des Oliviers (H. : 0,161 ; L. : 0,112). — La Résurrection de Lazare (H. : 0,157 ; L. : 0,110).

DEUX BELLES MINIATURES SUR VÉLIN, provenant des livres d'heures exécutés en France au xvie siècle. Elles sont renfermées dans des encadrements architecturaux, dont le second est orné de statues en camaïeu or.

85. L'Annonciation à la Vierge (H. : 0,115 ; L. : 0,122). — Zachée sur un sycomore recevant la bénédiction de Jésus-Christ (H. : 0,175 ; L. : 0,166). — Les Funérailles de la Vierge (H. : 0,177 ; L. : 0,185). — La Sainte Vierge avec l'Enfant Jésus assise au milieu de six saintes (H. : 0,132 ; L. : 0,135). — Plusieurs Saints (H. : 0,112 ; L. : 0,116).

CINQ CHARMANTES MINIATURES SUR VÉLIN, sous forme d'initiales historiées (R, T, G, G, O), provenant d'un antiphonaire exécuté au commencement du xvie siècle, probablement dans les Flandres.

Les lettres elles-mêmes sont en camaïeu or, d'un effet très décoratif. A l'exception de la première, elles sont sur un fond vert. Les compositions sont très soignées et offrent beaucoup de charme. On trouvera au catalogue illustré une reproduction de la deuxième.

86. Jésus au milieu des quatre saints (H. : 0,139 ; L. : 0,150). — Jésus au milieu des apôtres (H. : 0,136 ; L. : 0,140). — La Résurrection (H. : 0,147 ; L. : 0,142).

TROIS MINIATURES SUR VÉLIN, sous forme d'initiales historiées (C, C, R), provenant d'un antiphonaire exécuté en France dans la première moitié du xvie siècle. La dernière est fort belle ; l'un des guerriers porte le costume du temps de François Ier.

87. SUPPLICE DE JEANNE D'ARC. — H. : 0,150 ; L. : 0,150.

Précieuse MINIATURE SUR VÉLIN, qui orne un feuillet provenant d'un manuscrit in-folio de la première moitié du xvie siècle.

Le mode du supplice se trouve ici défiguré : on a substitué la chaudière au bûcher. Jeanne d'Arc, au pied de l'échafaud, est entre un religieux et un aide du bourreau. Nombreuse assistance exclusivement masculine. Au centre, on voit l'église Saint-Sauveur de Rouen ; à gauche, l'église Saint-Michel ; et en avant, les halles du Vieux-Marché. De la comparaison de cette vue avec les indications fournies par le *Livre des Fontaines*, il résulte qu'on doit considérer notre peinture comme un document typographique important. On en trouvera une reproduction réduite au catalogue illustré.

La page entière est entourée d'un encadrement architectural.

88. **Les Femmes israélites venant au-devant du jeune David qui porte la tête de Goliath. — H. : 0,147 ; L. : 0,106.**

Ravissante MINIATURE SUR VÉLIN, exécutée par un artiste de l'École de Bruges dans la première moitié du xvi° siècle.

David porte la tête du géant philistin au bout de son propre glaive. Les femmes qui viennent à sa rencontre jouent de divers instruments ; leurs costumes variés offrent un intérêt particulier.

Cette miniature est du même pinceau que les peintures de notre manuscrit exécuté pour un membre de la famille d'Egmont (voir le n° 18 du catalogue de 1882). L'encadrement en est identique avec plusieurs de ceux de ce dernier volume.

89. **Armoiries, emblème et devise du cardinal Charles de Lorraine (H. : 0,220 ; L. : 0,150).**

DEUX ADMIRABLES MINIATURES peintes sur les deux côtés d'un feuillet de VÉLIN, qui provient sans doute d'un livre d'heures exécuté pour Charles de Lorraine, dit le CARDINAL DE LORRAINE, mort en 1574, frère du célèbre François de Lorraine, duc de Guise. Feu M. Didot attribuait ces belles peintures décoratives à JEAN COUSIN, ce qui paraît bien probable.

D'un côté, les armes du cardinal, avec ses attributs, sont posées dans un cartouche élégant, surmonté de deux cerfs, l'un blanc, l'autre fauve, et appuyé sur le dos d'une sorte de faune, accompagné de deux vieillards assis, enveloppés dans de larges manteaux. Sur les côtés, des vases de fleurs, des mascarons, etc., complètent l'ornementation, au milieu de laquelle on voit disséminés des papillons, des oiseaux, un petit singe et un chat poursuivant une souris.

Au revers de cette page, dans un cadre ovale, est une pyramide de granit, entourée de lierre et surmontée d'un croissant. Par derrière est un fond de paysage, avec des ruines de monuments. Dans un cartouche au bas du cadre, on lit la devise du cardinal de Lorraine : *Te stante virebo*. Le haut du cadre est surmonté d'un ange tenant deux couronnes de laurier ; à ses côtés sont couchés deux lévriers blancs. Sur les rebords latéraux du cadre sont posés deux vases remplis de fruits ; et au-dessous, sur le cartouche, on voit les figures assises de Minerve et de Diane.

Toute cette peinture se détache sur un fond ornementé, d'une exécution délicate et de bon goût. On trouvera au catalogue illustré une reproduction de ce chef-d'œuvre.

90. Patriciens et patriciennes de Venise. Fragment d'une fête
des noces. — H. : 0,185 ; L. : 0,267.

Charmante MINIATURE SUR VÉLIN, exécutée à la fin du xvi° siècle par un
artiste hollandais.

Cette réunion de six dames en riches costumes, causant entre elles et
avec deux jeunes gentilshommes, est une copie contemporaine, légèrement modifiée, d'un fragment d'une grande composition, tableau ou
dessin, de Dirk BARENDSEN (en latin *Theodoricus Bernardus*), d'Amsterdam, élève du Titien ; composition représentant une *Fête des noces à
Venise,* sur une terrasse ayant vue sur mer, et qui a été gravée, en
contre-partie, par Henri Goltzius, en 1584, sur deux grandes planches
(Bartsch, n° 247). Dans la légende en vers qui accompagne cette gravure,
on lit : *Hic Antenorei connubia magna patriciosque vides cœtus, Venetosque
hymenæos....*

91. Les Quatre Évangélistes. Dans une riche bordure. — Cadre
doré.

QUATRE SUPERBES MINIATURES SUR VÉLIN, attribuées au célèbre GIULIO
CLOVIO, Dalmate d'origine, élève de Jules Romain, et surnommé le Prince
des miniaturistes. Elles sont collées au centre d'un riche encadrement à fond
or, avec fleurs, fruits et insectes, et trois médaillons en camaïeu,
représentant *Dieu le Père* et *l'Annonciation à la Vierge.* Dans un cartouche,
on lit cette inscription : *Gregorius XIII Pontifex Optimus Maximus* BONCOM-
PAGNUS *Bononiensis electus anno Domini* MDLXXIII. Au bas, dans la bordure, deux anges tiennent un écusson avec les attributs de ce souverain
pontife et ses armoiries : *de gueules à un dragon ailé d'or, issant.*

Cette page a été reproduite en réduction dans l'*Ornement polychrome*
de M. A. Racinet qui lui a consacré ces lignes : « Sorte de compromis
entre les enluminures de manuscrits de la fin du xv° siècle auxquelles
elle emprunte l'emploi des figures naturelles d'animaux et de fleurs et
l'élément plus moderne des cartouches, cette belle page décorative offre
dans l'emploi de ces diverses ressources le caractère de largeur et d'harmonie qui caractérise l'école de Raphaël, à laquelle appartenait l'auteur.
Les quatre figures des Évangélistes qui occupent le centre de la composition, et particulièrement celle de saint Jean, sont traitées de main de
maître et seraient admirées même isolément de l'ensemble où elles sont
si heureusement placées. »

Pour nous, cet encadrement, qui est de style flamand, ne saurait être
attribué au pinceau de l'auteur des figures des évangélistes, avec lesquelles
d'ailleurs il ne fait pas corps. Les ornements peints par Giulio Clovio ont
toujours le caractère bien italien; et la plupart en sont dans le goût des
arabesques de Raphaël.

92. La Sainte Vierge adorée par un gentilhomme vénitien. —
H. : 0,216 ; L. : 0,152.

Charmante MINIATURE SUR VÉLIN, exécutée par un artiste vénitien à la
fin du xvi° siècle.

La Vierge, tenant l'Enfant Jésus, est assise sous un dais. Devant elle se tient à genoux un jeune gentilhomme vénitien richement vêtu, dont les armes (*d'azur à trois bandes d'or*) sont peintes dans le bas d'un large encadrement, tandis que dans le haut on voit celles de Venise : le *Lion ailé de saint Marc*.

Cette peinture, très finement faite, doit provenir d'un manuscrit contenant des instructions de la République de Venise données à un de ses hauts fonctionnaires.

93. Adoration des rois Mages. — H. : 0,297; L. : 0,210.

CURIEUSE MINIATURE SUR VÉLIN, exécutée par un artiste italien en 1636.

La composition est renfermée dans un cadre architectural, animé par une foule d'enfants et de petits génies qui jouent des instruments ou s'amusent. Le coloris est peu éclatant. Fond doré.

Dans le bas, sur le rebord du piédestal, on lit, en lettres d'or, le nom du miniaturiste : BERN. AMICI (?), suivi d'une date qui paraît devoir être 1636.

94. Le Bonheur d'un peuple. Composition allégorique. — H. : 0,108; L. : 0,123. — Cadre doré.

Charmante gouache due au pinceau de Frédéric BRENTEL, de Strasbourg, mort en 1651.

Sur la place publique d'une ville est figuré un enclos surmonté d'un dais qui est soutenu, en guise de cariatides, par quatre figures allégoriques d'hommes : un pasteur, un savant, un juge et un laboureur avec une pelle, personnifiant la Piété, les Arts libéraux, la Justice et le Travail. Sous ce dais, au pied d'un laurier, sont assises deux femmes personnifiant la Paix et l'Abondance. Sur la plate-forme du dais, on voit cinq autres figures allégoriques : la Vérité, la Justice, etc. Au-dessus, dans la bordure, ce quatrain en lettres d'or :

> *Tunc status est felix populi fundamine firmo*
> *Quando Iustitia, Musis, Pietate, Labore*
> *Nititur : hunc tandem successu læta coronat*
> *Pax, rerumque beat prædivite Copia cornu.*

Dans le bas est un quatrain allemand effacé par endroits :

> Sonder Gottsfurcht und Erlichkeit
> Nit freye Kunst, sampt der Arbeit
> Die Säulen seind, da grünt die Gmein
> Glückseligkeit auch Fried wohnt drein.

Ce quatrain, version libre du précédent, explique toute la peinture (« La Crainte de Dieu, la Justice, les Arts libéraux sont des colonnes qui maintiennent la communauté prospère; le Bonheur et la Paix demeurent à leur ombre »).

Peinture très fine et d'un coloris agréable. Elle est collé sur un panneau portant, d'une vieille écriture, ce nom : *Brendel de Strasbourg.* Cette attribution paraît justifiée, et d'ailleurs le quatrain ci-dessus est bien en dialecte alsacien.

95. Portraits des comtes et comtesses de Flandres. — Pet. in-8; relié en velours vert.

Recueil de VINGT-NEUF PORTRAITS, peints en miniature, en buste, dans des médaillons, et accompagnés de légendes.

Il est précédé de ce titre : *Série des comtes et comtesses de Flandres* DÉDIÉS A L'IMPÉRATRICE **MARIE-THÉRÈSE,** *par* GUDWALD, *abbé de Saint-Pierre à Gand, l'année* 1773.

Des collections D.-J. Versturme Roegiers et Van der Helle.

---

96. Recueil d'initiales. — Montées sur bristol.

VINGT-NEUF INITIALES ENLUMINÉES d'une grande beauté, provenant des manuscrits sur VÉLIN, des XIᵉ, XIIᵉ et XIIIᵉ siècles.

Dix-sept d'entre elles, découpées dans une Bible du commencement du XIᵉ siècle, offrent dans leur ornementation des motifs de caractère celtique ou anglo-saxon combinés avec des rinceaux. L'or en est absent, et l'opposition des couleurs y est faite au moyen du jaune.

Une grande initiale M, provenant d'un Graduel du XIIᵉ siècle, et peinte en rouge, bleu et vert, est formée de deux Chimères reliées par des rinceaux fleuronnés. Elle est d'une beauté hors ligne.

Parmi les autres initiales, il y en a quelques-unes à fond or.

97. Recueil d'initiales historiées, montées sur bristol.

HUIT INITIALES DRACONTINES d'une grande beauté, découpées dans un grand manuscrit du XIIIᵉ siècle. Les sujets représentés sont : 1° l'*Annonciation;* — 2° la *Nativité;* — 3° la *Cène;* — 4° *Jésus et les Apôtres;* — 5° l'*Ascension;* — 6° *Dieu le Père et les saints;* — 7° *Un Chœur de séraphins;* — 8° SAINT LOUIS OFFRANT SON AME A DIEU, DANS LA SAINTE-CHAPELLE.

De chaque initale partent de longs appendices fleuronnés et historiés. La décoration architecturale est digne d'attention.

98. Recueil d'initiales. — Montées sur bristol.

QUARANTE-QUATRE INITIALES HISTORIÉES ET ORNÉES, provenant d'une Bible sur VÉLIN, exécutée en France dans la seconde moitié du XIIIᵉ siècle. Elles sont très fines. Parmi les scènes bibliques qui s'y trouvent représentées, un bon nombre sont curieuses pour les costumes des personnages.

II. MANUSCRITS ORIENTAUX

99. LE KORAN. — In-4 oblong, de 58 ff. ; ornements; cart.

Précieux fragment d'un superbe manuscrit sur VÉLIN, écrit en *caractères coufiques*, qui offrent la plus ancienne forme de l'écriture des
Arabes, dont l'adoption est antérieure à l'islamisme. On assigne à ce
volume comme date le ive siècle de l'hégire (xe au xie siècle).

Il contient le texte du Koran depuis la sourate 43, verset 14, jusqu'à
la sourate 45, verset 5. Les voyelles sont indiquées par des points rouges,
avec des variantes vertes et bleues. Chaque verset est séparé du suivant
par une rosace dorée, entourée d'un filet de couleur; chaque groupe de
cinq ou de dix versets est marqué en outre par une rosace peinte sur la
marge. En tête de chaque sourate, il y a un grand titre dont les lettres
sont figurées par le blanc même du vélin sur un fond d'ornementation
doré et émaillé de couleurs.

On croit que cette copie a été faite sur le manuscrit sacré du Koran
qui se trouve dans la Kâba à la Mecque.

100. LE KORAN. — Très grand in-folio, de 469 ff. ; cuir brun
estampé en or et à froid, doublé de même (*reliure arabe du
temps*).

Merveilleux manuscrit arabe sur papier de coton, d'une richesse extraordinaire de décoration et de dimensions exceptionnelles (H. : 1,04 ;
L. : 0,052). Il doit remonter au xve siècle.

Les premières pages sont entièrement couvertes de peintures. Chacune
des cent quatorze *sourates*, ou divisions principales du texte, est précédée
d'un titre écrit en *lettres coufiques*, au centre d'un encadrement enluminé
en or et en couleurs. Des rosaces indiquent les versets. Leurs motifs d'ornementation varient à l'infini et peuvent se compter par milliers. Il est
impossible de rien voir de plus beau en ce genre : ce sont des chefs-
d'œuvre de conception et d'exécution au point de vue de la pureté de
goût et de l'harmonie des couleurs. On peut en juger par un certain nombre de motifs qui ont été reproduits, en deux planches, dans l'*Ornement
polychrome,* de M. A. Racinet (Paris, Firmin-Didot). « L'art arabe, dit
l'auteur de ce beau livre, s'y caractérise bien, non seulement par l'absence
complète des figures vivantes, dont la représentation était défendue par
la loi religieuse, mais encore par la puissance de la combinaison géomé-

trique. On y remarque plusieurs des caractères justement signalés par Owen Jones (*Grammaire de l'Ornement*) comme typiques dans l'ornementation arabe, tels, par exemple, que l'enroulement continu de courbes rattachées à un centre unique et rayonnant jusqu'à la circonférence. L'emploi de la fleur mêlée à l'ornement linéaire accuse une certaine influence de l'art persan. » Il s'y trouve aussi des traces non moins reconnaissables du style byzantin.

La nature de ces ornements les rend essentiellement propres à fournir des modèles d'une grande variété à toutes les industries d'art.

La reliure même de cet énorme volume est un véritable chef-d'œuvre. M. Racinet en a fait reproduire quelques fragments dans son *Ornement polychrome.* « C'est le style arabe pur, dit-il, qui brille dans cette belle reliure, caractérisé par la fermeté de la construction géométrique. Le dessin principal appartient à la combinaison des rosaces dont les lignes ont fourni aux Arabes tant d'arrangements variés et ingénieux. Dans ce genre de composition, l'intérêt est particulièrement porté sur la figure incidente née de la rencontre de deux rosaces de grandeur inégale, figure appelée à leur servir de jonction. Cette incidence est digne d'intérêt dans l'exemple présent, car l'agrafe géométrique est elle-même un agencement riche dont le double heptagone largement disposé combat la monotonie que ce genre pourrait offrir. »

Ce splendide manuscrit provient d'une mosquée du Caire. Il a été acquis par M. Didot en 1869.

101. LE KORAN. — In-fol., de 48 ff.; ornements; cuir brun, riches ornements à froid (*reliure arabe*).

Fort beau et précieux manuscrit arabe sur papier, qui remonte au xvᵉ siècle.

Il ne contient que la huitième section du Koran, et *est entièrement écrit en lettres d'or.* La première page ne présente que le titre renfermé dans une charmante rosace en or et en couleurs. Aux deux pages suivantes, le texte est entouré de ravissants cadres en or et azur. Des rosaces polychromes marquant les versets décorent le texte et les marges. Le titre d'un chapitre, dans le corps de l'ouvrage, est écrit en lettres blanches au centre d'une tablette peinte en or, en écarlate et en azur.

Une note inscrite au titre nous apprend que ce manuscrit a été trouvé dans le Fayyoûm et provient d'un legs du sultan Faradj, fils de Barkoûk, sultan d'Égypte (mort en 1399).

Il a été replacé à l'entrée de son tombeau en 1165 de l'hégire (1787).

102. LE KORAN. — Pet. in-fol., de 55 ff.; ornements; cuir brun estampé à froid (*reliure orientale*).

Fort beau manuscrit sur papier, exécuté au xviᵉ siècle.

Il ne contient que la deuxième partie de la quatrième section. Quatre pages sont très richement décorées en or et en couleurs, et leurs motifs d'ornementation semblent dénoter l'origine persane du volume. Toutes les autres pages sont entourées d'une bordure dorée. Des fleurons et des rosaces enluminées, sur les marges et dans le texte, marquent les versets.

A la gauche de la première page se trouve une note d'écriture également ancienne et qui a été déchirée de telle sorte qu'elle est maintenant presque indéchiffrable entièrement; on y lit seulement que ce livre a été donné en *ouarf* par le sultan Nâsir ed-Dîn Mohammad, et qu'il l'avait fait écrire en cent cinquante parties pour le service de son *turbé*, construit au Caire, dans le quartier Beïn el Gasreïn.

103. LE KORAN. — Pet. in-8, de 94 ff.; cuir brun, estampages en blanc sur fond vert (*rel. orientale*).

Très joli manuscrit sur papier, exécuté au commencement du xviii° siècle. Il contient plusieurs chapitres du Koran, les noms de Dieu, les noms et épithètes de Mahomet, ceux de ses principaux compagnons, diverses prières, et la description du portrait de Mahomet, d'Abou Bekr, d'Omar, d'Othman et d'Ali. Il est écrit en arabe; quelques titres seulement sont en turc.

Six pages sont richement décorées en or et en couleurs; d'autres sont également ornées de jolies arabesques. Le texte est entouré d'une bordure dorée; les titres des chapitres sont peints en blanc sur fond or.

104. HISTOIRE DE SINDBAD LE MARIN ET DE HINDBAD (en arabe). — In-fol., de 26 ff.; miniatures; demi-rel. mar. brun.

Curieux manuscrit arabe sur papier, paraissant remonter au xvii° siècle, et orné de DOUZE PEINTURES représentant les aventures un peu fantastiques arrivées au héros de ce livre. Quoique d'une exécution barbare, elles sont fort intéressantes à cause de la rareté du fait.

---

105. CHARAGAN ou HYMNAIRE (en persan). — Pet. in-fol., de 12 ff.; cuir brun estampé (*rel. orientale*).

Manuscrit persan sur VÉLIN, exécuté au xvi° siècle et contenant neuf hymnes en l'honneur des saints.

106. TRAITÉ DE THÉOLOGIE BOUDDHISTE.

Manuscrit probablement en langue pâli, écrit en caractères birmans, de 189 feuilles de palmier; les tranches sont peintes en rouge et dorées.

107. ÉVANGÉLIAIRE (en arménien). —In-8, de 267 ff.; miniatures, bordures et lettres ornées; cuir brun estampé, tr. rouge (*rel. orientale du xvii° siècle*).

Remarquable manuscrit sur VÉLIN, écrit dans la ville d'Amasia de 1059 à 1060, et orné de VINGT GRANDES MINIATURES, de QUATORZE ENCADRE-

MENTS HISTORIÉS et d'un très grand nombre de PETITES MINIATURES peintes sur les marges.

Les seize premières miniatures sont placées en tête, se faisant face deux par deux, et elles représentent : 1° *l'Annonciation à la Vierge* ; — 2° *l'Adoration des Mages* ; — 3° *la Présentation de l'Enfant Jésus au Temple* ; — 4° *le Baptême de Jésus-Christ* ; — 5° *la Transfiguration* ; — 6° *la Résurrection de Lazare* ; — 7° *l'Entrée de Jésus à Jérusalem* ; — 8° *la Cène* ; — 9° *le Lavement des pieds* ; — 10° *l'Arrestation de Jésus* ; — 11° *Jésus devant Pilate* ; — 12° *Jésus en croix* ; — 13° *la Résurrection* ; — 14° *l'Ascension* ; — 15° *la Descente du Saint-Esprit* ; — 16° *le Jugement dernier*. Les quatre autres représentent les *Évangélistes*. Toutes sont de forme rectangulaire et entourées d'un simple cadre au trait (H. : 0,092 ; L. : 0,062).

Les sujets marginaux offrent des épisodes de la *Vie de Jésus*, en référence avec le texte correspondant des évangiles. Toutes ces peintures sont l'œuvre d'un miniaturiste fort habile.

La partie décorative offre un intérêt considérable pour l'histoire de l'ornement dans l'Orient. Riche et variée, elle s'épanouit dans des portiques servant de cadre au calendrier, dans des en-têtes des chapitres, dans les titres des évangiles, enfin dans les rosaces et fleurons qui émaillent les marges et le texte. L'or et les couleurs voyantes y jouent le premier rôle.

Une souscription finale nous apprend que ce volume *a été écrit dans la ville d'Amesia* [aujourd'hui Amasièh, dans l'Asie Mineure], *et sous le catholicosat du seigneur Agop* [Jacques], *patriarche des Arméniens, en l'an 1108 de l'ère arménienne*, qui correspond à l'an 1659-1660 de notre ère.

Ce beau volume, d'une conservation irréprochable, provient du grand couvent arménien d'Eschmiadzin.

---

108. HYMNES A MARIE ET A JÉSUS (en éthiopien. — In-16 de 130 ff. ; miniatures ; mar. vert, fil. à fr., tr. dor. (*Lortic*).

Manuscrit éthiopien sur VÉLIN, écrit en rouge et noir, probablement au siècle dernier et orné de QUATRE MINIATURES, dont les deux premières se faisant face représentent *s. Georges terrassant le dragon* et *la Vierge avec l'Enfant Jésus*. Les deux dernières, placées à la fin du volume, l'une en regard de l'autre, représentent, d'un côté : trois personnages barbus, dont deux ont des ailes (*Ananias, Azaïs, Misaël*) ; de l'autre, un saint ayant deux lions et deux tigres couchés à ses pieds, et tenant sur sa main un corbeau qui vient lui parler ; c'est peut-être *saint Paul l'Ermite*. Ces peintures, faites sous l'influence des modèles byzantins, ne sont pas sans mérite et présentent de l'intérêt pour l'histoire de l'art.

En tête, il y a quatre feuillets d'une écriture du XVII° siècle, contenant des salutations ou Sâlam aux saints du calendrier, extraites du synaxare éthiopien.

Le nom de l'ancien possesseur a partout été remplacé par celui d'un Sarsa Mikâ'el.

109. L'ORGUE DE LA VIERGE (en éthiopien).—Pet. in-16, de 149 ff. ; mar. vert, fil. à fr., tr. dor. (*Lortic*).

Manuscrit éthiopien sur vélin, exécuté au siècle dernier, et d'une fort belle écriture.

Il contient *l'Organòn-Deugel*, ou *l'Orgue de la Vierge*, composé en 1440 par Abbâ Georges, moine de Sadamant. En tête est une prière à Jésus, et à la fin, il y a des prières à la Vierge, dont la dernière est en *amharique*.

MINIATURES ISOLÉES
ET RECUEILS DE PEINTURES BYZANTINES,
INDIENNES, PERSANES ET CHINOISES.

110. Saint Jean-Baptiste devant le tétrarque Hérode Antipas. — H. : 0,149 ; L. : 0,154.

Superbe et précieuse MINIATURE SUR VÉLIN, décorant une page d'un évangéliaire grec in-folio, exécuté au x⁰ siècle.

Hérode est assis dans la cour de son palais attenant à une prison. Cette peinture, d'une grande finesse, est entourée d'un riche cadre, de quarante-cinq millimètres de largeur, formé de trois bordures en or et en couleurs.

111. Saint Jean l'Évangéliste. — H. : 0,205 ; L. : 0,165.

Précieuse MINIATURE BYZANTINE SUR VÉLIN, provenant d'un évangéliaire grec du x⁰ siècle.

Le saint, représenté sous les traits d'un vieillard à la barbe blanche, conformément à la tradition grecque, est assis devant son pupitre de travail. Sa tête est très expressive. Le sujet, à fond or, est renfermé dans un portique dont le fronton est d'une belle décoration, et le tout est entouré d'une bordure rouge ornée extérieurement, aux angles et sur les côtés, de fleurons en vert, rouge et blanc. Sur le dessus on voit deux perdrix rouges.

Cette belle peinture a été rapportée du mont Sinaï par le savant Tischendorff.

112. Allégories mythologiques. — In-fol., de 35 ff. ; demi-rel. dos et coins.

Précieux recueil de TRENTE-CINQ PEINTURES, très importantes pour l'exégèse graphique de la mythologie indienne, quoique d'une main médiocrement habile. Au-dessus de chaque sujet il y a une inscription en sanscrit. Mine précieuse pour le costume, les intérieurs et le mobilier.

Les peintures sont entourées d'une double bordure : la première, étroite, est ornée de fleurs; la seconde est peinte en rouge. Hauteur totale : 0,234 environ; L. : 0,172.

113. Allégories mythologiques. Incarnations de Vichnou. — In-fol., de 20 ff. ; demi-rel. dos et coins.

Recueil de VINGT PEINTURES indiennes, importantes pour les sujets différents de ceux représentés dans l'album précédent, et pour les variantes qu'on y rencontre dans des sujets semblables.

114. Allégories mythologiques. — In-fol., de 12 ff. ; demi-rel. dos et coins.

Précieux recueil de DOUZE PEINTURES indiennes, avec un texte sanscrit au-dessus. Elles sont entourées de larges bordures rouges.

D'après le titre imprimé au dos de la reliure, il faudrait y voir les douze mois de l'année représentés par des allégories, ce qui n'est pas exact.

115. Scènes de la vie politique, sociale et religieuse de l'Inde. — In-fol., de 35 ff. ; demi-rel. dos et coins.

Précieux recueil de TRENTE-CINQ PEINTURES indiennes, bordées de bandes rouges.

116. Prêtres indiens, pénitents, fakirs, religieuses, soldats et saltimbanques. — In-8, de 20 ff. ; mar. rouge, fil., tr. dor. (rel. du XVIIᵉ siècle).

Recueil de VINGT PEINTURES indiennes du XVIIᵉ siècle, sur fonds de différents couleurs ornés de fleurs.

Elles sont très curieuses pour les singulières pratiques des fanatiques religieux dans l'Inde et pour les costumes des basses classes de ce pays. Une main du XVIIᵉ siècle a indiqué en français, au dos de chaque peinture, le sujet respectif.

117. Sujets pieux. — H. des sujets : 0,145 et 0,180 ; L. : 0,100 et 0,115.

DEUX PRÉCIEUSES PEINTURES indiennes, de la main d'un excellent artiste.

L'une, presque au trait et monochrome, représente une femme accroupie sous un arbre, dans un désert. Devant elle est prosterné un homme, tandis qu'un autre se tient debout. L'autre nous montre trois femmes devant un sanctuaire; scène de nuit éclairée par la lune. Au verso de chaque peinture il y a une légende. Belles bordures. Haut. totale : 0,364 et 0,372; L. : 0,248 et 0,255.

118. Bâber, empereur mogol de l'Inde, partant pour l'expédition contre le royaume de Candahar (H. : 0,274; L. : 0,163). — Bâber partant à la tête de son armée pour envahir la province de Mazinderan, en Perse (H. : 0,288; L. : 0,152).

DEUX ADMIRABLES PEINTURES INDIENNES, dont on fait remonter l'exécution au xvie siècle.

Bâber, contemporain de François Ier, descendait du fameux conquérant tartare Tamerlan, et il fonda la dynastie mogole dans l'Inde en 1524. Dans nos deux peintures il est entouré de tout le faste oriental. On ne saurait trouver une représentation plus complète et plus précise de tout l'appareil guerrier de cette époque.

Peintures entourées de beaux et larges encadrements de fleurs. Haut. totale : 0,425 et 0,419; Larg. : 0,272 et 0,278.

119. Un Empereur de Delhi, du xviie siècle, tenant sa cour (H. : 0,348; L. : 0,223). — Un Empereur de Delhi, son premier ministre et deux nababs (H. : 0,334; L. : 0,235).

DEUX ADMIRABLES PEINTURES INDIENNES, du xviie siècle. Dans la première, l'empereur, assis sur son trône, reçoit un vieillard vêtu de vert qui lui présente sur un plateau un sabre, un poignard et une burette. Dans la seconde, l'empereur, un vieillard paraissant aveugle, est assis sur un trône de campagne, portatif, surmonté d'un dais orné de paons et étincelant de pierreries. Derrière lui, son ministre est accroupi sur un siège élevé, et au pied du trône se tiennent deux nababs.

Ces peintures, d'un effet éblouissant, sont d'une finesse extraordinaire.

120. Schâh-Djahan Ier, le père d'Aurengzèbe, empereur de l'Inde (né en 1591, mort en 1665), donnant audience (H. du sujet : 0,205; L. : 0,133). — Schâh-Abbas, roi de Caboul, reçoit les hadjites ou pèlerins de la Mecque (H. du sujet : 0,270; L. : 0,160).

DEUX ADMIRABLES PEINTURES INDIENNES, du xviie ou du xviiie siècle.

Dans la première, l'empereur de Delhi est assis à une croisée du premier étage de son palais. Dans la cour on voit quatre personnages reçus en audience, et trois fonctionnaires de la cour, dont un secrétaire qui prend des notes. Cette peinture est entourée de plusieurs bordures en or et en couleurs.

Dans la seconde, l'assemblée est assise par terre. Au fond, on voit un domestique tenant un cheval et une rangée d'archers et de soldats armés de fusils, dont plusieurs tiennent des faucons sur le poing. Travail d'une rare finesse. Le sujet est entouré d'une large et belle bordure (H. totale : 0,416; L. : 0,218).

121. Portraits des empereurs mogols depuis Tamerlan. — In-folio ; relié en damas rouge.

Précieux recueil de VINGT PEINTURES INDIENNES du XVIII° siècle.

Elles sont précédées de ce titre : *Collection de peintures indiennes contenant vingt portraits des empereurs mogols descendants de Tamerlan, depuis ce prince jusqu'à l'empereur Chadlem II régnant, peints par ordre de ces mêmes empereurs. Collection faite à Delhi en 1774 par le colonel Gentil.* Ces portraits ont donc été copiés sur les originaux officiels, conservés à Delhi.

En voici la liste : 1° *Tamerlan,* ou *Timour,* conquérant tartare, mort en 1405 ; — 2° *Miran-Schah,* fils du précédent, grand-khan de la Tartarie et de la Perse, mort en 1408 ; — 3° *Mahmoud,* fils du précédent, mort en 1451 ; — 4° *Aboussaïd,* fils du précédent, mort en 1468 ; — 5° *Omar-Shaikh-Mirza,* fils du précédent, mort en 1493 ; — 6° BABOUR ou BABER (c'est-à-dire le Tigre), surnom de *Djahir-el-din Mohammed,* fils du précédent, fondateur de la dynastie mongole dans l'Inde, né en 1483, mort en 1530 ; — 7° *Houmaïoum* ou *Oumayoun,* fils du précédent, empereur de Delhi, mort en 1555 ; — 8° *Akbar,* fils du précédent, mort en 1605 ; — 9° *Djehanguir,* ou *Djahanguir,* fils du précédent, mort en 1627 ; — 10° *Schâh-Djahan I°ʳ,* fils du précédent, mort en 1665 ; — 11° *Alemguir I°ʳ,* ou *Aurengzèbc,* fils du précédent, mort en 1707 ; — 12° *Bahadour Schâh* ou *Schâh-Alem I°ʳ,* fils du précédent, mort en 1712 ; — 13° *Djihander-Schâh,* fils du précédent, mort en 1713 ; — 14° *Farouksiar,* neveu du précédent, détrôné en 1716 ; — 15° *Nekossiar ;* — 16° *Raflou-der-Djat,* qui a régné trois mois en 1716 ; — 17° *Mohammed-Schâh,* fils du Djihander-Schâh, mort en 1747 ; — 18° *Ahmed-Schâh,* fils du précédent, détrôné en 1753 ; — 19° *Alemguir II,* mort en 1760 ; — 20° *Schâh-Alem II,* empereur en 1759, mort en 1806.

Ces peintures sont exécutées de main de maître. En dehors de l'intérêt qu'elles offrent au point de vue de l'art et de l'histoire, elles sont encore fort importantes pour les costumes variés des souverains de l'Inde. Chaque portrait est entouré d'une belle bordure enluminée.

A la suite se trouve une notice manuscrite sur les souverains ci-dessus, mais dont les dates sont souvent inexactes.

122. Portraits des empereurs et princes de l'Inde, des rois de Golconde, de Bedjapore et de Perse, et de plusieurs ministres ou généraux de ces pays. — In-fol., de 29 ff. ; mar. rouge, ornem. en or et à fr., doublé de mar. rouge (*ancienne reliure orientale*).

Précieux recueil de VINGT-NEUF PEINTURES plutôt persanes qu'indiennes, exécutées au XVII° siècle, et représentant exclusivement des personnages de cette époque.

Elles sont remarquables non seulement par la délicatesse du pinceau, mais surtout par une recherche scrupuleuse de la ressemblance et la précision dans les détails du costume d'une variété et d'une richesse extraordinaires. Chaque portrait, peint sur un fond de couleur variable, est entouré d'un filet doré et d'une large bordure de fleurs également en or. Au revers de chaque peinture (sauf une exception) est indiqué en persan et en hollandais, d'une écriture du xviie siècle, le nom du personnage représenté non pas sur le même feuillet, mais en regard.

En voici la liste : 1° *Akbar*, empereur mogol, le plus grand souverain de l'Hindoustan, né en 1542, mort en 1605 ; — 2° *Djahanguir*, fils du précédent, empereur mogol, mort en 1627 ; — 3° *Schâh-Djahan Ier*, empereur, détrôné en 1657, mort en 1666 ; — 4° *Dara-Schâh* ou *Dara-Schikoh*, fils aîné du précédent, assassiné en 1659 par ordre d'Aurengzèbe ; — 5° *Schâh-Shoudjah*, frère du précédent ; — 6° *Aurengzèbe*, frère des précédents, empereur mogol, mort en 1707 ; il est représenté à l'âge de quarante ans environ ; — 7° *Mourad-Bakcha*, frère puîné du précédent, assassiné par son ordre en 1659 ; — 8° *Mahmoud*, fils d'Aurengzèbe ; — 9° *Moasfan*, frère du précédent ; — 10° *Mir-Mohammed-Said*, général ; — 11° *Mir-Mohammed-Amit-Khan*, fils de Mir-Djoundla-Mir-Mohammed-Saïd ; — 12° *Mohammed*, roi de Golconde ; — 13° *Abdoullah*, roi de Golconde, fils du précédent ; — 14° un *Ministre ;* — 15° *Nik-Naam-Khan* ; — 16° *Mirza-Ahmed*, beau-frère d'Abdoullah, roi de Golconde ; — 17° *Mousa-Khan*, généralissime des troupes de Golconde ; — 18° *Aboul-Hassan* ou *Abou-Hussein*, dernier roi de Golconde ; — 19° *Madodna* (?), ministre d'Etat ; — 20° *Sivadji-Nadji*, probablement le célèbre aventurier qui jeta les premiers fondements de l'empire des Mahrattes ; — 21° *Mirza-Mohammed-Ibrahim*, conseiller et généralissime des troupes de Golconde ; — 22° *Sofi* ou *Séfi*, roi de Perse (1629-1642) ; — 23° *Abbas II*, fils du précédent, roi de Perse (1642-1666) ; — 24° *Soliman II*, fils du précédent (1666-1694) ; — 25° *Mahmoud*, roi de Bedjapore ; — 26° *Schouvas-Khan*, premier ministre du royaume de Bedjapore ; — 27° *Ali-Adil-Schâh*, roi de Bedjapore (xviie s.) ; — 28° *Saïd-Mouzaffar ;* — 29° un *Général indien*.

On trouvera au catalogue illustré la reproduction du portrait de l'empereur Aurengzèbe.

123. Youssouf et Zouleïka (H. : 0,263 ; L. : 0,170). — La Princesse Leïla rendant visite à Medjnoun, son amant, au désert (H. : 0,206 ; L. : 0,138).

Deux admirables peintures indo-persiques, remontant au xviie siècle.

Le sujet de la première est tiré de *Youssouf et Zouleïka*, du célèbre poète persan Firdousi (x°-xi° s.), poème dont la trame est empruntée à l'histoire biblique. Youssouf est tout bonnement Joseph, fils de Jacob et de Rachel ; Zouleïka n'est autre que Mme Putiphar. Dans notre peinture elle présente le jeune israélite aux femmes de sa maison occupées à éplucher des oranges. Toutes sont éblouies de la beauté éclatante du jeune homme, et l'une en laisse même tomber son couteau. Riche intérieur ayant vue sur beau jardin avec jets d'eau.

Le sujet de la seconde peinture est aussi emprunté à un poème persan. La princesse, vêtue avec tout le luxe oriental, est assise par terre en face de son amant qui caresse une gazelle ; un tigre est couché derrière lui. Sur le côté, repose un chameau portant une riche litière, et tenu par un serviteur. Bel encadrement. Hauteur totale : 0,310 ; L. : 0,232.

124. Portraits des empereurs, princes, princesses, seigneurs et dames de l'Inde, de la Perse, etc., etc. — Gr. in-fol., de 58 ff.; mar. bleu, riche dent., dos orné, doublé de mar. rouge, compart., tr. dor. (*Simier*).

Précieux et splendide recueil de CINQUANTE-HUIT PEINTURES persanes et mogoles exécutées au xvii° et dans la première moitié du xviii° siècle.

Une note en français nous apprend sa provenance : « *Ces 60* (il n'y en a ici que 58) *peintures ont été ramassées et mises en livre par Chirdjangue, gouverneur du Cachemir sous le règne de l'empereur Mametcha* (Mohammed-Schâh, mort en 1747), *maintenant 1768 retiré dans le souba Davad à Fraissabad, près Patna.* »

Nous nous bornerons à citer les principaux sujets de ce recueil. En fait de personnages historiques, on y trouve les portraits suivants : *Mourad-Bakcha*, un des frères de l'empereur Aurengzèbe ; — *Azimouchan* et *Raftouchan*, fils de Schâh-Alem I°r, empereur de l'Inde ; — *Raftouderdjat*, empereur, petit-fils de Schâh-Alem I°r; — les vizirs des empereurs Houmayoun (xvi° s.), Djehanguir (xvii° s.) et Aurengzèbe ; — le nabab *Chaest-Khan* et sa sœur, la célèbre *Nourdjeham-Begom*, favorite de l'empereur Djehanguir. Puis viennent les princes et princesses, les seigneurs, dames et demoiselles mogoles; une dame radjepoutane, un seigneur indien au milieu de son sérail, des ambassadeurs de Perse, une dame persane, des saltimbanques indiens faisant des tours d'adresse, des religieux indiens et mahométans, des chasses au tigre et autres animaux, des combats de chameaux, etc., etc. On y remarque aussi deux chevaux arabes peints par ordre de l'empereur Mohammed-Schâh, avec leurs éloges en vers persans.

Un des tableaux représente la *S¹° Vierge*; deux autres donnent les portraits d'une *Portugaise* et d'une *Hollandaise de l'Inde*. Ils sont sans doute du pinceau d'un artiste chrétien.

Ces tableaux, de grandeur inégale, sont peints sur des forts cartons et entourés de charmantes bordures très variées de décoration. Les portraits des deux fils de Schâh-Alem I°r, se faisant face (ff. 19 et 20), sont placés au centre d'un riche encadrement formé de huit bordures différentes, peintes en or et en couleurs. La plus large d'entre elles, d'un beau style, a été copiée, à petits fers, sur les plats de la reliure, et c'est un chef-d'œuvre de dorure de Simier, dont Charles Nodier a parlé en termes fort élogieux (*Manuel du bibliophile*).

Derrière chaque carton, il y a une légende explicative en caractères persans, placée sur une tablette richement décorée.

Remarquable est la finesse de ces peintures qui nous font connaître d'infinis détails du costume et autres accessoires de l'Inde et des contrées voisines.

125. Élevage des vers à soie en Chine, filature, cérémonies, etc. — In-fol. obl.; de 22 ff., cart.

Recueil de VINGT-DEUX AQUARELLES exécutées en Chine par une main européenne.

Les dix premières, sur papier ordinaire, représentent successivement toutes les opérations de la production de la soie, depuis la cueillette de feuilles de mûrier jusqu'au tissage des soieries. Les douze suivantes, sur papier de Chine, nous montrent une procession officielle en l'honneur des vers à soie.

Elles sont fort intéressantes pour l'histoire des mœurs, de l'industrie et des costumes chinois.

PLAQUES DE RELIURE

DIPTYQUES, TRIPTYQUES

BAS-RELIEFS EN IVOIRE ET EN BOIS

PLAQUES DE RELIURE, DIPTYQUES, TRIPTYQUES

BAS-RELIEFS EN IVOIRE ET EN BOIS

126. Un Gentilhomme et une Dame (H. : 0,080 ; L. : 0,051). — Cadre en bois.

> Précieux et admirable BAS-RELIEF EN IVOIRE, à jour, travail français du commencement du XIVᵉ siècle.
>
> C'est probablement une plaque de reliure. Le sujet paraît avoir été emprunté à un poème de chevalerie. Dans les deux baies d'un riche portail gothique, on voit assis, d'un côté, un gentilhomme couvert d'un manteau et coiffé d'un bonnet orné d'une plume ; de l'autre, une jeune femme donnant à manger à un écureuil.
>
> Il est impossible de rien voir de plus fin et de plus achevé en fait de sculptures en ivoire de cette époque. C'est incontestablement un des rares chefs-d'œuvre. Il est entouré d'une petite bordure en argent ciselé, qui paraît dater du XVIᵉ siècle.
>
> On en trouvera une reproduction au catalogue illustré.

127. Portraits de RENÉ D'ANJOU, DUC DE LORRAINE, ROI DE NAPLES, SICILE, etc., et de sa seconde femme JEANNE DE LAVAL, morte en 1498.

> Précieux DIPTYQUE en bois avec les deux portraits peints à l'huile, *qui passent pour être l'œuvre du bon roi René lui-même.* Haut. de chaque volet : 0,154 ; L. : 0,098.
>
> Les deux personnages sont représentés à mi-corps. Le roi René est vêtu d'une robe noire, avec col en fourrure ; la tête couverte d'une calotte. Il porte le collier de l'ordre de Saint-Michel, et tient à la main les insignes de celui du Croissant, fondé par lui en 1448, sous l'invocation de s. Maurice, et dont le nombre de petits bâtons travaillés en forme de colonnes figurait le nombre des combats où le chevalier s'était distingué. Jeanne de Laval, fille de Gui XIV, premier comte de Laval, est vêtue d'une robe noire à parements en fourrure, coiffée d'un chaperon noir, et a les mains placées l'une sur l'autre.
>
> Les deux portraits, peints sur un fond doré, sont encadrés dans des

6

portiques sculptés, de style gothique, dont l'ornementation diffère de l'un à l'autre. On trouvera au catalogue illustré une reproduction , en gravure sur bois, du volet avec le portrait du bon roi, qui est exécuté d'une manière remarquable.

Extérieurement, ces volets sont couverts de rinceaux peints à l'huile en rouge, bleu et vert, et portent d'un côté les armes du roi soutenues d'un croissant, sculptées en creux ; et de l'autre, son emblème représentant *une souche qui n'a qu'un seul rejeton*, sans doute par allusion à la mort prématurée de ses deux fils, et à ce fait qu'il ne laissait de descendance directe que par sa fille aînée, Yolande, comtesse de Vaudemont.

La date de l'exécution de ce diptyque nous paraît pouvoir être serrée de près. En admettant même qu'il ne soit pas de la main du roi René, on est obligé de reconnaître qu'il n'a pu être fait que de son vivant. Jeanne de Laval, née en 1433, y est représentée à l'âge de quarante ans environ, ce qui nous reporte aux années 1473 à 1475 approximativement. Son mari n'y paraît pas encore avoir atteint l'âge de soixante-douze ans qu'il avait au moment de son décès, en 1480. L'emblème mentionné plus haut place aussi cette date après 1473, l'année où René perdit son petit-fils, après avoir déjà vu ses deux fils descendre au tombeau. Son visage plein de tristesse indique qu'il avait déjà traversé de cruelles épreuves. Au surplus, l'ornementation gothique des encadrements démontre que nous avons sous les yeux une œuvre du xv⁰ siècle.

---

128. La Trinité, la Naissance de Jésus-Christ, l'Adoration des Mages, s. Jean-Baptiste, s. Pierre.

Cinq sujets d'un fort beau TRIPTYQUE peint à l'huile par un artiste de l'École de Bruges, au commencement du xvi⁰ siècle.

La *Trinité* est le sujet central (H. : 0,165 ; L. : 0,120), la *Nativité* et l'*Adoration des Mages* occupent l'intérieur des volets, dont le dessus est consacré aux deux saints.

Peintures d'un excellent artiste, parfaitement conservées.

---

129. Deux plats d'une reliure vénitienne. — H. : 0,250 ; L. : 0,176.

Admirable travail vénitien du xvi⁰ siècle, avec des ornements de toute beauté, de style persan, peints en or et en coûleurs, dans des compartiments en creux et en relief.

Au centre de chaque plat est un sujet en ovale, peint à l'huile ; l'un représente : *Pyrame et Thisbé*, l'autre : *La Naissance de Bacchus*, qui sort non pas de la cuisse, mais du flanc de Jupiter ; une nymphe le reçoit dans ses bras, tandis que Cupidon soutient le maître des Dieux.

On trouvera au catalogue illustré une reproduction du plat avec le premier sujet.

---

130. Saint Sébastien (H. : 0,155 ; L. : 0,090). — Cadre sculpté et doré.

Admirable BAS-RELIEF EN BUIS, travail allemand du xvi⁰ siècle.

Le saint, percé de flèches, est attaché à un arbre à l'une des branches duquel est fixée une tablette portant le monogramme d'ALBERT DURER. Bien que cette sculpture soit parfaitement digne du maître, nous pensons qu'on ne saurait y voir qu'un travail exécuté par un excellent artiste du temps, d'après l'estampe de Dürer représentant le même sujet.

Par derrière, il y a plusieurs cachets en cire des propriétaires successifs de cette belle œuvre.

131. Ève présentant à Adam le fruit défendu. — H. : 0,178 ; L. : 0,123.

Plaque de reliure en IVOIRE SCULPTÉ. Beau travail allemand du xvi⁰ siècle. Entre Adam et Ève, un singe accroupi mange un fruit. Tout autour, on voit des quadrupèdes et des oiseaux au milieu d'une végétation touffue.

132. Anne, impératrice d'Allemagne, épouse de Ferdinand Iᵉʳ, empereur, morte en 1547. Médaillon ovale (H. : 0,055). — Dans une boîte.

Ravissant BAS-RELIEF EN BUIS, exécuté en Allemagne au xvi⁰ siècle.

L'impératrice Anne, fille de Ladislas, roi de Hongrie et de Bohême, est représentée en buste, tournée à gauche, la tête couverte d'un chapeau plat à plumes. Dans la bordure, on lit cette inscription gravée en creux : *Von. Go. Genaden. Anna. Ferdinandi. Gemahl.* (Par la grâce de Dieu, Anne, épouse de Ferdinand).

Travail d'une rare finesse.

---

133. Vision de saint Basile le Grand (H. : 0,295 ; L. : 0,190). — Cadre en bois.

Précieuse PEINTURE GRECQUE SUR BOIS, exécutée au xvi⁰ siècle et portant au bas la signature de l'artiste, EMMANUEL LAMPIADOS (Χεὶρ Ἐμμανθὴλ τοῦ Λαμπιάδδ).

Elle représente le martyr de Césarée, saint Mercure, l'envoyé du ciel, en guerrier, perçant de sa lance Julien l'Apostat étendu à ses pieds, en vêtements impériaux.

Cette peinture, à fond doré, paraît être une copie d'une œuvre du xi⁰ siècle, dont elle a conservé le style. Elle est faite, sur un mastic recouvrant un morceau de toile collé sur un panneau en bois.

Nous en donnons au catalogue illustré une reproduction réduite, en gravure sur bois.

134. Le Tombeau de saint Spiridion à Corfou. Bois ovale (H. : 0,095; L. : 0,078). — Dans une boîte.

Ravissante PEINTURE SUR BOIS, exécutée par un prêtre grec nommé THÉODORE DÉMÉSIANOS, au xvi° siècle.

Elle représente, sur un fond doré, une sorte de chapelle, entourée d'une balustrade, et au milieu de laquelle est dressé debout un cercueil avec le corps de saint Spiridion, évêque de Trimythonte (dans l'île de Chypre), patron de Corfou où il fut inhumé vers 350. Deux anges, tenant des cierges et des encensoirs, sont debout aux côtés du tombeau, qui existe encore. Dans le haut, on lit : Λείψανον τοῦ ἁγίου Σπυρίδωνος.

Au bas de cette peinture est représentée l'île de Corfou.

Au revers, on lit une inscription en grec qui nous fait connaître le nom du peintre (Θεοδώρου ἱερέως τοῦ Δημησιάνου χείρ). Le style des figures d'anges indique que l'artiste s'était formé sur des modèles italiens. Corfou, en effet, a appartenu aux Vénitiens depuis 1384 jusqu'en 1797.

135. L'Ascension. Huit saints. — Monture en argent ciselé.

Très curieux TRIPTYQUE, exécuté probablement au Mont-Athos, au commencement du xvii° siècle.

Les trois volets sont d'égales dimensions : H. : 0,072; L. : 0,065. Le sujet central représente au fond une église de style byzantin, devant laquelle on voit deux anges soutenant Jésus-Christ dans l'espace, en présence de deux saints. Chaque volet offre l'effigie de quatre saints grecs, tels que s. Élie, s. Démétrius, s. Georges, s. Pantaléon, etc. Les inscriptions qui les accompagnent sont en paléo-slave.

IMPRIMÉS

IMPRIMÉS

THÉOLOGIE

I. ÉCRITURE SAINTE.

136. (Biblia hebraïca cum punctis.) Quinque libri legis. Genesis.
Exodus. etc., etc. *Parisiis, ex officina Roberti Stephani...* 1539-
1544. 24 part. en 4 vol. in-4 ; bas. racine, compart., dent., tr.
dor. *(anc. rel.).*

> Première et très belle Bible hébraïque, donnée par les Estienne. Les
> différentes parties en ont été publiées à des dates différentes, avec des
> titres spéciaux. Les *Douze Prophètes* sont accompagnés d'un commentaire
> par David Kimhi et François Vatable.
>
> Bel exemplaire, grand de marges. Légères mouillures. Au dos, un
> chiffre surmonté d'une couronne de marquis.

137. Biblia sacra vulgatæ editionis Sixti V... jussu recognita et
Clementis VIII auctoritate edita. *Coloniæ Agrippinæ, sumpt.
Balthas. ab Egmont et sociorum* cɔlɔclviiii (1659). In-8,
à 2 col. ; front. sur cuivre ; mar. bleu, fil. à fr., tr. dor.
(Petit).

> Jolie édition, en caractères très fins.

138. (Psalterium David secundum ordinem sancti Ambrosii.) (Au
r° du dern. f. :) *Psalteriū Ambrosianū cū hymnis... Imp̄ssuȝ
ml̄'i [Mediolani] p̄ Leonarduȝ pachel & uldericū Scīzēzeller
ipēsis pb'ri Gasparis lāpugnāni iuris pōtificij p̄fessoris . finitū
quarto kalēdas maij , olimpiadib' dn̄icis.* M . cccclxxxvj. (1486),

In-fol., goth., de 94 ff. non ch. ; demi-rel. dos veau vert, plats
veau rouge.

Psautier à l'usage de l'église de Milan, imprimé en rouge et noir, avec
le plain-chant noté en caractères mobiles. Extrêmement rare.

Exemplaire avec témoins. Quelques piqûres de vers.

139. Psalteriũ cũ fideli ‖ castigatione magnis characterib' im ‖
pressum. ‖ Hymni variorum vsuum, &c. Commendationes
defunctorũ : &c. (Au-dessous, marque et nom de Jehan Petit.)
Venundatur Parisijs in vico sancti Jacobi sub flore lilij. (Au r°
du dern. f. :) *Impressum Parisijs impensis honestorum viro-
rum bibliopolarum Iohãnis parui | Egidij gourmõtij et Nicolai
prepositi. Anno dñi.* M.V.xxviij (1528). (Au v°, marque de Nicolas Prevost.) In-8, goth. ; veau antiqué, compart. à froid.

Impression parisienne fort rare, non citée au *Manuel*.

140. SADOLETI (Iacobi), episcopi Carpentoractis, Interpretatio
in Psalmum Miserere mei Devs [et in ps. xciii]. *Apvd Seb.
Gryphivm Lvgdvni*, 1533-*MDXXXIIII*. In-8; mar. brun, riches
compart., tr. dor. (*rel. du* xvi° *s.*).

Exemplaire ayant appartenu à GROLIER dont il porte la signature à la
fin du volume (*Io. Grolierij Lugduneñ. et amicorum*).

Les plats de la reliure sont d'une belle ornementation, mais le dos et
les coins sont refaits.

Tous les feuillets de garde sont couverts de compositions pieuses en
vers français, d'une écriture du xvii° siècle; on y trouve, entre autres, un
Cantique sur la charité... par Mr RACINE.

141. Nouum Iesv Christi D. N. Testamentum (en grec). *Lvtetiæ,
ex offic. Rob. Stephani M.D.L.* (1550). In-fol.; veau brun, fil.,
riches ornem., tr. dor. (*rel. du* xvi° *s.*).

« Cette édition, dit Brunet, imprimée avec les beaux caractères de
Garamond, peut soutenir avantageusement la comparaison avec ce qu
existe de plus beau en ce genre. »

Très bel exemplaire.

142. Nouum Testamentum. Ex bibliotheca regia (en grec). *Lvtetiæ, ex offic. Rob. Stephani... M.D.LXIX* (1569). 2 vol. in-16 ;
mar. rouge, compart., tr. dor. (*rel. du* xvii° *s.*).

Jolie édition, imprimée avec les caractères grecs du roi. C'est celle de
1568, avec le titre renouvelé. Le second volume porte cette date au titre,
mais celle de 1569 à la fin.

Exemplaire réglé. Racc. aux titres et quelques piqûres de vers. Reliure
très fraîche, peut-être de Du Seuil.

143. Iesv Christi D. N. Nouum Testamentum, siue fœdus, græcè et latinè, Theodoro Beza, interprete, etc. *(Genevæ) Anno M.D.LXV* (1565). *Excudebat Henricus Stephanus, illustris viri Huldrichi Fuggeri typographus.* In-8 ; mar. vert, comp., tr. dor. (*Lortic*).

> Cette traduction, qui avait paru en in-fol. la même année, fut entreprise par les conseils et à la prière de J. Calvin et de Robert Estienne. Elle a été revue et améliorée dans cette belle édition, qui est précédée d'une longue épître dédicatoire de Théodore de Bèze au prince de Condé (Louis de Bourbon).

144. Evangelivm secundum Matthæum, sec. Marcum, sec. Lucam, sec. Johannem. Acta apostolorvm, etc. *Parisiis, ex off. Rob. Stephani,* 1541. — Pauli apostoli epistolæ, — Epistolæ catholicæ, —Apocalypsis B. Johannis. *Ibid.* 2 vol. in-16 ; mar. rouge, fil. tr. dor. (*rel. du* xvii° *s.*).

> Première édition latine du Nouveau Testament donnée par Rob. Estienne, et poursuivie par l'autorité.
> Très joli exemplaire, réglé, revêtu d'une charmante reliure dans le goût de celles de Le Gascon. Au centre des fleurons des plats, on lit : *Petrus Coche.*

145. Exempla (Incipiunt) sacre scripture ex vtroꝗ testamēto seꝉ cundū ordinē litterar. collecta... (A la fin :)... *Impressaꝗ parisius ĩ sole aureo. Anno M.cccc.lxxviii* (1478), *xxiii Ianuarii* (1479 n. st.). *Per magistrū vlricum Cognomento Gering.* In-4, de 82 ff. ; mar. vert, fil., tr. dor. (*rel. du* xviii° *s.*).

> Impression fort rare du premier typographe parisien. L'ouvrage est composé avec un plus petit caractère que ceux antérieurement employés par Géring.
> Très bel exemplaire, provenant de la bibliothèque de Colbert. Le feuillet blanc initial manque. Excellente reliure.

146. ESTIENNE (Rob.) et CALVIN (J.). In Euangelium secundum Matthævm, Marcvm, et Lvcam commentarii ex ecclesiasticis scriptoribvs collecti. Nouæ Glossæ ordinariæ specimen, donec meliora dominvs. [*Genevæ*] *Oliua Roberti Stephani.* M.D.LIII (1553). (A la fin :) *Excvdebat Robertvs Stephanvs in sva officina, anno M.D.LIII. idib. Ian.* — In Evangelivm secundum Iohannem, commentariūs Iohannis Calvini. *Ibid.* (A la fin, comme ci-dessus, mais : *prid. cal. Ian.*). — OSIAN-

DER (A.). Harmonia evangelica (sans titre spécial ni souscription). En 1 vol. in-fol.; mar. vert, fil. à fr., tr. dor. (*Lortic*).

Ouvrage important, mais peu connu et mal décrit par Renouard et par Brunet. Il a été imprimé à Genève. C'est dans la préface de ce livre que Robert Estienne reproche aux théologiens de Paris de *n'avoir pas seulement songé à faire brûler l'athée François Rabelais, avec son Gargantua et son Pantagruel*.

Magnifique exemplaire.

II. LITURGIE.

147. Missale ‖ Romanum ad vsuȝ sacro sanctę romanę ‖ Ecclesię... *Venetiis* ‖ *Apud Andream ȼ Iacobum Spinellos...* 1555. Gr. in-fol., goth.; demi-rel.

Nombreuses gravures sur bois et lettres ornées assez bien exécutées. Celles du calendrier sont d'un style naïf et mieux composées que celles des livres liturgiques italiens de cette époque. Plusieurs autres sont d'assez beaux bois utilisés.

Très bel exemplaire de ce livre rare. Timbre des princes de Wallerstein sur le titre.

148. Breviarium parisiense. *Parisiis, apud F.-H. Muguet*, 1714. 4 vol. in-8; fig. en taille-douce grav. par Thomassin; mar. de diverses couleurs, dent., milieux et dos en mosaïque, tr. dor. (*rel. du temps*).

Bréviaire publié sous l'autorité du cardinal-duc de Noailles, archevêque de Paris.

Charmante reliure en mosaïque de couleurs différentes pour chaque volume.

149. Die ghetiden vanden seuen bli‖scappen onser lieuer vrouwen. ‖ Die seuē psàlme onser lieuer vrou‖wen mitter letanie Ende onser lie‖uer vrou‖wen souter mitten artikel‖len vanden leuen eñ passie ons he‖ren ihesu cristi mitten figuren. (Au rº du dern. f. :) *Gheprent ter Goude tot die Colla‖cie broeders Int iaer ons]herē M.CCCC. ende iij.* (1503). In-16; goth., de 100 ff. n. ch., sign. *a-n*; fig. s. bois; vélin estampé (*anc. rel.*).

Livre d'heures extrêmement rare, imprimé à Gouda, par des Franciscains (*Fratres collationis*), et orné de 143 gravures sur bois, à mi-page (sauf une qui est à pleine page et entourée d'une jolie bordure, ainsi que la page en regard), dont l'exécution remonte à la fin du xv° siècle encore et qui offrent bien des qualités d'art sérieuses. Elles sont toutes coloriées dans le présent exemplaire, qui est d'une conservation parfaite.

150. (Horæ) Ad vsum Romane curie. (Au-dessus, la marque d'Engilbert et de Geoffroy de Marnef, *au Pellican;* au v° du dern. f., la marque de Ph. Pigouchet.) *S. d.* (almanach de 1488 à 1508). Gr. in-8, de 92 ff.; fig. et bordures sur bois; mar. olive, riche dent., dos à petits fers, tr. dor. (*rel. de la fin du* xvii° *s.*).

Précieuse édition imprimée vers 1500 par Ph. Pigouchet et NON DÉCRITE. Elle diffère sur plusieurs points d'une édition assez semblable, signalée dans le *Supplément au Manuel.* D'abord, l'almanach dans la nôtre commence par l'année 1488 au lieu de 1489; les signatures sont *a-m*, est non pas A-M; enfin le titre placé au bas du f. 16 v° (et non plus 15 v°) et le suivant: *Ad honorem intemeratc ‖ sctīssimeqʒ dei genitric' ‖ v' gis marie hore ad vsuʒ ‖ Romanū ĭcipiūt felicit'.* Les grandes planches sont au nombre de vingt, y compris l'Homme anatomique.

Exemplaire sur VÉLIN, admirablement conservé. On a voulu lui donner l'aspect d'un manuscrit par l'enluminage de toutes les vignettes et bordures; les inscriptions des marques typographiques sont dissimulées sous le coloriage.

Dans les ornements des plats de la reliure et du dos figure un animal qu'on considère comme étant un écureuil, d'où la conclusion que cette reliure a été faite pour le célèbre surintendant FOUQUET. Toutefois, nous ne voulons pas garantir cette provenance.

151. Ces presentes heures a lusaige de ROUAN au ‖ long sans requerir... *ont este imprimees pour Symon ‖ vostre Libraire demourant a Paris. S. d.* (alman. de 1508 à 1528). In-4, goth.; mar. olive, compart. et bordure à fr., milieux historiés rapportés, tr. dor. (*rel. du temps*).

Magnifique exemplaire sur VÉLIN des Grandes Heures de Simon Vostre. Il offre une particularité exceptionnelle en ce que toutes les grandes figures, les centaines de petites vignettes disséminées dans les bordures, en un mot toute la partie décorative a été enluminée avec un fini parfait à l'imitation des miniatures, et fournit ainsi de précieux renseignements pour les costumes (surtout dans la *Danse des Morts,* en 66 sujets) et de nombreux motifs d'ornementation dont on peut tirer un excellent parti. Il est incomplet de quatre feuillets (e 4 et 5, ē 4 et 5).

Sur le titre et dans une des bordures vers la fin sont peintes ces armoiries : *de gueules à un lion d'argent, couronné, armé et lampassé d'or,* qui paraissent être celles d'un membre de la maison de Clisson, en Bretagne; elles sont accolées aux suivantes : *d'argent semé de fleurs de lis de sable.*

152. Ces presentes Heures a lusaige de Romme toutes ‖ au long sans reꝗrir : auec les figures ꝗ signes de lapo‖calipse : la vie de thobie ꝗ de iudic, les accidĕs de l'hŏ‖me, le triumphe de cesar, les miracles nostre dame : ‖ *ont este faictes a Pąris pour Symŏ Vostre libraire* ‖ *demourāt en la rue neufue a lĕseigne. s. iehā leuāgel.* (Au-dessus du titre la marque et le nom de S. Vostre.) *S. d.* (almanach de 1515 à 1530). In-4, goth. ; fig. ; mar. brun estampé, tr. cisel. et dor. (*reliure du* XVIᵉ *s.*).

. Édition fort rare, imprimée en gros caractères, en rouge et noir, et ornée de dix-sept grandes planches, d'un bon nombre de petites et de riches bordures à sujets variés, dont la *Danse des morts.* Renouvier attribue à Geoffroy Tory certaines de ces gravures. Voir là-dessus la note du n° 101 de la notice sur les Heures dans le *Manuel* de Brunet qui, par erreur, les indique comme étant à l'usage de Roanne.

Magnifique exemplaire, avec témoins, mais incomplet d'un feuillet au calendrier. Quelques racc.

153. (Heures à l'usage de Rome.) *Sans titre ni souscription* (almanach de 1488 à 1508). In-4, goth., 28 lign. à la page ; fig. et encadrem. sur bois ; veau brun, orn. au centre des plats, tr. dor. (*rel. du temps*).

Bien qu'elles ne portent aucune mention spéciale, ces heures sont de Verard. Le recto du 1ᵉʳ f. est resté en blanc ; le verso offre la figure de l'Homme anatomique. L'almanach est au recto du second feuillet dont le verso reproduit la figure du Saint-Graal ; l'exemplaire s'arrête au verso du 4ᵉ f. du cah. *l.* Il contient 16 grandes planches dont quelques-unes sont copiées servilement de celles de S. Vostre. Les bordures présentent les sujets ordinaires, sauf la *Danse des morts.*

Exemplaire sur VÉLIN, le seul cité au *Manuel.*

154. (Heures a lusage de PARIS.) (Au recto du dernier f. :) *Ces presentes heures a lu‖sage de Paris furent ache‖uees le xxii. iour d'octobre.* ‖ *Lan* MCCCCC (1500). Pet. in-8, goth. ; cuir de Russie, riches compart., tr. dor. (*Hagué*).

Cette édition extrêmement rare est de Verard, mais le titre portant le Saint-Graal est suivi seulement de la *Benedictio Dei patris ;* toutefois il est constant que les 18 grandes fig. et les vignettes des bordures sont les mêmes que celles d'une édition in-8, de 1503, qui porte la marque de Verard. Voir la notice du *Manuel,* n° 132. Le nom de *Paris* est mis à l'encre dans la souscription finale, sur un grattage.

Exemplaire sur VÉLIN. Les premier et dernier ff. ont souffert.

155. Ces presentes heures a lusaige ‖ de Rŏme... Nouuellemĕt imprimees a Paris... (Au-dessous, la marque et le nom de ◄

Th. Kerver avec la date de M. D. xlvj (1546). Au v° du dern.
f. la marque de Kerver avec cette souscription :) *Exarate fue-*
rũt presentes hore Parisiis / in officina libraria Iolande bon-
homme / vidue spectabilis viri Thielmanni Keruer in vico sancti
Iacobi sub signo vnicornis. vbi ꝗ venundantur. M. d. xlvj. (A la
suite : *Commendationes defunctorũ,* avec une souscription en
français, datée de M. D. xliij.) In-8 ; rel. en damas.

Édition en gros caractères gothiques, imprimée en rouge et noir et
ornée de gravures sans encadrements.

Très bel exemplaire, le seul cité au *Manuel.*

156. **Hore intemerate virginis Marie / se‖cundum vsum** Parisiensis **ecclesie / tota‖liter ad ongum (sic) sine require / cum**
multis ‖ suffragijs ꝗ orationibus nouiter additis / *Parisijs im-*
presse / per G. Hardouyn / in‖ter duas ianuas Palatij / commo-
rañ. ad‖signum diue Margarete... M.v.xl. (1540). Pet. in-8, sign.
A-O, fig. et encadrem. sur bois ; mar. vert, fil. et tr. dor. (*rel.*
du xviii° *s.*).

Édition non décrite. Les vignettes ont été gouachées. Sur le titre, dans
la marque de l'imprimeur, on a peint un écusson portant : *d'azur à trois*
fleurs de lis d'or.

Exemplaire sur papier.

157. **Las Horas de nue-‖stra señora segũ el vso‖romano : en las**
quales ‖ son añadidas muchas ‖ oraciones muy deuotas... *En*
Lyon por Gvilielmo Rovillio, 1551. (A la fin :) *Fueron impressas*
las presentes Horas ‖ en la ciudad de Leon de Francia.en casa de
‖ *Mathias Bonhomme.* Gr. in-8 ; lettres rondes ; mar. brun,
compart. en or et en mosaïque, tr. dor. (*rel. du temps*).

Édition lyonnaise extrêmement rare.
Encadrements à chaque page analogues à ceux des *Emblèmes* d'Alciat,
donnés par le même en 1548, et portant quelquefois la marque P. V.,
qu'on dit être celle de Pierre Vingle. Sous ce rapport c'est un des livres
les mieux décorés. Les grandes figures, au nombre de 15, sont dans le
style dit de Fontainebleau.

Exemplaire sur papier. Fort belle reliure lyonnaise, restaurée.

158. **Heures de Nostre Dame,** à l'usage de Rome, Latin François.
Nouvellement imprimées... avec le kalendrier historial. Par
M. René Benoist, confesseur et prédicateur ordinaire du
Roy... *Paris, veuve Guillaume de la Noue,* 1602. In-12 ; fig. sur
bois ; mar. olive, doré en plein, tr. dor. (*rel. du temps*).

Livre extrêmement rare. On lit au verso du dernier feuillet : *A Paris,*

par Pierre Sevestre, imprimeur, 1602. Douze vignettes au kalendrier, quatre gravures, représentant les évangélistes, puis 15 gravures plus grandes, portant le monogramme P. S. qui peut bien se rapporter aux initiales de l'imprimeur de ce livre. ;
Riche reliure, exécutée probablement par un des Ève.

159. L'Office de la Vierge Marie pour tous les temps de l'année... *A Paris, chez Guillaume Loyson* (1640). — Devotes oraisons pour tous chrestiens et catholiques... composées par le R. P. Coton, etc. *Paris, G. Loyson,* 1640. — En 1 vol. in-8; mar. citron, compart. à fil., dent., tr. dor. (*anc. rel.*).

Ouvrage orné, pour la 1ʳᵉ partie, d'un frontispice, d'un titre gravé et de 24 pl. en taille-douce.
Belle reliure très fraîche avec le nom et les armes d'*Isaac le Tenneur, écuyer, seigneur de Marolles.*

160. Heures nouvelles tirées de la Sainte Écriture. Écrites et gravées par L. Senault. *A Paris, chez l'autheur...* S. d. (av. 1690). In-8; mar. citron, dent. à fr., tr. dor. (*rel. du temps*).

Ces heures, portant au frontispice les armes de la Dauphine de Bavière, morte en 1690, sont ornées de jolies initiales, têtes de page, culs-de-lampe, etc., d'un goût charmant.

161. Cæremoniale episcoporvm ivssv Clementis VIII. Pont. Max. Novissime reformatvm. *Romæ, ex typographia linguarum externarum anni Iubilæi M. D. C. mense Octobris* (1600). In-fol.; fig.; mar. rouge, riches compart., tr. dor. (*rel. du temps*).

Édition ornée de belles figures sur cuivre, d'après Francesco Villamena. Excellente reliure, très fraîche.

162. Mystères de la Messe (en arménien). *Amsterdam, Th. de Vanant,* 1704. In-12; fig.; mar. bleu, compart. à fil., tr. dor. (*Hardy*).

Exemplaire sur VÉLIN d'un livre rarissime.

III. SAINTS PÈRES. — THÉOLOGIENS.
HÉTÉRODOXES. — ILLUMINÉS.

163. EUSEBIUS. (Eusebii libri de præparatione evangelica, latine, Georg. Trapezuntio interprete.) (A la fin :)... *Hoc Ienson*

ueneta Nicolaus in urbe volumen prompsit... M.CCCC.LXX
(1470). In-fol.; mar. rouge, dent.

Première édition. Bel exemplaire du comte de Boutourlin. Encadrements et initiales enluminés à l'époque. Piq. de vers à qq. ff.

164. AUGUSTINUS (S.). Canon p̄ reconmendacōe huius famosi
operis siue ‖ libelli sequētis. de arte predicandi sancti augus-
tini. *S. l. n. d.* (*Strasbourg, Mentelin, vers* 1466). Pet. in-fol.,
goth., de 22 ff. (le dernier blanc), à 39 lign. à la page; mar.
rouge, fil. à fr., tr. dor. (*Hardy*).

Incunable fort rare et précieux pour l'histoire de la typographie. Le
même opuscule avait été imprimé avant 1466 à Mayence par J. Fust
(voir le n° 162 de notre catalogue de 1879), et à la page 2 de l'avertisse-
ment on y lit : ... *discreto viro* Johanni Fust *incole magũtinensi impressorie
artis magistro*. Dans la présente édition, on a substitué au nom de Fust
celui de J. Mentelin (Johannis Mentelin *incole argētenēsi...*). Les partisans
du prototypographe strasbourgeois prétendent que cette édition est antérieure à celle de Fust. Mentelin en a donné deux éditions composées d'un
même nombre de feuillets. Le présent exemplaire est de l'édition commençant au verso du premier feuillet. Il est grand de marges, mais avec
qq. raccomm.

165. THOMÆ AQVINATIS (D.)... Commentarius de fallacijs ad
illustres dialecticos.... *Parisiis, ex officina Prigentij Caluarini
ad Geminas Cyppas in Clauso Brunello*, 1538. Pet. in-8, de
24 ff. chiffr.; fig. sur bois; mar. La Vallière, comp. à fil.,
milieux et tr. dor. (*Lortic*).

Livret fort rare. La postface anonyme est datée ainsi : *Datum Parisiis
Christianorum Athenis* M. D. XXXVIII. XIIII. *Calen. Ian.* Titre dans un joli
cadre gravé sur bois.

166. PACHYMERÆ (Georgii) Paraphrasis in omnia Dio-
nysij Areopagitæ, Athenarum episcopi, opera quæ extant (en
grec). *Parisiis*, M.D.LXI (1561). *Excud. Guil. Morelius*. In-8;
mar. vert, tr. dor. (*Capé*).

Livre rare, admirablement imprimé en caractères très fins. Superbe
exemplaire, très pur.

167. NYDER (J.).... fratris Iohīs ‖ nyder ordīs p̄dicatoꝝ ma-
nuale cōfessoꝝ ad ‖ instructionē spūaliū pastoꝝ : feliciter
incipit. (A la fin :)... *Impressusqȝ parisius p̄ vdalricū gering.
Anno dn̄i M. cccc lxxix* (1479). *xiiii. vero kalendas septēbris.*
In-4; lettr. rondes; demi-rel. veau.

Édition parisienne fort rare. Très bel exemplaire, avec témoins.

168. SEBON (R.). La Théologie natvrelle de Raymond Sebon, tradvicte novvellement en françois par Messire Michel, seigneur de Montaigne.... *A Paris, chez Gilles Gorbin,* 1581. Pet. in-8 ; veau ant., fil.

Deuxième édition de cette traduction d'un ouvrage qui a joui d'une longue célébrité et que recommande surtout le nom du traducteur.
Bel exemplaire, sauf qq. piq. de vers.

---

169. CALVIN (J.). Vingt-devx Sermons de M. Iean Calvin, avsqvels est expose le Pseaume cent dix neufieme, contenant pareil nombre de huictains. *A Geneve, par Franc. Estienne. Pour Estienne Anastase,* 1562. In-8 ; vélin blanc, à recouvr. (*rel. du temps*).

Fort rare. Exemplaire parfait.

170. CALVIN (J.). Traitté des reliques, ou advertissement tresutile du grand profit qui reuiendroit à la chretienté, s'il se faisoit inuentaire de tous les corps, os et reliques qui sont tät en Italie qu'en France, Alemagne, Espagne et autres Royaumes et pays. Par I. Caluin. Autre traitté des reliques contre le Decret du Concile de Trente, traduit du latin de M. Chemnicius. Inuentaire des reliques de Rome, mis d'Italien en francoys. Reponse aux allegations de R. Bellarmin Iésuite pour les Reliques. *A Geneve, par Pierre de la Rouiere,* 1599. In-12 ; mar. rouge, compart., tr. dor. (*Motet*).

Fort rare. Titre doublé.

171. MORIN (Simon). Au nom du Père, du Fils et du sainct Esprit. Pensées de Morin, dediees au roy... *S. l.* (*Paris*), 1647. In-8, de 176 pp. ; mar. rouge, tr. dor. (*rel. du temps*).

Ouvrage devenu très rare d'un malheureux illuminé qui fut brûlé vif avec son livre, le 14 mars 1660, sous l'inculpation de lèse-majesté divine et humaine. L'arrêt se trouve joint au présent volume, ainsi qu'un désaveu qu'on avait obtenu de lui en 1649, sous le titre de : *Déclaration de Morin,* etc.
Très riche reliure à petits fers.

172. DES MARESTS (J.). Déposition du sieur Jean des Maresls de Saint-Sorlin contre Simon Morin qui se disoit fils de Dieu, s'estant incorporé en lui depuis sa résurrection pour sauver tous les hommes. — Observations, anecdotes et historiques au

sujet de Simon Morin. — Vie de Simon Morin et de François
Davenne son disciple, par le R. P. Niceron. Barnabite.
S. l. n. d., 48 pp. — Déclaration de Morin. *Paris*, 1649. —
Arrest de la Cour du Parlement. *Id.*, 1663. — En 1 vol. in-8;
mar. rouge, fil., tr. dor. (*anc. rel.*).

> Volume curieux. La première partie est manuscrite et se compose de
> 176 pp. C'est d'après ces pièces que Niceron a composé sa notice sur ce
> nouveau Messie, qui était évidemment aliéné. L'*Arrest* est d'une édition
> différente de celle jointe au n° précédent.

173. SPINOSA (B.). Traitté des ceremonies superstitieuses des
Juifs, tant anciens que modernes. *Amsterdam, Jacob Smith,*
1678. Pet. in-12; mar. rouge, dent., tr. dor. (*rel. du temps*).

> Ce livre est une traduction attribuée à Saint-Glain du célèbre *Tracta-
> tus theologico-politicus* de Spinosa. Comme il avait fait trop de bruit sous
> son titre primitif de *Clef du sanctuaire*, on le fit reparaître sous le titre
> ci-dessus, suivi comme ici d'un second titre : *Réflexions curieuses d'un
> esprit désintéressé sur les matières les plus importantes au salut.*
> Joli exemplaire dans une charmante reliure.

174. Recherches sur les miracles, par l'auteur de l'Examen des
apologistes de la religion chrétienne. *Londres,* 1773. In-8;
mar. rouge, fil., tr. dor. (*anc. rel.*).

> Cet ouvrage a été attribué tantôt à Fréret, tantôt à Levêque de
> Burigny. Jolie reliure, très fraîche.

175. Lettre de Thrasibule à Leucippe, ouvrage posthume
M. F... *A Londres.* S. d. (vers 1768). In-8; mar. rouge, fil.,
tr. dor. (*anc. rel.*).

> Ouvrage attribué à Fréret, ce qui est douteux.

176. (WHITEFOOT.) L'Enfer détruit, ou Examen raisonné du
dogme de l'éternité des peines. Ouvrages trad. de l'Anglois
(par le baron d'Holbach). *A Londres (Amsterdam, Rey),* 1759.
— (HOLBACH.) Lettres à Eugénie, ou Préservatif contre les
préjugés. *A Londres (Amsterdam, Rey),* 1768. 2 tomes en
1 vol. in-8; mar. rouge, fil., tr. dor. (*anc. rel.*).

> Ouvrages condamnés à être brûlés.

177. HOLBACH (le baron d'). Tableau des saints, ou Examen de
l'esprit, de la conduite, des maximes et du mérite des person-

nages que le christianisme revere et propose pour modeles.
A Londres, 1770. 2 vol. in-8 ; mar. rouge, fil., tr. dor.
(*anc. rel.*).

Bel exemplaire, bien relié.

178. HOLBACH (le baron d'). Éléments de la morale universelle,
ou Catéchisme de la nature, par feu M. le baron d'Holbach.
Paris, chez de Bure, 1790. In-18 ; mar. rouge, fil. et tr. dor.

Première et rare édition.

179. FANGOUSSE (l'abbé). Réflexions importantes sur la religion, suivies d'une lettre à l'auteur du Système de la nature,
(le baron d'Holbach) par M. L... F. . P... *Paris, Debure l'aîné,*
1785. In-12 ; mar. vert, fil., tr. dor. (*anc. rel.*).

Charmante reliure aux armes de Charles-Jean BERTIN, évêque de
Vannes.

JURISPRUDENCE

180. (JUSTINIANUS. Constitutiones novellarum.) Parui volumi-
nis ‖ Textus : cum summariis fertilib' et amplis. ‖ *Venalis*
habetur Parisius ex aduerso sācti yuo‖nis in edibus Francisci
regnault in vico sēti Iacobi. .S d. (v. 1514). Pet. in-8, à 2 col.;
car. goth; veau brun, avec plats estampés du xvi° s. rapportés, tr. cis. et dor.

> François Regnault a voulu donner dans ce petit volume fort rare une
> édition très portative des Novelles de Justinien. Pour cela, il a fait graver
> un caractère gothique presque microscopique. Jolie gravure sur bois au
> titre, et la marque de Regnault avant la table.
> Exemplaire très pur, réglé.

181. Ivris orientalis libri III, ab Enimundo Bonefidio I. C. digesti,
ac notis illustrati, et nunc primùm in lucem editi. Cum Latina
interpretatione. (*Genevæ*) *Anno M.D.LXXIII* (1573) *excudebat*
Henr. Stephanus. In-8 ; veau fauve, fil.

> Savant ouvrage, publié par E. Bonnefoi. Très bel exemplaire.

182. LE ROUILLE (G.). Guillermi le Rouil‖le Alenconiensis
Causidici‖... Ju‖sticie atq iiusticie descriptionū cō‖pendiū. (A
la fin :) *Imprimebat Parrhisiis sub Solis aurei intersignio in via*
ad diuū Iacobū Claudius Cheuallus, anno..... millesimo quin-
gentesimo vigesimo (1520) *decīoquarto calendas augustas.* In-
fol., goth., à 2 col.; grav. sur bois ; demi-rel. mar. rouge.

> Première et rare édition de ce volume curieux, orné d'un frontispice
> historié et de quatre grandes planches gravées sur bois, dont la dernière
> représente une allégorie judiciaire. Guillaume Le Rouille, avocat, puis
> conseiller d'Alençon, est connu par ses commentaires sur la coutume du
> Maine et celle de Normandie.

183. AUDIGUIER (d'). Le Vray et ancien Vsage des dvels, con-
firmé par l'exemple des plus illustres combats, et deffys qui

se soient faits en la Chrestienté. Au Roy. Par le sieur D'Avdi-
gvier. *Paris, Pierre Billaine,* 1617. In-8 ; veau fauve, fil.
(*Kœhler*).

Volume rare et curieux pour l'histoire des mœurs : on y rend compte
de tous les duels célèbres. Bel. exemplaire.

184. BONIFACIUS VIII. Incipit lib' sextus decreta-‖liū dñi
bonifacij p̄p̄e. viij. (A la fin :) *Sexti decretaliū opus p̄clarū in
nobili vrbe Ma‖gūcia quā imprimēdi arte ingeniosa gratuitoq₃ ‖
dono gloriosus deus plus ceteris terraᶄ natio-‖nib' p̄ferre illus-
trareq₃ dignatus ē nō atramēto‖..... p̄ venerādū virū Petrū
Schoyffer ‖ de gernszheym feliciter ē cōsummatū. Anno dñi‖
.M.cccc.lxxvi.* (1476) *die nona mensis Januarij.*— CLEMENS V.
Incipiūt cōstōes cle̅. p̄p̄e. ‖V. cū apparatu dñi Jo. an. [Andreæ].
(A la fin :) *Anno dñi. M.cccc.lxxvj.* (1476). *iiij. Idus septē-‖
bris... In nobili ur‖be Magūcia Rheni! impssorie artis inuē-
trice ‖alūnaq₃ p̄ma! p̄ñs Clemētinarū opus p̄cla‖rū Petrus
Schyoffer de gernszhem, suis cō‖signādo scutis! deo fauēte feli-
citer finiuit.* 2 t. en 1 vol. in-fol., goth., à 2 col.; peau de truie,
compart. à fr., tr. peigne.

Éditions rares et très intéressantes pour l'histoire des origines de l'imprimerie, en raison de leurs souscriptions finales.
Exemplaire grand de marges, mais traversé par des piq. de vers.

185. CLEMENS V. Incipiunt constitutōnes‖ Cle. pape. V. vna-
cum ap‖paratu dñi. Jo. Andree. (A la fin :) *Anno salutis
nostre. lxxvj. post. M. et CCCC* (1476)‖ *vj. nonas may. ingenio
et industria. Mihahelis‖ Wenszler. ñ. absq₃ sūma arte ei impri-
mendi peri‖cia completum est ....* in inclita vrbe Basiliensi...
In-fol., goth., à 2 col., de 74 ff.; texte entouré de la glose;
demi-rel., mar. vert.

Édition de Bâle, rarissime, surtout avec les quatre derniers ff. contenant la règle de Saint-François (*Exivi de Paradiso...*) et la constitution
de Jean XXIII.
Très bel exemplaire.

SCIENCES ET ARTS

I. SCIENCES PHILOSOPHIQUES ET POLITIQUES.
PÉDAGOGIE.

186. **ARISTOTELIS** opera, quæcunq꒻ impressa hactenus extite-
runt omnia, summa cum uigilantia excusa (en grec) per Des.
Eras. Roterodamum. *Basileæ, apud Jo. Bebel. Anno M.D.XXXI*
(1531). 2 tom. en 1 vol. in-fol.; parch., compart. (*anc. rel.*).

> Deuxième édition des œuvres d'Aristote contenant pour la première
> fois sa *Rhétorique* et sa *Poétique*.

187. **PLATON.** Le premier, second et dixieme livre de ivstice,
ov de la repvbliqve de Platon. Quatre Philippiques de
DEMOSTHENE. Sermon de Theodorite Euesque de Cyro-
poli... Le tout traduit de grec en françois par Loys le Roy.....
A Paris, chez Sébastien Nyuelle, libraire..... 1555. In-4 ; mar.
brun, ornem. en mosaïque, tr. dor. (*rel. du temps*).

> Magnifique reliure aux armes, chiffre et devise (*Force m'est trop*) de
> Pierre-Ernest, comte de MANSFELT, prince du Saint-Empire, chevalier de
> la Toison-d'Or, célèbre général de Charles-Quint et protecteur des arts.
> Elle a été très habilement restaurée.

188. **CICERO** (M. T. (Officiorum libri tres, Paradoxa et Versus
XII Sapientum.) (A la fin :) *Presens Marci tulij clarissimā opus
Io‖hannes fust Mogūtinus ciuis nō atramē-‖to. plumali cāna
neq꒻ ærea sed arte qua-‖dam perpulcra manu Petri de gernszhem
‖ pueri mei feliciter effeci finitum. Anno M.‖cccc. lxvi.* (1466)
quarta die mensis februarii (1467 n. st.) ꝗ c̄. In-4, de 87 ff. (le
88ᵉ avec l'Ode d'Horace manque) ; mar. bleu, fil., tr. dor.

> Exemplaire sur papier, en mauvais état, de la seconde édition, com-
> posée ligne pour ligne sur la première, de 1465.

189. CICERO (M. T.). (Officia, Paradoxa et Versus XII Sapientum.) (Au v° de l'av.-dern. f.:) *Pñs marci Tulij clarissimū opus
arte ‖ quadam ppulcra. Per venerabilē ph'ie ‖ magistrū ac etiā
inclite Argentiñ ciui-‖tatis ciuē dñm Henricū Eggesteyn. sū-‖ma
cū diligentia impssum ē Anno dñi‖ M. cccc. lxxij.* (1472). Gr.
in-4, goth.; mar. rouge, fil., tr. dor.

Édition fort rare, copiée sur celle de Mayence de 1466. Très bel
exemplaire avec l'Ode d'Horace qui manque souvent. Racc. dans la marge
aux premier et dernier ff.

190. SENECA (L.-A.). (Opera omnia.) (A la fin de la première
partie :) *Sub domino Blasio Romero monacho Populeti philosopho ac theologo celebri est im-‖pressum hoc opus in ciuitate
Neapolis Anno domini. M. lxxiiiii* (sic) (1475). *Diuo Ferdinando
regnante.* (Suivent les vers qui désignent Mathieu de Moravie
comme imprimeur de ce livre. — A la fin de la seconde partie :) *Explicit liber epistolarum Senecæ.* 2 t. en 1 vol. in-fol. ;
mar. fauve, compart., tr. dor. (*Bedford*).

Première édition de Senèque, fort rare. Exemplaire presque non
rogné.

191. Collection des Moralistes anciens, dédiée au Roi. *A Paris,
chez Didot l'aîné... M.DCC.LXXXII.* (1782). 5 vol. in-16; mar.
bleu, large dent., dos orné, tr. dor. (*Derome le Jeune*).

Discours préliminaire pour servir d'introduction à la morale de
SÉNÈQUE. *Par M. N.* 1 vol. — *Morale de Sénèque, extraite de ses œuvres,*
par M. N. 2 vol. — *Pensées morales de divers auteurs chinois, recueillies et*
traduites du latin et du russe, par M. Levesque. 1 vol. — *Pensées morales*
de CONFUCIUS, *recueillies et traduites du latin par M. Levesque.* 1 vol.
Charmante édition. Exemplaire sur VÉLIN, revêtu d'une jolie reliure
de Derome, signée.

192. RODERICUS SANCIUS. (Speculum vitæ humanæ.) (A la
fin :)... *Anno Christi.* ‖ *M.CCCCLxxiii* (1473). *Impressus est
hic liber ‖ Romę in domo... Iohānis Philippi ‖ de lignami...*
In-fol.; dem.-rel., dos et coins de mar. brun, tr. dor.

Édition rare. A la suite est un opuscule : *Iohannis de Trevio... Oratio*
de animarum immortalitate, imprimé avec les mêmes caractères.

193. CLICHTOVEVS (Jodocus). De Vera Nobilitate opusculum.
(A la fin :) *Completū in alma Parisiorum Academia anno domini..... millesimo quingentesimo duodecimo* (1512) *septimo
calèdas Septēbres per Hēricū stephanū... ex opposito Scholę*

Decretorŭ habitantē. In-4, lettr. rondes, de 48 ff.; mar. citron, orn. en mosaïque sur les plats, tr. dor. (*Lortic*).

Première édition de ce livre célèbre, réimprimé et traduit bien des fois. Très bel exemplaire.

193 *bis.* CLICHTOVEVS (Jodocus). De Vera Nobilitate opvscvlum. *S. l. n. d.* (v. 1512). In-4, lettr. rondes, de xxx ff.; mar.. La Vallière, milieux et tr. dor. (*Lortic*).

Édition rare qui paraît être sortie d'une imprimerie parisienne.

194. LE ROY (L.). De l'Excellence du Gouvernement royal. Auec Exhortation aux François de perseuerer en iceluy, sans chercher mutations pernicieuses... Par Loys le Roy, dict Regivs. *A Paris. Par Federic Morel Imprimeur du Roy.* M.D.LXXV. (1575). — DEMOSTHÈNE. Sept Oraisons de Demosthene, prince des Orateurs... Tradvittes de Grec en François. Par Loys le Roy, dict Regivs. *Ibid.,* 1575. — En 1 vol. in-4; mar. rouge, fil. à fr., tr. dor. (*Lortic*).

Louis Le Roy, né à Coutances, mort en 1577, professeur de grec au Collège de France, traducteur élégant, fut un des meilleurs prosateurs de. son temps. Le premier des ouvrages ci-dessus, écrit sous l'influence des événements, éclaire beaucoup cette époque troublée. Au f. 41 commence un autre écrit, non mentionné sur le titre : *Advertissement aux François sur les maux et calamitez advenans aux peuples divisez par seditions et guerres civiles...*

La traduction de Démosthène est dédiée à François, duc d'Alençon, frère de Henri III.

Ouvrage extrêmement rare. Superbe exemplaire, réglé.

195. MONTAIGNE (M. de). Les Essais de Michel seigneur de Montaigne. Édition nouvelle, prise sur l'exemplaire trouvé après le décès de l'auteur, revu et augmenté d'un tiers outre les précédentes impressions. *Paris, Abel l'Angelier,* cIɔ.Iɔ.xcxvIII. (1598). Gr. in-8; vélin, fil. et ornem., tr. dor. (*anc. rel.*).

Édition rare, où la préface apologétique de Mlle de Gournay, jointe à son édition de 1595, a été remplacée par une courte introduction. Titre entouré d'un joli encadrement gravé sur bois.

Exemplaire de M. d'Ortigue accompagné d'une note du Dr Payen attestant qu'il est tout entier du tirage de 1598.

196. La Civilité pverile et honneste, pour l'instruction des Enfans. En laquelle est mise au commencement la manière d'apprendre à bien lire, prononcer et escrire, Reueuë, cor-

rigée... *A Paris, chez Thomas la Carriere...* 1648. In-8, de 64 pp.; cart. en parch.

En caractères dits *de civilité*, probablement le dernier essai de ce genre. Fort rare.

197. LEFEBVRE (Tanneguy). Methode pour commencer les humanités grecques et latines, par M. le Févre. *A Saumur, chés René Pean,* 1672. In-12, de 65 pp. et 1 f.; bas. rouge, fil., tr. dor.

Édition originale, rarissime, de ce petit écrit du célèbre Tanneguy Lefebvre. Exemplaire non rogné.

198. FÉNELON. Éducation des filles par Monsieur l'abbé de Fénelon. *Paris, Pierre Aubouin, Pierre Emery et Charles Clousier (impr. d'Ant. Lambin),* 1687. In-12; veau brun *(rel. du temps).*

Édition originale. Très bel exemplaire avec les fautes corrigées et l'*errata.*

199. FLEURY (Cl.). Les Devoirs des maîtres et des domestiques, par M⁰ Claude Fleury, prêtre, abbé du Loc-Dieu. *Paris, P. Auboin, P. Emery et C. Clouzier (impr. de Laurens Rondet),* 1688. In-8; mar. vert., fil., tr. dor. *(Smeers).*

Très joli exemplaire de l'édition originale. Les pp. 265 à 297 contiennent un *Abrégé de l'Histoire sainte à l'usage des domestiques,* et les pp. 298 à 308, un catalogue des livres *qui se vendent dans la même boutique.*

II. SCIENCES NATURELLES, MÉDICALES, MATHÉMATIQUES ET MILITAIRES.

200. PLINII (Caii) Secundi Naturalis historia. (A la fin :)... *Impressi Venetiis per Nicolavm Ienson Gallicvm. M.CCCC.LXXII* (1472)... In-fol.; dos de mar. rouge, plats de mar. fauve.

Troisième édition, fort belle et recherchée. Exemplaire très grand de marges, avec initiales peintes à l'époque. Mouillures aux premiers et aux derniers ff., qq. piq. de vers et racc.

201. FUCHS (L.). De Historia stirpivm commentarii insignes. Adiectis earundem viuis, & ad naturæ imitationë artificioso expressis imaginibus, Leonharto Fuchsio medico... autore.

Lugduni. Apud Balthazarem Arnolletum. M.D.XLIX (1549). Petit in-8 ; fig. s. bois ; veau fauve, riches ornements en or et en mosaïque, tr. cis. et dor. (*rel. du temps*).

Édition rare de cette *Histoire des plantes* souvent réimprimée et traduite en français. Portrait de l'auteur et un index des noms des plantes en français.

Exemplaire revêtu d'une riche reliure lyonnaise portant, d'un côté, un écusson avec *trois fleurs de lis*, et de l'autre, un écusson avec *une aigle à deux têtes*. Sur l'une des tranches est ciselé un troisième écusson portant *trois tonneaux, posés 2 et 1, et accompagnés de trois étoiles*. Cette provenance est difficile à établir. Au titre est une note autographe constatant qu'en 1590 ce volume était dans la bibliothèque de Henri Bullinger, appartenant sans doute à la famille zurichoise de ce nom qui a produit des théologiens et des artistes.

202. NICAISE (l'abbé Claude). Les Sirenes, ou Discours sur leur forme et figure. A Monseigneur le chancelier. *Paris, Jean Anisson,* 1691. In-4 ; fig. ; mar. rouge, tr. dor. (*Hardy*).

Livre rare. Jolies figures en taille-douce par Ertinger. On y trouve d'intéressants détails sur les assemblées savantes de ce temps-là.

203. BACCIUS (Andr.). De Thermis libri septem. *Patavii,* 1711. Pet. in-fol. ; fig. ; veau fauve, fil., tr. dor.

Ouvrage où l'on trouve de curieux détails sur les eaux de *Vichy,* d'*Avignon,* de *Trévoux,* de *Passy,* et d'une quantité d'autres villes thermales.

204. ÆGINETA (P.). Pauli eginetæ p̄cepta salubria Guilielmo Copo Basileiensi interprete. (A la fin :) *Parisiis ex officina Henrici Stephani Anno Christi Saluatoris MDXII* (1512). *Decima sexta Aprilis*. In-4 ; mar. La Vallière, compart., tr. dor. (*Hagué*).

Deuxième édition, dédiée à Germain de Ganay, évêque de Cahors, frère du chancelier de France. Sur le titre, une gravure sur bois représentant un saint, avec trois écussons armoriés dans le bas.
Le traducteur, Guillaume Cop, né à Bâle, mort en 1532, était le médecin de Louis XII et de François Ier. Sa préface est très singulière.

205. JOUBERT (L.). Traité du ris, contenant son essance, ses cavses, et mervelheus effais, curieusemant recerchés, raisonnés et observés, par M. Lavr. Iovbert, Conselier et Medecin ordinaire du Roy, et du Roy de Nauarre, premier Docteur regeant, Chancelier et Iuge de l'vniversité an Medecine de Mompelier. Item, la Cause morale du Ris de Democrite, expliquée et

. temognée par Hippocrate (trad. par J. Guichard); plus Vn
Dialogue sur la Cacographie fransaise, avec des annotacions
sur l'orthographie de M. Joubert (par Christophe de Beaucha-
tel). *Paris, Nicolas Chesneau,* 1579. Pet. in-8, de 15 ff. prél.,
407 pp. ch., et 3 ff.; mar. rouge, fil., tr. dor. (*Derome*).

Ce livre curieux, où l'auteur a suivi une orthographe se rapprochant
beaucoup de la prononcation, commence par une longue épître dédicatoire à la reine Marguerite de Navarre.
Exemplaire revêtu d'une excellente reliure, très fraîche. De la bibl. de
M. Ch. Brunet.

206. HOME. Principes de médecine de M. Home, trad. du latin
en français par Gastellier... *Paris, Vincent,* 1772. In-8; mar.
rouge, fil., tr. dor. (*anc. rel.*).

Exemplaire de dédicace à Perrin de Cypierre, baron de Chevilly, dont
les armes sont sur les plats.

207. FINE (O.). Orontij Finei Delphinatis, regii mathematicarvm
professoris, De Mundi Sphæra, siue Cosmographia... Eivsdem
Orontii, rectarùm in circuli quadrante Subtensarum (quos
sinus vocant) demonstratio, supputatiõq; facillima, nunc primùm edita... Eivsdem Orontii, Organum vniuersale, ex supra-
dicta sinuū ratione contextū... *Parisiis ex officina Simonis
Colinæi,* 1542. In-fol., avec fig. et frontisp. gravé; mar. La
Vallière, fil. à froid, milieux et tr. dor. (*Lortic*).

Première édition, fort rare, dédiée au chancelier Poyet. Le titre est
entouré d'un charmant encadrement historié gravé sur bois. Une autre
grande gravure représente l'auteur et l'Uranie. Belles grandes initiales en
manière criblée.
Superbe exemplaire.

208. FINE (O.). Orontii Finei... Circuli quadratura (titre de
départ). *S. l. n. d. (Paris, Simon de Colines,* 1543). In-fol., de
24 pp.; fig.; mar. bleu, fil., tr. dor.

Premier jet de son mémoire sur le problème de la quadrature du
cercle, dont le travail développé est dans l'édition ci-dessous. Peut-être
unique. Exemplaire sur VÉLIN.

209. FINE (O.). Orontii Finæi Delphinatis, regii mathematica-
rum Lutetiæ professoris, Quadratura circuli, tandem inuenta
et clarissime demonstrata... Planisphærium geographicum...

Lutetiæ Parisiorum, apud Simonem Colinæum, 1544. In-fol.;
fig. sur bois; mar. brun, orn. sur les plats, tr. dor. (*Lortic*).

Édition dédiée au roi François Ier. Fort joli encadrement au titre, à
fond criblé. Superbe exemplaire de ce livre rare.

210. FINE (Oronce). Les Canons et Documens tresamples, tov-
chant l'vsage et practique des communs Almanachz que l'on
nomme Ephémérides. Briefve et isagogique introduction, sur
la iudiciaire Astrologie : pour sçauoir prognostiquer des choses
aduenir, par le moyen desdictes Ephemerides. Auec vn traicté
d'Alcabice nouuellement adiousté, touchant les conionctions
des planètes en chacun des 12 signes, et de leurs pronostica-
tions et reuolutions des années. Le tout lidelement, et trescle-
rement redigé en langage François, par Oronce Fine... *A
Paris, chez Guillaume Cauellat,* 1557. In-8, de 40 ff.; veau
fauve, fil. et tr. dor. (*Petit*).

Édition rare. L'épître dédicatoire est en vers.
Très bel exemplaire.

211. MUNSTER (S.). La Declaration de l'instrument de Seb.
Munstere, Pour congnoistre le cours du ciel iusques à l'an
M.D.LXXX et plus oultre qui vouldra. (A la fin :) *Imprimé à
Basle, par Iaques Estauge, au despens de Iehan Mareschal...*
1554. In-4, de 48 ff.; mar. vert, fil. à fr., tr. dor.

Opuscule rare. Très jolie gravure sur bois au titre, et la marque de
l'imprimeur à la fin.
Très bel exemplaire, réglé.

212. VOSTET (J.). Almanach, ‖ ov ‖ Prognostication des Labou-
reurs, ‖ reduite selon le Kalendrier ‖ Gregorien. ‖ Avec ‖ Quelques obseruations particulieres sur ‖ l'Annee 1588, de si long
temps menacee. ‖ Par Jean Vostet Breton. ‖ *A Paris, chez
Iean Richer... M.D.LXXXVIII* (1588). Pet. in-8, de 40 ff.
— TABOUROT (E). Compot ‖ et Manvel ‖ Kalendrier. Par
lequel toutes personnes peuuent facile‖ment apprendre & sçauoir les cours du So‖leil, & de la Lune, & semblablement les ‖
Festes fixes et mobiles, que l'on doit cele‖brer en l'Eglise,
suyvant la correction ordõ-‖nee par nostre S. Pere Gre-
goire XIII. ‖ Composé par Thoinot Arbeav, ‖ demeurant
à Langres, *Ibid.,* 1588. Petit in-8, de 48 ff. (dont 1 bl.).

— En 1 vol.; mar. bleu, fil. à fr., milieux en mosaïque, tr. dor. (*Lortic*).

Le premier opuscule, extrêmement rare, contient beaucoup de préceptes et de dictons en vers.

Le second, dû à Étienne Tabourot, est ici en seconde édition, également rare. C'est un almanach en dialogues, avec un certain nombre de gravures sur bois représentant des mains qui, par la disposition des doigts, facilitent l'intelligence du calendrier.

Charmant exemplaire, très pur.

213. Le grand Calendrier ‖ et Compost des Ber-‖gers : composé par le ‖ Berger de la grand Montaigne. Auquel sont adioustez plusieurs nou‖uelles tables et figures... *A Paris, par Nicolas Bonfons, demeurant en la ruë neuue nostre Dame, à l'Enseigne Sainct Nicolas*. S. d. (vers 1580). In-4; lettres rondes; fig. s. b.; mar. rouge, fil. à fr., tr. dor. (*Trautz-Bauzonnet*).

Édition fort rare. Les figures sont des copies grossières de celles du beau *Compost*, de 1493, publié par Guy Marchant. Superbe exemplaire.

214. COLONI (M.). Almanach et amples predictions pour l'an de Iesus Christ 1582, compose par maistre Marc Coloni, docteur medecin, demeurant à Lyon. Auec un remede singulier contre la Peste. *A Paris, pour Claude de Montr'œil*, 1582. — Almanach, ou Ephemerides reformez pour l'an de grace 1586... Composé par Mᵉ Florent de CROX, disciple de deffunt M. Michel Nostradamus... *A Paris, pour Anthoine Houic*. — Almanach pour l'an de bissexte 1596. Composé par M. Florent de Crox... *A Paris, chez Hubert Velut*. — En 1 vol. in-16; mar. rouge, fil. à fr., tr. dor. (*Duru*).

Recueil d'almanachs rares, ornés de gravures sur bois. Dans le premier, la *Pronostication* de M. Coloni, qui suit le calendrier, est pourvue d'un grand titre.

215. MAROZZO (A.). Opera nova de Achille Marozzo bolognese, Maestro Generale de l'arte de l'Armi. *S. l. n. d.* (? *Modène, vers* 1540). In-4; cart. en vélin blanc.

Cet ouvrage, dont la première édition avec les mêmes planches a paru à Modène, en 1536, contient 83 figures sur bois, portant les marques b ou b. R. C'est un des rares traités d'escrime.

Exemplaire avec témoins, mais qui aurait besoin d'être lavé et restauré.

216. DOLET (Estienne). Stephani Doleti de re navali liber ad Lazarvm Bayfivm. *Lvgdvni, apvd Seb. Gryphivm,* 1537. In-4 ; mar. vert, fil. à fr., tr. dor. (*anc. rel.*).

Curieuse épître adressée à Baïf. Très bel exemplaire.

BEAUX-ARTS

ARTS DU DESSIN.

217. **BLONDEL** (J.-Fr.). De la Distribution des maisons de plaisance et de la décoration des édifices en général, par Jacques-François Blondel. Ouvrage enrichi de cent soixante planches en taille-douce, gravées par l'auteur. *Paris, Jombert,* 1737-1738. 2 vol. gr. in-4; mar. rouge, fil., tr. dor. (*rel. du temps*).

> Ouvrage remarquable et rare.
> Exemplaire aux armes et au chiffre du roi LOUIS XV. Le faux titre (*Traité d'architecture dans le goût moderne*) et les errata du t. Ier ont été par erreur reliés à la fin du t. II.

218. **PLINE.** Histoire de la peinture ancienne, extraite de l'Histoire naturelle de Pline, liv. XXXV; avec le texte latin, corrigé et éclairci par des remarques nouvelles. (Traduite par D. Durand.) *Londres, Bowyer,* 1725. In-fol.; mar. citr., fil., tr. dor. (*Derome*).

> Livre estimé et peu commun. Exempl. du comte de BOUTOURLIN.
> Magnifique frontispice gravé par B. Picart.

219. **VINCI** (Leon. da). Trattato della pittura da Lionardo da Vinci, Nuouamente dato in luce, con la vita dell' istesso autore scritta da Rafaelle dv Fresne. Si sono giunti i tre libri della pittura, & il trattato della statua di Leon Battista Alberti (trad. par Cosimo Bartoli), con la vita del medesimo. *Parigi, Giac. Langlois,* 1651. 2 tom. en 1 vol. in-fol.; front. avec le portrait du Léonard; vél. blanc (*rel. du temps*).

> Première édition de cet excellent traité, ornée des gravures de R. Lochon, d'après les dessins du Poussin (voir la notice sur notre manuscrit avec les dessins originaux de ce dernier, cat. de 1882, n° 44), copiés et arrangés pour cette publication par le peintre Errard.
> Très bel exemplaire, avec la signature de P. Mariette.

220. RUBENS (P.-P.). Théorie de la figure humaine considérée dans ses principes, soit en repos soit en mouvement. Ouvrage traduit du latin de Pierre-Paul Rubens, avec 44 planches gravées par Pierre Aveline, d'après les desseins de ce célèbre artiste. *Paris, Ch.-Ant. Jombert,* 1773. In-4 ; veau rac.

Ouvrage rare. Voir plus haut, n° 35, le manuscrit de ce traité avec les dessins originaux de Rubens.

221. PERROT (Catherine). Les Leçons royales, ou la Manière de peindre en mignature les Fleurs et les Oyseaux, par l'explication des Livres de Fleurs et d'Oyseaux de feu Nicolas-Robert Fleuriste. Composées par Damoiselle Catherine Perrot, Peintre, Académiste, femme de M. C. Horry, Notaire Apostolique de l'Archevesché de Paris. *A Paris, chez Jean-B. Nego,* 1686. In-12 ; mar. rouge, fil., tr. dor. (*rel. du temps*).

Livre fort rare. Exemplaire de dédicace, aux armes de la GRANDE DAUPHINE, frappées sur les plats de la reliure, et aussi avec de curieuses *notes autographes* de JAMET.

222. BOSSE (Abr.). Traité des manieres de graver en taille-dovce svr lairain par le moyen des Eaves fortes et des vernix dvrs et mols. Ensemble de la façon d'en Imprimer les Planches, et d'en construire la Presse, & autres choses concernans lesdits Arts, par A. Bosse, Graveur en Taille Douce. *Paris, Bosse,* 1645. In-12 ; fig. sur cuivre ; demi-rel., mar. rouge, tr. dor. (*Lortic*).

Première édition, fort rare, et recherchée pour ses 21 figures y compris le frontispice.

222 *bis*. BOSSE (Abr.). Sentimens sur la distinction des diverses manieres de peinture, dessein & graueure & des originaux d'auec leurs copies... par A. Bosse, graueur en taille-douce. *Paris, chez l'Autheur,* 1649. In-12, fig. ; cart. en vélin.

Édition rare et recherchée.

223. VERRIEN (Aubert). Recueil d'emblêmes, devises, médailles et figures hieroglyphiques, au nombre de plus de douze cent, avec leurs explications. Accompagné de plus de deux mille chiffres fleuronnez simples, doubles et triples. D'une manière nouvelle et fort curieuse pour tous les noms imaginables. Avec les Tenants, Supports, et Cimiers servans aux Ornemens des

Armes, etc... Par le sieur Verrien, maître graveur. *Paris,*
Jean Jombert, 1696. In-8; fig.; mar. rouge, fil. à froid, tr. dor.

Très rare. Exemplaire parfait, avec témoins.

224. WORLIDGE (T.). Collection choisie de desseins tirés des
pierres précieuses antiques, pour la pluspart dans la possession
de la grande et petite noblesse de ce royaume. Gravés dans le
goût de Rembrandt par T. Worlidge, peintre. *A Londres,*
imprimé par Dryden Leach pour M. Worlidge, dans la grande
rüe de la Reine... et J. Wicksteed, graveur de sceaux à Bath.
1768. 2 vol. in-4; mar. rouge, rich. comp., en mosaïque, tr.
dor.

Superbe exemplaire de ces 183 planches avec texte français.

COSTUMES.

225. Omnivm || fere Gentivm, || nostræq; ætatis Nationum || Habitus
et Effigies. || In eosdem Ioannis Sluperij || Herzelensis Epi-
grammata. || Adjecta ad singulas Icones || Gallica Tetrasticha. ||
Antverpiæ, || *Apud Ioannem Bellerum,* 1572. In-8; mar. rouge,
tr. dor. (*Belz-Niedrée*).

Livre rare et curieux comme ayant paru avant le Vecellio. Il renferme
121 costumes gravés sur bois par Antoine Bossch, dit Silvius, et encadrés,
qui sont des copies de ceux d'une édition parisienne de 1567 : *Recueil*
de la diversité des habits.
Très bel exemplaire. Titre refait.

226. VECELLIO (C.). Habiti antichi ouero raccolta di figure deli-
neate dal gran Titiano, e da Cesare Vecellio suo fratello, dili-
gentemente intagliate, conforme alle nationi del mondo...
Venetia, Combi et La Noù, 1664. In-8; demi-rel. mar. rouge,
dos et coins.

Ce sont les planches de la seconde édition qu'on a utilisées pour cette
troisième, qui n'en contient que 415. Elles ne sont pas encadrées. Racc.
au dern. f.

227. BERTELLI (Ferd.). Diversarū Nationum habitus centum et
quattuor iconibus in ære incisis diligenter expressi item ordines duo processionum unus summi pontificis alter ser. Princ.
Venetiarum opera Petri Bertellii... *Apud Alciatum Alcia. et Pe-*

trum Bertellium, Patauij, 1589. — To. Alter Diversar.
Nationum habitus nunc primum editi à Pe. Bertellio quib.
addita sunt Ordo Romani Imperii ab Othone II institutus,
pompa regis Turcarum et Personatorum (*sic*) vestitus varij,
quorum est in Italia frequens usus... *Patauii,* 1592.—2 parties
en 1 vol. pet. in-8 ; peau de truie, comp. à froid, tête dorée
(*Hagué*).

Magnifique exemplaire, presque non rogné, d'un recueil très rare.
Figures avec toutes les pièces de rapport.

La première partie se compose d'un titre gravé suivi d'une planche
d'armoiries, et de 2 feuill. prélim. contenant la dédicace, datée du 20 février 1591, puis de 104 planches numérotées, non compris la grande
procession du doge, figure pliée, placée après la planche 74.

La seconde partie se compose d'un titre gravé, d'une planche d'armoiries, de 2 feuill. d'épître dédicatoire à Louis de Hutten, datée des Ides
de février 1591, et enfin de 78 planches numérotées, non compris la
grande *Pompe du roi des Turcs,* figure pliée, placée après la pl. 38.

Les *pièces de rapport* se trouvent aux fig. 7, 31 et 80 de la première
partie ; 16 et 63 de la seconde.

La fig. 7, *Cortigiana veneta,* donne l'explication d'une curieuse mode
observée par les courtisanes vénitiennes. Le costume de femme cache
un autre vêtement d'homme, et des souliers, montés sur des semelles,
exhaussant la figure de près de deux pieds. La pièce de rapport est placée au bas du corsage, et représente la jupe de la robe.

Fig. 31. *Nobilis neapolitana;* la pièce de rapport forme le rideau de la
litière où l'on voit une femme assise.

Fig. 80. *Sponsa Turca.* C'est la plus grande et la plus curieuse des
pièces de rapport. Elle forme le rideau d'une tente portée par un cheval,
et supportée par quatre hommes. Elle est presque aussi grande que la
planche elle-même, et répète, en les partageant, les figures qu'elle couvre.

La fig. 16 de la seconde partie, *Ritus Hetruriæ,* représente un mulet
portant des paniers où sont assis deux personnages. La pièce de rapport
est composée d'un rideau qui les recouvre. C'est aussi un rideau qui
forme la pièce de rapport de la fig. 63, et qui cache la gondole où sont
trois femmes assises. Cette pl. 63 et la suivante, les seules signées du
recueil, portent le nom du graveur : *Franco f.*

Exemplaire de Goddé et d'Yemeniz.

228. **LAZIUS** (Wolfgang.). De Gentium aliquot migrationibus,
sedibus fixis, reliquiis, linguarumque initiis, et immutationi-
bus ac dialectis, libri XII. *Francofurti, apud Andreæ Wecheli
hæredes,* 1600. — Historicarum commemorationum rerum
Græcarum libri duo... in quibus tam Helladis quam Pelopon-
nesi, quæ in lucem antea non venerunt, explicantur... *Hano-*

viæ, typis Wechelianis, 1605. — En 1 vol. in-fol.; veau antiqué, fil., tr. dor. (*Petit*).

Gravures sur bois intéressantes pour d'anciens costumes. Exemplaire de Peignot, aux armes et au chiffre du marquis de Morante.

229. Habitus præcipuorum populorum tam virorum quam fœmi-narum, olim singulari Johannis Weigelii proplastis Norimber-gensis arte depicti et excusi, nunc verò debitâ deligentiâ Tenuò recusi. *Zu Ulm, in Verlegung Iohann Görlins Buchhänd-'er. Gedruckt durch Balthasar Kühnen,* 1639. In-fol.; vél.

Suite curieuse de 212 planches de costumes gravés par Hans Weigel, qui parut pour la première fois en 1577. Le frontispice et plusieurs planches ont été dessinés par Jost Amman.

230. Strassburgische Kleyder Trachtn darinn von Hoch und Nider Standts Persohnen in ihrer Kleydung zu sehen. *Strass-burg. Zu finden bey Iohann Chr. Nagel,* 1662. In-12; demi-rel., veau fauve.

Suite d'estampes extraordinairement rare. Après le titre vient le plan de la ville et de la citadelle de Strasbourg (planche double); puis une vue de la cathédrale et celle de l'horloge astronomique, avec un texte en vers et en prose, planche double gravée par Isaac Brunn en 1607; ensuite, trente-deux planches de costumes (la première est double), dont trois ont été gravées par Wolfgang Kilian (mort en 1662), et les autres, par H. Vincent. Chacune est pourvue d'un distique en allemand et d'une légende en français. A la fin est ajoutée une planche double avec quatre costumes de Strasbourgeoises.

231. Kleidungs Arten in der Stadt Augspurg... Modes de la ville d'Augsbourg, aux depens de Jean George Merz, mar-chand des Etampes (*sic*) d'Augsbourg. *S. l. n. d.* (vers 1750). In-12; mar. vert clair, fil., tr. dor. (*Lortic*).

Recueil rare de 36 jolies planches de costumes.

LIVRES A FIGURES

I. LIVRES A FIGURES SUR MÉTAL.
SUITE D'ESTAMPES.

232. BOISSARD (J.-J.). Theatrvm ‖ vitæ humanæ. ‖ A I. I. Bois-
sardo ‖ Vesuntino con-‖scriptum, ‖ et à Theodoro Bryio ‖ arti-
ficiosissimis historiis ‖ illustratum. ‖ *Excussum typis Abrahami ‖ Fabri, Mediomatricorum ‖ Typographi.* (A la fin :)
*Excussum typis Abrahami Fabri, civitatis Me-‖ diomatricorum
Typographi, impensis Theodori Bryi Le-‖odiensis sculptoris,
Francfurdiani civis,* 1596. In-4 ; demi-rel., dos et coins
de basane.

> Première édition, extrêmement rare, imprimée à Metz par Abraham
> Fabert, père du maréchal de France de ce nom. Elle est ornée d'un titre
> gravé, d'un très joli portrait de Boissard et de 60 scènes historiques, le
> tout fort bien gravé par Th. de Bry.
> Exemplaire en parfait état.

233. GROTII (Hug.) Batavi Syntagma aratrorvm... *Ex offic.
Plantiniana, apvd Christophorvm Raphelengivm, Academiæ
Lugduno-Batavæ Typographum cIɔ.Iɔc.* (1600). In-4 ; mar.
rouge, fil. et tr. dor.

> Recueil rare et recherché, orné de 47 figures sur cuivre, de Jacob de
> Gheyn le Vieux, dont le nom ou la marque se trouve à chacune d'elles.

234. CAMERARII (Joach.) Medici. v. cl. Symbolorum et emble-
matum centuriæ tres... Editio secunda... Accessit noviter
centuria IV. ex aquatilibus et reptilibus. Cum figuris æneis.
(*Norimbergæ*) *Typis Vœgelinianis,* 1605. Gr. in-8 ; mar. rouge,
doré en plein, tr. dor. (*Anc. rel.*).

> Volume contenant plusieurs centaines d'emblèmes historiques et
> autres, finement gravés en taille-douce.
> Exemplaire du duc DE LA VALLIÈRE, revêtu d'une excellente reliure du

temps, dont les plats sont semés d'un monogramme formé de deux initiales A ou V entrelacées.

235. HORATII (Q.) Flacci Emblemata. Imaginibus in æs incisis notisq; illustrata, studio Othonis VænI. Batauolugdunensis. *Antverpiæ, ex officinâ Hieronymi Verdussen, auctoris ære et cura, M.DC.VII* (1607). In-4; mar. violet, fil. et tr. dor.

> Première édition contenant les meilleures épreuves de 103 planches gravées en taille-douce par Otto Van Veen, le maitre de Rubens.
> Très bel exemplaire. Racc. au titre.

236. La Vie et les Avantures héroïques des VII frères de Lara, en XL figures, par Antoine Tempesta. *Premières épreuves*. In-fol. obl.; cart.

> Belle et rare suite en *premières épreuves*, de quarante estampes gravées d'après des dessins d'Otto Van Veen (voir Bartsch, t. XVII, p. 182).

237. PUTEANI (Er.) Bruma : Chimonopægnion, de laudibus hiemis, ut ea potissimùm apud Belgas. Accedunt Andr. Valeri breves notæ, imaginibus Raph. Sadeleri illustratæ. *Monaci,* 1619. In-12; mar. brun, large dent., fil., tr. dor. (*rel. angl.*).

> Ouvrage enrichi de délicieuses figures en taille-douce de Sadeler.
> Charmant exemplaire, relié sur brochure, ayant appartenu à Mac-Carthy et à Ch. Nodier.

238. MENASSEH BEN YSRAEL. Piedra gloriosa o de la estatua de Nebuchadnesar. Con muchas y diversas authoridades de la S.S. y antiguos sabios; compuesto por el Hacham Menasseh ben Ysrael. *Amsterdam, An.* 5415 (1655). In-12; vél. blanc (*rel. du temps*).

> Exemplaire qui offre cette particularité extraordinaire, enregistrée pour la première fois par M. E. Dutuit (*Œuvre de Rembrandt*), d'après notre exemplaire, qu'à la place des quatre planches *originales* de Rembrandt (le *Songe de Nabuchodonosor*, etc.), qui l'accompagnent habituellement, il contient des *copies* de ces planches, qu'on a cherché à enjoliver, copies qu'on ne connaissait point.

239. DONDÉ (F.-A.). Les Figures et l'abbregé de la vie, de la mort, et des miracles de saint François de Paule...... recveillies de la Bvlle de Léon X, et des Enquestes faites pour proceder à sa canonization. Par Fr.-Antoine Dondé. *Paris, Fran-*

çois Muguet, 1671. In-fol.; frontisp. et fig.; mar. rouge, compart. à fil., tr. dor. (*anc. rel.*).

> Ouvrage imprimé avec un grand luxe. Il est orné de deux frontispices gravés par N. Poilly, d'une grande planche par Abr. Bosse, de vingt planches à quatre sujets, représentant 80 scènes de la vie de s. François de Paule, gravées par A. Bosse, N. Poilly, Lammelin, Van der Does et F. Campion; enfin d'une grande planche allégorique par N. Poilly et d'un grand portrait du saint par M. Lasne, daté de 1645. On a ajouté en plus à cet exemplaire une gravure de Poilly représentant le sarcophage du saint.

> Il a appartenu à LA BOURDONNAYE, conseiller au Parlement de Paris, dont la reliure porte les armes accolées à celles de LE FÈVRE D'ORMESSON.

240. Le Triomphe de la mort, gravé d'après les desseins de Holbein par W. Hollar. *S. l. n. d.* (*Londres, Edwards*, 1790). Pet. in-8, de 14 ff. et 30 pl.; mar. bleu, fil. à compart., dent. int., tr. dor., doublé de tabis rose.

> Exemplaire sur VÉLIN d'une édition in-16, tirée in-8. Chaque page est entourée d'un filet d'or et brun, terminé en nœud de cordelière. Rarissime dans cette condition.

241. (GIRAUD, l'abbé.) L'Invocation et l'imitation des saints pour tous les jours de l'année, etc. *A Paris, chez Girard Audran, graveur ordinaire du Roy*, 1687. 2 vol. in-24; mar. violet, fil., tr. dor.

> Ouvrage justement recherché pour une suite de vignettes en taille-douce, dite les *Saints d'Audran*, par Sébastien Le Clerc. « Les compositions de cette jolie suite, dit M. E. Meaume, dans son excellente monographie (*Étude bibliographique sur les ouvrages illustrés par Séb. Le Clerc;* Paris, Techener, 1877), sont très supérieures à celles de Callot, et l'exécution elle-même surpasse celle du maître de Nancy. »

> Édition originale, complète en deux volumes, avec les trois titres, dont deux pour le tome 1er avec les dates de 1686 et 1687. Très joli exemplaire de Renouard et de Van der Helle. A la fin du t. II est ajoutée une petite vignette de Callot.

242. Renversement de la morale chretienne par les desordres du Monachisme. Enrichi de Figures. Première [et seconde] partie. *On les vend en Hollande, chez les Marchands Libraires et Imagers. Avec privilege d'Innocent XI.* S. d. (vers 1695). 2 part. en 1 vol. in-4; mar. vert, fil., tr. dor. (*Derome*).

> Première et fort rare édition, ornée de 50 gravures satiriques, fort spirituelles, représentant des moines et des religieuses, en buste, dans des médaillons. Ces planches sont gravées à la manière noire par D. Heems-

kerk, de Harlem. Au 'bas de chacune est un quatrain en ·français. Titres
et texte en cette langue et en hollandais. En tête est une planche double,
gravée à l'eau-forte par Romain de Hooghe, intitulée : l'*Abrégé du clergé
romain*, avec quatre quatrains satiriques au bas.

243. Renversement de la morale chrétienne par les desordres
du Monachisme. Enrichi de Figures. *On les vend en Hollande,*
etc. (comme ci-dessus). *S. l. n. d.* In-4; cart.

Nouvelle édition, fort rare, attribuée aux presses suisses, au
xviiiᵉ siècle. Elle est ornée de 50 planches, gravées au burin, inspirées
seulement des précédentes, mais s'en éloignant beaucoup comme interprétation. Les personnages sont en pied. Les quatrains satiriques ont été
reportés en tête de chaque notice respective. Il n'y a qu'un seul titre et il
ne porte pas : *première partie,* ce qui est une erreur du *Manuel.* La grande
planche servant de frontispice est gravée en contre-partie. Toutes ces estampes sont imprimées à la sanguine.

244. Représentations tirées du V. T. inventées et dessinées par
Catherine Sperling, célèbre Peintre en miniature. *Se vendent
dans le magasin de Jean Simon Negges, Marchand d'estampes à
Augsbourg.* S. d. (xviiᵉ s.). — Histoires du Nouveau Testament représentées en planches gravées en taille-douce *qui se
vendent*, etc. — 2 tom. en 1 vol. in-4 obl.; demi-rel., dos et
coins de mar. vert.

Recueil rare, fort bien gravé. Le Vieux Testament compte 283 planches, et le Nouveau, 90.

245. Les Soirées de Rome dédiées à Mᵈᵉ Le Comte, des Acadé-
mies de S. Luc de Rome, des sciences et arts de Bologne, Florence, etc. In-4; demi-rel. percaline.

Recueil précieux des dix eaux-fortes faites à Rome par HUBERT
ROBERT et dédiées par lui à la jolie Marguerite Le Comte, amante de
Watelet, qu'elle accompagna dans son pèlerinage en Italie. On a ajouté
à cette suite deux pièces, dont une composée par Hubert Robert et gravée
par C***; et le portrait de Marguerite Le Comte, d'après Watelet, gravé
par Lempereur.

II. LIVRES A FIGURES SUR BOIS.

Allemagne et Suisse.

246. MOLITOR (U.). De laniis et phitonicis (*sic*) mu‖lieribus ad
illustrissimum principem dominū Sigismundum ‖ archiducem

Austrie tractatus pulcherrimus. (A la fin, on lit :) ... *Ex constantia anno domini M.CCCC.LXXXIX : Die* ‖ *decima mensis Ianuarii.* S. l. n. d. Pet. in-4, goth., de 22 ff. à 34 lignes ; mar. La Vallière, fil., tr. dor. (*Lortic*).

> Opuscule célèbre et curieux pour l'histoire des préjugés.
> Édition rarissime, inconnue à Hain et à Brunet, et peut-être la plus ancienne de toutes. Les huit gravures sur bois qui mettent en scène de prétendues pythonisses, ou plutôt des sorcières, sont d'une exécution assez grossière. La date finale est celle de la rédaction de ce livre.
> Magnifique exemplaire.

247. PFINZING (Melchior). Die geuerlicheiten vnd ein'steils ‖ der geschichten des loblichen streyt-‖paren vnd hochberûmbten helds ‖ vnd Ritters herr TEWRDANNCKHS. (*Nuremberg, H. Schönsperger,* 1517.) Gr. in-fol. ; mar. rouge, fil. à fr., tr. dor. (*Lortic*).

> Fragment (les 38 premiers ff.) de la première édition de ce livre célèbre, avec gravures d'après H. Schäufelein. Les figures sont d'une grande pureté ; la première est enluminée.

248. PFINZING (M.). Thewerdanck... *Getruckt zu Franckfurt am Meyn bei Christian Egenollfs Erben,* 1563. In-fol. ; demi-rel., dos et coins de veau br.

> Quatrième édition, avec les gravures sur bois de l'édition originale.

249. PFINZING (M.). Gedenckwürdige historia : des edlen streyt-baren helden und sieghafftèn Ritters Theuwrdancks... 1589. *Getruckt zu Franckfurt am Mayn bey Christian Egenollfs seligen Erben.* In-fol. ; demi-rel., dos et coins de veau br.

> Sixième édition. Le poème, à partir du feuillet i jusqu'au cix inclusivement, est de même tirage que l'édition de 1563 : les feuillets préliminaires i à iv ont été seuls recomposés, ainsi que le feuillet cx. Le tirage en est très net. Elle contient de plus que les précédentes une partie nouvelle intitulée : *Cronica,* qui s'étend du feuillet cxi au feuillet cxxiv.

250. LANTZBERG (J.). Sechs Rosenkreutz lyn gar jnnich kurtz vnd wolgedicht durch Johan Lantzberg Carthuser, Prior by Gulich. Anno 1533. (A la fin :) *Gedruckt zü Cöllen in der Burgerstrász durch Eucharium Nyrtzhorn Im jar vnsz heren,* 1533. In-16 ; mar. vert, tr. dor.

> Ouvrage rare, orné de 56 figures ; la seconde porte la date de 1530. La plupart d'entre elles sont dues à un artiste hollandais, encore inconnu,

et nous les retrouvons en partie dans un livre publié à Amsterdam en 1531 : *Rosarium mysticum.* Elles sont très expressives et fort bien gravées.

251. CICERO (M. T.). Vonn Gebüre vnd Billicheit des Fürtreflichen hochberümpten Römers Marci Tullij Ciceronis... Auss dem Latin in Teütsch verwandelt vnd mit schönen Figuren fürgebildet. (Traité des Offices de Cicéron.) (A la fin :) *Getruckt zu Franckfurt am Meyn bei Christian Egenolff.* M. D. L. (1550). *Im Jenner.* In-fol.; veau rac., fil., tr. dor.

> Curieuses gravures sur bois provenant du fonds de l'éditeur Steiner, d'Augsbourg, et contenant des planches de Hans Burgmair, de Hans Schäufelein, etc.

252. RUXNER (G.). Thurnier-Buch... *Getruckt zu Franckfurt am Mayn. M D. LXVI* (1566). (A la fin :) *Getruckt zu Franckfurt am Main/ bey Georg Raben/ in verlegung Sigmund Feyrahends vnd Simon Hüters...* In-fol.; vélin blanc, compart. et tr. dor.

> Les gravures de cette édition peu commune diffèrent complètement de celles du même livre imprimé d'abord à Siemern en 1530, mais portant sur le titre la date de 1566, et le nom de la ville de Francfort (voir notre catalogue de 1882, n° 333). Elles sont en partie de Jost Amman, dont elles portent les initiales. Très intéressantes pour l'histoire du costume.
>
> Exemplaire avec de bonnes épreuves. Quelques raccommodages.

253. Newe künstliche wohlgerissene unnd in Holtz geschnittene Figuren... Von den Fürtrefflichsten... Mahlern, Reïssern, und Formschneydern, als nemblich Albrecht Dürer, Hans Holbeyn, Hans Sebaldt Böhem, Hansz Scheuflin, unnd andern, etc. *Getruckt zu Franckfurt am Meyn, in Verlegung Vincentii Steinmeyers,* 1620. In-4, obl.; vélin.

> Ouvrage très intéressant au point de vue de l'histoire de la gravure sur bois, car il contient des planches dues aux plus célèbres artistes en ce genre au xvie siècle.

254. Vita diui vuolfgangi præsulis eximii. (A la fin :) *Impressa per venerabilem virū Dominū Ioannē Weissenburger. In ducali ciuitate Landszhut. Anno domini* 1516. *Vicesima secunda die Februarii.* In-8, goth., de 71 ff.; vél. bl.

> Petit volume rarissime, bien imprimé, contenant 52 gravures assez bien composées, mais grossières d'exécution.

255. LIVIUS (T.). Romische Historie Titi Livii meniglich kürtz-wéilich und dienstlich zu lesen. 1514. (A la fin :) *Gedruckt und geendet in der loblichĕstatt Mentz durch Uleysz Johanñ Schöffers Buchdrucker daselbst uff sant Bartholomeus abĕt nach Christi unsers heren geburt Tausent funffhundertt vñ vier zehen jare* (1514). In-fol. ; parchem., fil. et orn. à froid.

Deuxième édition, augmentée. Figures nombreuses et remarquables, qui représentent des Romains en costumes de chevaliers de la cour de Maximilien.

256. (Memorabiles Euangelistarum figuræ. *Phorcæ.*) 1503. In-4, de 18 ff. (le dern. blanc) ; mar. bleu, fil. à fr., tr. dor. (*Duru*).

Livre rare, imprimé à Pfortzheim, et orné de 15 figures à pleine page, copiées sur celles d'un manuscrit qui a servi de modèle à l'*Ars memorandi* xylographique. Elles offrent tous les caractères des meilleures gravures de Lucas de Cranach l'Ancien.

Cette édition est conforme à la première, de 1502 (voir notre cat. de 1882, n° 332), sauf le colophon, où l'imprimeur est ici désigné de cette manière : *...Ista tibi tradidit Thomas Phorcēsis. cognomēto Anshelmi...* 1503.

Très bel exemplaire.

257. Quadruuiũ Ecclesie quatuor prelatorũ officium quibus omnis anima subijcitur (*sic*). (Au f. 60 :) *Exaratũ est opus hoc salubre In inclitissima Helueciorũ urbe Argētina p Ioannĕ grūnĭger* (1504). In-fol. ; demi-rel. mar. fauve foncé (*Bauzonnet*).

Ouvrage rare orné de quinze gravures sur bois dans le style ordinaire des planches de l'atelier de Grüninger, mais avec un peu plus de caractère que précédemment.

Bel exemplaire, avec témoins.

258. TERENTIUS (P.). P. Terentij Comedie... (A la fin :) *Petri Marsi et Pauli Malleoli in Terentianas Comœdias : ádnotationes cū marginarijs exornationibus fęlicem sortita sunt finĕ. Arte et industria honesti Ioanis Prus Argentiñ. in ædibus zum Thyergartem. Anno* M.CCCCC.VI. (1506). In-4 ; vél.

Livre fort rare. Les gravures sur bois sont au nombre de six. Quoique différentes de celles de Trechsel et de Grüninger, elles ne manquent pas d'une certaine habileté dans l'exécution.

259. (GEYLER VON KEISERSBERG.) Das ist der Passion ‖ in form eins gerichthädels darin ‖ Missiuĕ Kauffbrieff Urtelbrieff

‖ vnd and's gestelt sein/kürtzweillig vñ nütz zū lesen. (A la fin :)
... getruckt zu Straszburg durch Iohannem Gruninger im iar des Herre Iesu christi M.D.xiiii (1514) *uff sant gertruten tag.* In-fol., goth., de 26 ff. ; cart.

Édition rare, ornée de 21 gravures sur bois curieuses, dont la 7ᵉ (*Judas*) porte la marque V. G. Ces planches, qui toutes ont le style de Strasbourg, sont entièrement différentes de celles de Wechtlin que Knoblouch publia en 1508.

Exemplaire très grand de marges.

---

260. HOLBEIN (H.). Les Simulachres de la mort. In-12; cart.

Précieuse suite de onze gravures faisant partie de cet ouvrage, mais *tirées hors texte*, avant la première édition imprimée avec texte, à Lyon, chez Trechsel, en 1538. Ce tirage a été fait à Bâle, dans l'atelier de Froben.

Sept de ces gravures portent au-dessus l'indication du sujet *en allemand*, imprimée en caractères italiques; ce sont les planches suivantes de l'édition de 1538 : la 18° : *Der Richter* (le Juge); — la 20° : *Der Rathssherr* (le Conseiller); — la 25° : *Dass Alt weyb* (la Vieille Femme); — la 29° : *Der Kauffman* (le Marchand); — la 30° : *Der Schiffman* (le Marin); — la 32° : *Der Groff* (le Comte); — la 41° : *Die wapen dess Thotss* (les Armes de la Mort).

Les quatre autres n'ont aucun texte; ce sont les planches : la 0° : *le Pape;* — la 36° : *la Duchesse;* — le 37° : *le Mercier;* — la 38° : *le Laboureur.*

On sait que les gravures appartenant à ces tirages hors texte sont absolument introuvables aujourd'hui.

---

261. LUCIANI Samosatensis opera, quæ græca extant, omnia... (en grec). *Basileæ, per Jacobum Parcum,* 1555. In-8; veau brun estampé (*rel. du temps*).

Édition rare, ornée de figures de saints finement gravées et portant la marque de Hans Holbein avec la date de 1545.

Exemplaire remarquable par sa reliure.

Hollande.

262. (SPIEGEL ONSER BEHOUDENISSE.) (Au rº du dern. f. :) *Dit boeck is volmaect in die goede stede van cu-‖lenburch by my iohan vel dener Int iaer ons heren ‖ M.CCCC. ende lxxxiij.* (1483) *des saterdaghes post ma‖thei apostoli* (21 septembre).

Pet. in-4, goth., de 133 ff., fig. s. bois; vélin blanc estampé (*rel. holland. du* xvii° *s.*).

Livre extrêmement précieux et introuvable. C'est la troisième édition hollandaise et la première typographique du fameux *Speculum humanæ salvationis*. Elle contient cent vingt-huit gravures sur bois. Sur ce nombre, cent seize sont les mêmes que celles des éditions xylographiques de ce livre, dont l'impression a été attribuée à Laurent Coster, mais qui en tout cas se rattachent aux origines de la typographie. Pour les adapter à ce format, Weldener avait scié en deux les planches primitives, par le milieu du pilier qui sépare chaque vignette. On sait que ce sont des chefs-d'œuvre de la xylographie. Les douze autres gravures sont nouvelles, dans le même goût que les anciennes, mais inférieures comme art; elles ne figurent que dans cette édition. Le premier feuillet, qui manque à cet exemplaire, est blanc au recto et contient au verso la marque de l'imprimeur et le titre du prologue. Au revers de l'avant-dernier feuillet est une gravure représentant Moïse avec les Tables de la loi; tout autour est cette inscription : *Hier eyndet die warachtige spiegel onser behoudenisse....* Au-dessous, il y a trois écussons armoriés : celui de la maison de Bourgogne, celui de la ville de Culenburch, et celui de David de Bourgogne, évêque d'Utrecht, dans le diocèse duquel était située la ville précédente.

Le caractère de ce livre a, comme l'a remarqué Dibdin, l'aspect tout à fait caxtonien, ce qui s'explique par ce fait que Caxton et Weldener, ayant tous deux appris la typographie à Cologne, en avaient aussi tiré leur fonte.

Il y a eu deux sortes d'exemplaires de ce livre, sous la même date. Les premiers (si toutefois il ne s'agit pas là d'un essai qui fut aussitôt abandonné) n'avaient que 122 ff. et 116 gravures, et on ne les connaît que par l'exemplaire unique conservé à la bibliothèque de Harlem. Le nôtre appartient au second tirage, et c'est *un des trois exemplaires connus* : c'est celui de la famille Enschedé, de Harlem; il est presque à toutes marges, avec témoins, et d'une conservation parfaite, sauf quatre piqûres de vers à plusieurs feuillets vers la fin et quelques petites taches d'humidité. Les deux autres exemplaires connus de ce livre sont : celui de la Bibliothèque royale de La Haye et celui de la collection de lord Spencer, incomplet de 8 ff. (sign. *o*).

A la fin de notre exemplaire, on a ajouté un placard imprimé à Harlem, par *W. van Kessel*, en 1724, contenant la généalogie de Laurent Coster avec son portrait; et un autre placard, avec le même portrait et un sonnet hollandais en l'honneur du même.

Italie.

263. MILIANI (C.). Sommario historico raccolto dalla Sacra Bibbia, dal Flauio, da Egesippo, e da altri scrittori e di belle e varie figure ornato, del Sig. Chrisostomo Miliani. *Bergamo,*

appresso Comino Ventura, 1590. In-4 ; veau antiqué, compart.
à fr., tr. dor.

Livre fort rare, orné de nombreuses figures sur bois bien dessinées.

264. Nuoua raccolta di lagrime di piu poeti illustri. *In Bergamo, per Comin Ventura,* 1593. — Lagrime del penitente ad imitatione de' sette salmi penitentiali di Dauide, del molto R. sig. Don Angelo Grillo. — En 1 vol. in-8 ; vél. blanc.

La première partie de ce recueil contient 13 gravures sur bois, bien exécutées et convenablement imprimées. Exemplaire fort beau de conservation.

265. HYGINIUS... Poëticon astronomicon opvs vtilissimvm, fœliciter incipit. (A la fin :) *Anno... Millesimo quadringentesimo octogesimo quinto (1485) mensis Ianuarii die uigesima secunda. Impressum est prṣesens opusculū per Erhardū Radtolt de Augusta. Venetiis.* In-4 ; veau fauve, fil., tr. dor. (*Petit*).

Édition extrêmement rare, ornée d'un grand nombre de curieuses figures sur bois. Magnifique exemplaire, presque non rogné. Les figures ainsi que les initiales sont enluminées.

266. SAVONAROLA (G.). Prediche del reverendo padre Fra Girolamo Sauonarola da Ferrara, sopra il Salmo *Quam bonus Israel Deus,* Predicate in Firenze in santa Maria del Fiore in vno aduento, nel 1493 dal medesimo poi in Latina lingua raccolte. Et da Fra Girolamo Giannoti da Pistoia in lingua volgare. tradotte... MDXXXIX. (A la fin :) *Stampata in Vinegia per Brandino et Ottauiano Scoto a di sedese di Mazo.* 1539. In-8 ; veau brun.

Sur le titre est une charmante gravure sur bois représentant Savonarole en chaire entouré d'auditeurs. Elle est du plus beau style et bien gravée.

267. DOLCE (L.). Le Trasformationi di M. Lodovico Dolce. Di nuouo ristampate e da lui ricorrette e in diuersi luogi ampliate. *In Venetia appresso Gabriel Giolito de Ferrari e fratel.* M.D.LIII (1553). In-4 ; vélin.

Édition recherchée à cause de 86 gravures sur bois dont elle est décorée. La plupart d'entre elles sont d'un dessin très savant et très correct et quelques-unes sont exécutées avec un fini qui ne le cède guère aux artistes lyonnais du même temps. C'est la seconde édition avec la même date (voir notre cat. de 1879, n° 411).

Exemplaire avec qq. racc.

268. DOLCE (L.). Le Prime Imprese del conte Orlando di M. Lodovico Dolce. Da lui composte in ottava rima .... *In Vinegia, appresso Gabriel Giolito de' Ferrari,* 1572. In-4 ; veau antiqué, compart., tr. dor.

> Première et rare édition de ce poème, qui contient de jolies lettres ornées, une gravure sur bois à chacun des 25 chants, dans des entourages assez bien composés et signés P. Portrait de l'auteur daté de 1561. Très bel exemplaire.

France.

269. VIRGILIUS. Opera Virgiliana cvm decem commentis... (A la fin :) *Lugduni, in typographaria officina Ioannis Crespini, anno... M.D.XXIX* (1529). In-fol. ; cart.

> Ouvrage orné de 200 curieuses figures sur bois, les mêmes que celles du Virgile imprimé à Strasbourg, par Grüninger, en 1502.

270. Le Recueil des histoires de Troye. Le Recueil des histoires et singularitez de la noble cité de Troye la grāde, nouuellemēt abregé... *On les vend à Lyon chez Denys de Harsy.* (A la fin :)... *Imprime a Lyon, par Denys de Harsy. L'an M.D.XLVIII* (1548). In-fol., de 58 ff. ; mar. rouge, compart. à fil., tr. dor.

> Édition fort rare, ornée d'un grand nombre de curieuses gravures. Très bel exemplaire, de la collection Yemeniz.

271. OBSEQUENS (J.). Iules Obsequent des Prodiges. Plvs Trois Liures de Polydore Vergile sur la mesme matiere. Traduis de Latin en François par George de la Bouthiere Autunois. *A Lyon, par Ian de Tournes,* 1555. In-8 ; demi-rel. basane rouge.

> Livre rare et recherché, orné de 51 jolies vignettes de Petit Bernard. L'édition latine donnée par de Tournes en 1553 n'en contenait pas.

272. COUSTEAU (P.). Le Pegme de Pierre Covstav, auec les Narrations Philosophiqves, Mis de Latin en Françoys par Lanteavme de Romieu Gentilhome d'Arles. *A Lyon, Par Macé Bonhome, à la Masse d'or,* M.D.LX (1560). (A la fin :) *Imprime Par Mace Bonhome a Lyon.* In-8 ; veau brun.

> Ouvrage recherché à cause de ses 95 figures et des encadrements des pages. Seconde édition française.

273. SIMEONI (G.). Dialogo pio et specvlativo, Con diuerse sen-

tenze Latine et volgari di M. Gabriel Symeoni Fiorentino. *In Lione, apresso Gvglielmo Roviglio,* 1560. In-4 ; veau antiqué clair, fleurons, tr. dor.

> Ouvrage intéressant, orné de 56 figures. On y remarque la représentation du château de Polignac, en Velay ; le tombeau de Simeoni et la grande carte de la Limagne d'Auvergne.
> Bel exemplaire. Une marge rapportée au titre.

274. ANEAU (B.). Picta poesis. Ab authore denuò recognita. *Lugduni, Apud Ludouicum et Carolum Pesnot,* 1563. (A la fin :) *Lugdvni, Mathias Bonhome excvdebat.* In-16 ; veau rac., dent., tr. dor.

> Orné de 105 jolies vignettes du Petit Bernard.
> Exemplaire avec des notes de François de Neufchâteau, membre du Directoire.

275. ALCIATUS (A.). Emblemata D. A. Alciati. *Lugd., Apvd Gvlielm. Rovilivm,* 1551. (A la fin :) *Lugduni, Excudebat Mathias Bonhome.* In-8 ; veau fauve, fil., tr. dor. (*Lortic*).

> Édition plus complète que celles de 1548 et de 1549 du même éditeur, car elle contient 211 gravures dans de charmants encadrements, très variés, dont plusieurs portent les initiales P V, attribuées à un artiste nommé Pierre Vingle.
> Une piqûre de vers traverse une partie du volume.

276. OVIDE. Les XV Livres de la Metamorphose d'Ovide... *A Paris, Chez Hierosme de Marnef, et Guillaume Cauellat, au mont S. Hilaire à l'enseigne du Pelican.* 1574. In-16 ; demi-rel. mar. fauve, tr. dor.

> Traduction en prose, ornée de 178 figures sur bois.

BELLES-LETTRES

I. LINGUISTIQUE.

277. CHERADAM (J.). Grammatica isagogica Ioannis Cheradami sagiensis ex diuersis autoribus ad studiosorum utilitatem multo labore selecta... (A la fin :) *Impressa est Lutetię, hec grammatica... Impensis... Egidij Gourmontij, apud quē Venalis habetur. Anno...* 1521... Petit in-4; mar. bleu, fil. à fr., tr. dor. (*Lortic*).

> Petite grammaire grecque de toute rareté. Titre dans un joli encadrement gravé sur bois.

278. CROKE (Rich.). M. R. Croci, Londoniensis, Tabvlæ grecas literas compendio discere cupientibus, sane q̄; vtiles... (A la fin :) *Lipsiæ in ædibus Valentini Schuman Anno M.D.XVI* (1516). In-4, de 69 ff. ch.; mar. rouge, tr. dor.

> Première et rare édition. Armoiries gravées sur bois et bien enluminées, sur le titre. Piq. de vers bouchées.

279. Dictionarivm Græcvm, cum interpretatione latina... [Cum variis opusculis]. (A la fin :) *Venetiis in ædibvs Aldi, et Andreæ Asvlani soceri, mense decembri, M.D.XXIIII* (1524). 2 part. en 1 vol. in-fol.; mar. vert, fil., tr. dor. (*anc. rel.*).

> Seconde édition aldine, augmentée. Fort rare. Très bel exemplaire, bien relié.

280. ESTIENNE (H.). De Latinitate falso suspecta, expostulatio Henrici Stephani... Eivsdem de Plavti latinitate Dissertatio, et ad lectionem illius Progymnasma. *Anno .M.D.LXXVI* (1576). (*Genevæ*) *Excudebat Henricus Stephanus.* In-8; mar. rouge, fil.

> Savant et rare ouvrage, dédié à Jérôme de Chastillon, président au parlement de Lyon. Bel exemplaire.

281. ESTIENNE (Charles). De recta latini ‖ sermonis pronvn-cia-‖tione et scriptura, libellus : ob hoc ‖ maxime æditus, vt nostri adolescentuli facilius condis‖cant, eam linguam, cui quotidie dant operam, apte, di‖stincte, ornate, pronunciare ac scribere. *Parisiis ‖ Apud Franciscum Stephanum,* ‖ 1541. In-8, de 23 ff. ; mar. rouge, fil., tr. dor. (*anc. rel.*).

Opuscule rarissime, non cité par les bibliographes.

282. DOLET (G.). Commentariorvm lingvæ latinæ (tomi duo), Stephano Doleto Gallo Avrelio avtore. *Lvgdvni apvd Seb. Gry-phivm,* 1536-1538. 2 vol. in-fol.; front. gravé, mar. rouge, fil., et tr. dor. (*anc. rel.*).

Ouvrage rare, revêtu d'une belle reliure.

283. Catholicum paruum. (A la fin :) *Laus deo.* S. l. n. d. In-4, goth., à 2 col., de 100 ff. (sign. a-l par 8, m et n par 6 ff.); à 44 lignes par colonne; demi-rel., dos et coins de mar. rouge.

Précieuse édition, NON DÉCRITE et de toute rareté, d'un vocabulaire latin-français, imprimée probablement vers 1490. Elle commence ainsi : a ‖ La première lettre de ‖ a.b.c. neu[tre]. Elle doit être la seconde en date et antérieure à celle de *Lyon, Martin Havard,* 1499.
Exemplaire avec témoins.

284. LEBRIJA (Ant. de). Vocabularius Nebrissensis.‖Ælii Antonii Nebrissen-‖sis ... Lexicon. i. dictio‖narii nuperrime ex hispaniense in gallicū tradu‖ctum eloquiū... 1524. (A la fin :)... *Lug.* ‖ *excusus. Anno dñi. M. cccccxxiiij .die vero xxij Mensis Aprilis.* Pet. in-4, goth., à 2 col. ; veau fauve, fil., tr. dor.

Édition précieuse, non citée au *Manuel,* d'un des plus anciens dictionnaires latin-français qui aient paru.
Très bel exemplaire; certains feuillets un peu courts en tête.

285. GUILELMUS monachus de Villadei. Epithoma vocabulo-rum / ‖ decerptum ex ‖ Calepino ‖ Perotto ‖ Anthonio nebris-sensi... Et plusculis alijs quod tandem auctum est et correctum ‖ a Guilelmo monacho de villadei appositis ‖ ... *Venundantur Cadomi in edibus Michaelis angier* ‖ *iuxta conuentum fratrum minorum.* S. d. (1529). In-4, goth., à 2 col., de 216 ff. (sign. A-z, r, a-c); veau fauve, dos orné, tr. jasp.

Précieux vocabulaire latin-français, imprimé à Caen, et non cité au *Manuel.* En tête est une épître de David Jores, de Condé-sur-Vire, professeur ès arts à l'université de Caën. Elle est datée du 7 février 1529. Sur le titre est une pièce de vers latins du même. L'auteur de cette compilation, Guillaume, moine de l'abbaye de Villedieu, est mort vers 1535. M. Frère (*le Bibliographe normand*), qui n'a jamais vu non plus ce livre, le cite avec une adresse de libraire un peu différente, si elle est réelle.

Très bel exemplaire. Quelques racc.

286. Vocabula=‖rius Latinis Gal=‖licis et Theuto=‖nicis verbis‖ scriptum. (A la fin :) *Getruckt zu Straszburg ‖ durch Mathis hüpffuff. ‖ Anno dñi.* M.D. *xv* (1515). In-4, goth., à 2 et à 3 col., de 36 ff. (le dernier blanc) sign. A-F ; veau racine, fil.

Cet ouvrage curieux est un guide de la conversation français-allemand. Extrêmement rare et non cité au *Manuel.*

Exemplaire dans toutes ses marges, presque non rogné, mais avec des mouillures.

287. (ESTIENNE, Rob.) Les Declinaisons des noms et verbes que doibuent scauoir entierement par cueur les enfans... Ensemble la maniere de tourner les noms, pronoms, verbes, gerondifs, supins et participes. Des huict parties d'oraison. La maniere d'exercer les enfans a decliner les noms et les verbes. *A Paris, de l'imprimerie de Robert Estienne, imprimeur du Roy,* 1549. In-8 ; veau fauve, fil., tr. dor. (*Niedrée*).

Très bel exemplaire de ce livre rare:

288. MEIGRET (L.). Traité touchāt le commvn vsage de l'escritvre francoise, faict par Loys Meigret... 1545. *A Paris, on les vend au Palais en la gallerie par ou on va en la chancelerie es bouticques de Iean Longis & Vincēt Sertenas libraires.* In-8 ; veau brun, orn. à froid, tr. dor. (*Thouvenin*).

Jolie édition en caractères italiques. Il y en a des exemplaires à l'adresse de Jeanne de Marnef. La moitié du volume est occupée par plusieurs opuscules d'Étienne Dolet.

289. LA RAMÉE (P. de). Grammaire de P. de la Ramee, lectevr dv Roy en l'Vniversite de Paris. Reueue et enrichie en plusieurs endroits. A la royne mere dv Roy. *A Paris, chez Denys du Val, au cheual volant, rue sainct Iean de Beauuais,* 1587. In-8 ; mar. grenat, fil., tr. dor. (*Duru*).

Troisième édition, donnée après la mort de l'auteur par MM. Bourset et Bergeron. Elle offre en général le texte sous une double forme : en caractères ordinaires et en caractères spéciaux imaginés par Ramus pour figurer la prononciation.

Très bel exemplaire.

290. BÈZE (Th. de). De Francicæ ‖ lingvæ re-‖cta prunvn-‖tia-tione ‖ Tractatus. Theodoro Beza ‖ auctore. *Genevæ. Apud Eustathium Vignon* M.D.LXXXIV (1584). In-8, de 84 pp.; mar. rouge, dent. intér., tr. dor. (*Smeers*).

Première édition, extrêmement rare. Les mots français y sont imprimés en caractères dits de civilité.
Magnifique exemplaire.

291. MONET (Ph.). Invantaire des deus langues, françoise et latine, assorti des plus utiles curiositez de l'un, et de l'autre idiome, par le P. Phibert Monet, de la compagnie de Jésus. *A Lyon, chez la veue* (sic) *de Claude Rigaud,* 1636. In-fol., à 2 col.; veau rac., fil. (*anc. rel.*).

Deuxième édition de ce dictionnaire très précieux pour l'histoire de la réforme orthographique. Après l'épître dédicatoire à Louis de Bourbon et de Condé, duc d'Enghien, vient une introduction au lecteur, sous ce titre : *Si l'orthographe vulgaire est plus à propos que celle de ce Livre, aus aprantis de la langue, et domestiques, et étrangers.*
Exemplaire aux armes de Pellot, premier président au Parlement de Normandie.

292. OUDIN (A.). Curiositez françoises, pour supplement aux dictionnaires, ou Recueil de plusieurs belles proprietez, auec une infinité de proverbes et quolibets, pour l'explication de toutes sortes de livres, par Antoine Oudin, secrétaire interprette de Sa Majesté. *Imprimé à Rouen et se vend à Paris, chez Ant. de Sommaville,* 1656. Pet. in-8; mar. La Vallière, tr. dor. (*Lortic*).

Seconde édition de ce livre curieux où l'on n'a changé que le titre, car la dernière page porte la souscription : *Achevé d'imprimer ce 30 janvier* 1640.

293. COPPIER (G.). Essays et définitions de mots, où sont comprises plusieurs belles et élégantes dictions latines et grecques, moralités, sentences, vers latins, passages de l'Escriture, citations de diuers autheurs annotez ez marges. Ensemble l'origine et les noms de ceux qui premiers ont inventé les arts et la plus grande part des choses, etc. Le tout par ordre alphabétique, par Guilleaume Coppier, Lyonnois. *A Lyon, chez Guichard Iullieron, Imprimeur,* 1663. 2 part. en 1 vol. pet. in-8; veau fauve, fil., tr. dor.

Livre curieux et rare. La seconde partie est pourvue d'un titre spécial.

294. LARTIGAUT. Les Progrés de la véritable ortografe ou l'ortografe franchèze fondée sur ses principes, confirmée par démonstracions... Par le Sieur Lartigaut. *A Paris, chez Laurant Ravenau... et se vant chez Jan d'Ouri, à l'image S. Jan, au bout du pon-neu, sur le qué des Augustins,* 1669. In-16; mar. bleu, fil., tr. dor. (*Smeers*).

Tentative de réforme orthographique. Volume fort rare.

295. Nouvelle Ortographe très-facile, pour bien apprendre à lire, écrire et bien parler correctement. Ensemble les mots qui ont une mesme prononciation et diverse signification. *A Paris, chez Ant. Rafflé...* S. d. (vers 1680). Pet. in-8, de 24 pp.; bas., fil., tr. dor.

Ce petit traité, excessivement rare et non cité par Brunet, est sans doute le plus ancien dictionnaire des homonymes.

296. (CALLIÈRES, Fr. de) Du Bon et du Mauvais Usage dans les manieres de s'exprimer. Des façons de parler bourgeoises. Et en quoy elles sont differentes de celles de la cour. *Suivant la copie. A Paris, chez Cl. Barbin,* 1694. In-12; veau fauve, fil., tr. dor. (*Duru*).

Charmant exemplaire.

297. (PRÉVOST, l'abbé.) Manuel lexique, ou Dictionnaire portatif des mots françois... Nouvelle édition considérablement augmentée. *A Paris, chez Didot,* 1755. 2 vol. pet. in-8; mar. rouge, fil. et tr. dor. (*rel. du temps*).

Jolie reliure aux armes du président DE LAMOIGNON, depuis garde des sceaux de France, fameux bibliophile.

298. LANCELOT (Cl.) et ARNAULD (Ant.). Grammaire générale et raisonnée contenant les fondemens de l'art de parler... *Paris, chez Prault fils l'aîné,* 1756. — FROMANT (l'abbé). Réflexions sur les fondemens de l'art de parler... *Ibid.,* 1756. — En 1 vol. in-12; mar. rouge, fil., tr. dor. (*rel. du temps*).

Grammaire dite de *Port-Royal.*
Très bel exemplaire, revêtu d'une reliure très fraîche.

299. Abrégé du traité de l'ortographe françoise, communément

appelé Dictionnaire de Poitiers. *A Poitiers, chez J.-F. Faulcon,*
1777. In-12, à 2 col.; mar. rouge, fil., tr. dor. (*rel. du temps*).

> Ce rare Dictionnaire a été composé primitivement par Le Roi et
> retouché depuis par Restaut et d'autres grammairiens.
> Exemplaire aux armes DE LA BOURDONNAYE, conseiller au parlement
> de Paris.

II. RHÉTORIQUE.

300. LONGINI (Dionysii)... liber de grandi, sive sublimi orationis
genere. Nunc primùm à Francisco Robortello Vtinensi in lucē
editus... (en grec). *Basileæ, per Ioann. Oporinum,* 1554. In-4,
de 71 pp.; cart.

> Première édition. Rare. Très bel exemplaire.

301. Oratorvm vetervm orationes, Æschinis, Lysiæ, Andocidis,
Isæi, Dinarchi, Antiphontis, Lycvrgi, Herodis et aliorum. In
harum editione quid ab Henr. Stephano præstitum sit ex ejus
præfatione lector intelliget (grec et latin). (*Genevæ*) *Excvd.
Henr. Steph. anno M.D.LXXV* (1575). In-fol.; mar. olive, fil.,
dos à petits fers, tr. dor. (*anc. rel.*).

> Belle et savante édition. Magnifique exemplaire, revêtu d'une excel-
> lente reliure, digne de Boyet.

302. DEMOSTHENIS orationes duæ et sexaginta. Libanii sophistæ
in eas ipsas orationes argumenta. Vita Demosthenis per Liba-
nium. Eiusdem uita per Plutarchum. (En grec.) (A la fin :)
Venetiis in ædib. Aldi. mense Nouem. M.D.IIII (1504). In-fol.;
mar. bleu, compart. à fil., dent., doublé de moire jaune, tr.
dor. (*Simier*).

> Édition originale, rare. Magnifique exemplaire, de la collection
> Yemeniz.

303. CICÉRON (M. T.). Les Philippiques de M. T. Ciceron.
Translatées de Latin en Francoys par l'esleu Macault, notaire,
secretaire et vallet de chambre du Roy. *On les vend a Poictiers,
a l'enseigne du Pelican. M.D.XLIX.* (1549). (A la fin:) *Acheuees
d'Imprimer, le* xxiiii. *Decembre,* M.D.XLVIII (1548). In-fol.,
fig. s. bois; veau brun, fil., fleurons (*rel. du temps*).

> Livre rare et remarquable par sa belle impression, en caractères

italiques. Il est dédié au connétable de Montmorency, dont les armes
gravées, avec la devise, etc., occupent toute une page. Il contient, en outre,
une autre gravure, fort intéressante, représentant le traducteur donnant
lecture de son travail devant le roi François Ier.
Très bel exemplaire.

304. RAMI (P.), regii eloqventiæ et philosophiæ professoris,
Ciceronianvs, ad Carolum Lotharingum Cardinalem. *Parisiis,
Apud Andream Wechelum...* 1557. In-8; vélin bl. (*rel. du
temps*).

Première et rare édition.
Exemplaire portant sur le titre la signature : *Jacobus* DE THOU, 1568.

III. POÉSIE.

1. *Poètes grecs et latins.*

305. HESIODI, Ascræi Opera et dies. Theogonia. Scutum Her-
cvlis. Omnia vero cū multis optimisqȝ expositionibus (en grec).
(A la fin :) *Venetijs in ædibus Bartholomæi Zanetti Casterza-
gensis, ære uero et diligentia Ioannis Francisci Trincaueli. Anno
à partu uirginis. M.D.XXXVII* (1537). *Mense Iunio.* In-4;
mar. rouge, fil. à fr., tr. dor. (*Hardy*).

Édition recherchée. Très bel exemplaire, sauf quelques raccommodages.

306. (ANACREONTIS Odæ, Cum scholiis græcis Ioannis Armandi
Bouthillierii.) (Titre et texte en grec.) *Parisiis, ex Typ. Iacobi
Dvqast, via s. Ioannis Bellouacensis, ad Oliuam Rob. Stephani.
M.DC.XXXIX* (1639). In-8; veau jaspé (*anc. rel.*).

Édition dédiée au cardinal de Richelieu, et donnée par le célèbre futur
fondateur de la Trappe, Le Bouthillier de Rancé, âgé alors de treize ans
seulement. Elle est devenue très rare, ayant été plus tard détruite par ses
soins.

307. MOSCHI (Demetrii) Laconis hoc ad Helenā & Alexandrū,
Pontico Virunio interprete (en grec et en latin). (A la fin :)
Rhegii Lingobardiæ p̄sb'. Dionysius Impressit. S. d. (vers 1500).
In-4, de 22 ff. non ch.; mar. brun, fil. à fr., milieux, tr. dor.
(*Bedford*).

Ouvrage extraordinairement rare, imprimé à Reggio, ville du Modénat,
patrie de l'Arioste. On n'en connaît, selon M. Brunet, que cinq ou six

exemplaires complets. L'imprimeur, « le prêtre Denis », s'appelait Dionigi
Bertochi. L'exemplaire de R. Heber a été payé 25 livres st. Le nôtre est
en parfait état et presque non rogné.

308. LUCRETIUS. *Venetiis, in ædibus Aldi, et Andreæ Soceri
mense ianvario* M.D.XV (1515). In-8 ; mar. brun, compart.
à fil., tr. dor. (*rel. ital. du temps*).

> Seconde édition aldine, supérieure à la première, celle de 1500. Bel
> exemplaire, avec quelques taches.

309. CATVLLVS. ‖ TIBVLLVS. ‖ PROPERTIVS. ‖ Multis in
locis restituti. *Parisiis ‖ Apud Simonem Colinæum.* 1534. In-8 ;
mar. La Vallière, ornem. à fr.. dent. et tr. dor. (*Simier*).

> Exemplaire contenant une foule de notes manuscrites de Tanneguy
> LEFEBVRE, père de Mᵐᵉ Dacier.

310. VIRGILII (Publii) Maronis Opera per Johannem Ogilvium
edita, et sculpturis æneis adornata. *Londini, typis Thomæ
Roycroft, Prostant apud Guil. Wells, & Rob. Scott, ad insignia
Principis in Vico Little-Britain-dicto,* M DCLXIII (1663). Gr.
in-fol., fig. ; mar. vert, fil. et tr. dor.

> Édition ornée d'un frontispice, d'un portrait, d'une carte géographique
> et de 100 gravures en taille-douce.

311. VIRGILII (Publii) Maronis Bucolica, Georgica, & Æneis.
Editio omni prorsus typographico mendo, typographi saltem
judicio, expurgata. *Parisiis, cum novis, et ad hanc unam cele-
berrimorum Poetarum collectionem incisis, fratris mei Firmini
Didot typis, nostroque communi delineatis studio Dabam Petrus
Didot natu major, anno M.DCC.XCI* (1791). In-fol.; cart., dans
un étui.

> Un des cinq exemplaires sur VÉLIN, et du plus beau choix.

312. HORATIUS. Sermones Horatii sine cōmento. (Au-dessous,
la marque de Iehan Petit.) *Venales inueniuntur Parisius : In
uico‖diui Iacobi apud signū leonis argētei.* (A la fin :) *Et Finiunt
libri sermonū Horatii.* — IUVENALIS. Iuuenalis sine commento. (Marque de I. Petit.) *Venales inueniuntur in uico sancti
Iacobi apud ‖ Leonem argenteum.* (A la fin :) *Satyræ Decii
Iunii Iuuenalis nuper diligenter recogni‖tæ. Parrhisiis īpressæ
Opera magistri Georgii Vuolff ‖ Thielmānique keruer finem
cepere Anno salutis. Mil‖lesimo. quadringentesimo. Nonagesi-*

mooctauo. (1498). *Ter‖tio Idus Februarii*. In-4 ; mar. La Vallière, compart. à fr., tr. dor. (*Capé*).

Édition rarissime, non citée au *Manuel*, des Satires réunies d'Horace
et de Juvénal. Très belle impression. Le dernier f. ne contient que la
marque de Th. Kerver. Georges Wolff, l'associé de ce dernier, était un
graveur sur bois (voir notre catalogue de 1882, n° 86).
Superbe exemplaire.

313. HORATII (Quinti) Flacci Poemata, scholiis sive Annotationibus instar Commentarii illustrata a Ioanne Bond. Editio
nova. *Amstelodami, apud Danielem Elzevirium*, 1676. In-12 ;
mar. vert, tr. dor. (*anc. rel.*).

Rare. Haut. : 134 mill.

314. LUCANUS. (M. Annei Lvcani Cordvbensis Pharsalia.) *S. l.
n. d.* (v. 1475). In-fol., de 118 ff., à 36 lig. par page, caract.
rom. ; demi-rel., dos mar. rouge, plats veau rouge.

L'une des premières éditions, extrèmement rare.
Une marge ajoutée au premier f.

315. IVVENALIS. ‖ PERSIVS. (A la fin :) *Impressum impensis
Bartholomei Trot anno a Virginis ‖ partu millesimo quingentesimo decimo quinto* (1515) *ultimo die ‖ mensis Iunij*. Pet. in-8 ;
mar. rouge, compart. à fil. à fr., milieux et tr. dor. (*Capé*).

Édition extrêmement rare, imprimée à Lyon, en caractères italiques.
Superbe exemplaire.

316. MARTIALIS cum duobus commentis. (Domitii Calderini).
(A la fin :) *Impressit Volumen hoc Iacobus Pentius de Leuco...
MDIII* (1503) *Die 23 Decembris. Anno Leonardi Lauretani
S. Principis altero*. S. l. (*Venise*). In-fol., de 161 ff. chiff. ; mar.
rouge, fil. à fr., milieux, tr. dor. (*Lortic*).

Édition fort rare, non citée au *Manuel*. Très bel exemplaire.

317. CALPHURNIVS. (Eclogæ XI.) C. Calphurnii Carmē bucolicū
incipit feliciter. (A la fin :) *C. Calphurnii bucolicon carmen
desinit*. *S. l. n. d.* In-fol., de 16 ff. non ch., dont un blanc ;
veau fauve (*anc. rel.*).

Ce livre a été imprimé avec les mêmes caractères que l'*Hésiode* de
Rome, *Sweynheym et Pannartz*, 1471, auquel on le joint ordinairement, et
probablement à la même époque.

318. APHTONIUS. In hóc volvmine hæc continentvr. Ausonij (*sic*) sophistæ præludia. HERMOGENIS Rhetorica. (En grec.) (A la fin :) *Impressum Florentiæ in ædibus Philippi Iuntæ Florentini, Anno ab incarnatione. D.XV. supra mille* (1515) *mense Iulio.* In-8; mar. La Vallière, milieux, tr. dor. en tête (*Lortic*).

> Très bel exemplaire, relié sur brochure, d'une édition fort rare.

319. FORTUNATUS. Venantii Honorii Clementiani Fortvnat Presbyteri Italici uetusti ac Christiani Poetæ Carminum, libri octo. *Calari, exscudebat* (sic) *Vincentius Sembeninus Salodiensis, Impressor R. D. Nicolai Canyelles, M.D.LXXIIII* (1574). Pet. in-8; mar. La Vallière, tr. dor. (*Lortic*).

> Première édition de ces poésies, imprimée à Cagliari et extrêmement rare.
> Exemplaire accompagné de notes et de corrections manuscrites d'André Schott, célèbre philologue belge.

2. *Poètes français.*

320. SIBILET (Th.). Art poëtiqve françois (de Th. Sibilet), pour l'instruction des ieunes studieux et encor' peu auancez en la Poësie Françoise. Auec le Quintil Horatian (de J. du Bellay), sur la defense et illustration de la langue Françoise. Reveu et augmenté. *A Lyon, par Thibavld Payan. M.D.LVI* (1556). In-16; mar. La Vallière, fil., tr. dor. (*Niedrée*).

> Édition rare, qui contient aussi les traités d'Étienne Dolet : *De la Ponctuation et des Accents.* Exemplaire un peu haché.

321. COLLETET (Guill.). L'Eschole des Mvses, dans laquelle sont enseignées toutes les Reigles qui concernent la Poësie Françoise. Recueillies par le sieur C. *A Paris, chez Louis Chamhoudry,* 1656. In-12, de 95 pp.; mar. vert, fil. à fr.

> Rare. Bel exemplaire.

322. COLLETET (Guill.). L'Art poëtique du Sr Colletet. Où il est traitté de l'epigramme, du sonnet, du poeme bucolique, de l'eglogue, de la pastorale, et de l'idyle. De la poesie morale, et sententieuse. Auec vn discours de l'Eloquence, et de l'Imitation des Anciens. Vn autre Discours contre la Traduction. Et la nouuelle Morale du mesme Autheur. *A Paris, chez Antoine* *de Sommaville... et Louis Chamhoudry*, 1658. In-12; veau fauve, fil.

Rare et estimé. On y trouve beaucoup d'excellents renseignements bibliographiques. L'ouvrage se compose de six parties, avec titres et paginations séparés.

---

323. CHRISTINE DE PISAN. Le Chemin de long estvde de Dame Christine de Pise. Ou est descrit le débat esmeu au parlement de raison pour l'election du Prince digne de gouverner le monde. Traduit de langue Romanne en prose Françoyse, par Ian Chaperon, dit lassé de Repos... *A Paris, de l'impr. d'Est. Groulleau*, 1549. In-16; veau fauve, fil., dos à petits fers, tr. dor. (*Simier*).

Seule édition de cette version en prose du poème politique de Christine. Extrêmement rare. Qq. ff. courts en tête. Cachet sur le titre.

324. BELLAY (Joach. du). Recueil de poesie, presenté à tres-illustre princesse Madame Marguerite, seur unique du Roy... Reueu, & augmenté depuis la premiere edition; par J. D. B. A. (Joachim du Bellay, Angevin). *A Paris, chez Guill. Cavellat*, 1553. In-8; veau rac., fil., tr. dor.

Seconde édition. Le privilège de 1549 est au nom de Iacquette Turpin. Au-dessous on lit : *Acheue d'imprimer le huictiesme iour de Mars* 1552. Exemplaire de Viollet-le-Duc, réglé. Quelques mouillures.

325. (MALHERBE, Fr. de) Les Larmes de S. Pierre, imitees dv Tansille. Av Roy. Plus y auons adiousté l'Hymne de la Conscience. *A Rouen, de l'impr. de Raphael du Petit Val...* 1598. In-8; demi-rel. mar. citr.

Premier ouvrage de Malherbe. Édition originale, rare. Les autres pièces sont d'Estienne Nouvelet.
Exemplaire grand de marges, mais avec qq. mouillures.

326. MALHERBE (Fr. de). Ode au Roy suivie d'une lettre et du sonnet sur la mort de son fils (que Balzac croyoit être perdus), 1628. *S. l. n. d.* In-8, de 20 pp. ; cart.

Titre manuscrit suivi de cette note de la main de M. de Monmerqué : « J'ai trouvé cette rarissime première édition de l'Ode au Roy suivie de la « lettre au Roy et du sonnet sur la mort du fils de Malherbe dans un por- « tefeuille de Beaucousin sur Racan. La lettre au Roy présente *des correc-*

« *tions de la main de Malherbe.* Elle n'a été imprimée avec les œuvres que
« dans l'édition de Barbou, 1764, donnée par Querlon. »

Elle n'a qu'un titre de départ : *Pour le Roy allant chastier la rébellion
des Rochelois et chasser les Anglois... Ode.*

327. HOPIL (Cl.). Les Œvvres chrestiennes de Clavde Hopil
Parisien. *A Lyon, Par Thibavd Ancelin,* 1604. In-12 ; mar. La
Vallière, comp. genre Grolier, tr. dor. (*Hagué*).

> Fort joli et rare volume imprimé en caractères italiques.
> Très bel exemplaire, sans le portrait.

328. (BERTAUT, J.) Recueil de quelques vers amoureux. Édition
dernière, reueüe et augmentée. *A Paris, Philippes Patisson,*
1606. In-8 ; veau fauve, fil., tr. dor. (*Kœhler*).

> Deuxième édition. Très bel exemplaire.

329. Les Delices de la Poesie françoise, ov Recveil des plvs beavx
vers de ce temps... Recueilly par F. de Rosset. *A Paris, chez
Tovssainct dv Bray,* 1618. In-8 ; vélin blanc. fil. (*anc. rel.*).

> Curieux et rare recueil.

330. PYBRAC (Gui du Faur de). Les Quatrains du seigneur de
Pybrac et du président Favre. Reueus, corrigez, et augmentez
des Prouerbes de Salomon, mis en vers François par feu Gilles Corrozet... *A Paris, chez Sebastien Huré,* 1634. In-8 ; mar.
rouge, semé de fleurs de lis, tr. dor. (*rel. du temps*).

> Édition très rare. Riche reliure.

331. BEAUCHASTEAU (de). La Lyre du Ieune Apollon, ou la
Muse naissante du petit de Beauchasteau. *Paris, Charles de
Sercy et Guill. de Luynes,* 1657. In-4, avec 22 portr. sur cui-
vre ; mar. rouge, riches ornem., tr. dor. (*anc. rel.*).

> François-Mathieu Chastelet de Beauchâteau, né à Paris en 1645, se fit
> remarquer dès l'âge de dix ans par une surprenante facilité à composer
> des vers sur un sujet donné. C'est la réunion de ces pièces qui forme ce
> rare volume, intéressant d'ailleurs par les beaux portraits de personnages
> célèbres de cette époque.
> Exemplaire aux armes du maréchal DE L'HOSPITAL.

332. DESMARETS DE SAINT-SORLIN. Clovis, ou la France
chrestienne, poëme heroïque, par I. Desmarests. *Paris, Aug.*

Courbé, Henri Legras et Iaques Roger, 1657. In-4, front. et grav.; demi-rel. mar. rouge (*Petit*).

Première édition de ce poème connu par ce qu'en a dit Boileau. Les gravures de Chauveau et d'Abraham Bosse, en premières épreuves, valent beaucoup mieux que les vers du favori de Richelieu.

333. RICHER (L.). L'Ovide bouffon, ou les Métamorphoses burlesques (par L. Richer). *Paris, Estienne Loyson,* 1659. 5 part. en 1 vol. in-12, front. gr. ; mar. rouge, fil., tr. dor. (*Duru*).

Livre rare. Très bel exemplaire.

334. Les Delices de la poesie galante, des plus celebres Autheurs du Temps... *A Paris, chez Iean Ribou,* M.DC.LXIII. (1663). In-12, front. gr. ; mar. rouge, fil., tr. dor. (*Belz-Niedrée*).

Première et rare édition de ce recueil curieux, où l'on trouve une pièce de Corneille : *Remerciment au Roy.*
Exemplaire avec le carton du cahier K qui a 13 ff.

335. CORNEILLE (Thomas). Les Métamorphoses d'Ovide. Traduites en vers françois. *A Paris, chez Claude Barbin,* 1669. In-12, front. et fig. ; mar. rouge, fil. à fr., tr. dor. (*Lortic*).

Édition originale, qui ne renferme que les deux premiers livres. Gravures en taille-douce par Laur. Weyen.
Charmant exemplaire.

336. CORNEILLE (Th.). Pieces choisies d'Ovide, traduites en vers françois. *A Rouen et se vendent à Paris, chez Guillaume de Luynes,* 1670. In-12 ; mar. bleu, fil. à fr., tr. dor. (*Hardy*).

Édition originale. Bel exemplaire.

337. Recueil de poësies chrêtiennes et diverses. Dedié à Monseigneur le Prince de Conty. Par M. de La Fontaine. *Paris, Jean Couterot,* 1679. 3 vol. in-12 ; mar. rouge, tr. dor. (*anc. rel.*).

L.-Henri Loménie de Brienne est l'éditeur de ce recueil publié sous le nom de La Fontaine. C'est un choix fait avec goût et qui renferme, dit M. Brunet, plusieurs morceaux qu'on chercherait vainement ailleurs.
Charmant exemplaire.

338. LONGEVILLE (L.-P. de). L'Homme-Dieu souffrant. Poème héroïque. Dédié au Roy. Imitation d'un poème latin intitulé Christus patiens. *A Paris, chez André Pralard,* 1679. In-8; mar. rouge, fil., ornem., tr. dor. (*rel. du temps*).

Exemplaire de dédicace aux armes du roi LOUIS XIV.

339. BOILEAU. Œuvres diverses Du Sieur D***. Nouvelle Édition reveuë et augmentée. *Paris, Denys Thierry,* 1694. Pet. in-8, fig.; mar. bleu, fil., tr. dor. (*Lortic*).

Cette édition contient de plus que les précédentes l'*Ode sur la prise de Namur* et la satire (X⁰) sur le mariage. Un des rarissimes exemplaires où sont ajoutées les *Épîtres nouvelles* (X, XI et XII), avec un faux-titre et la pagination continuée, imprimées en 1698 dans ce format pour compléter l'édition de 1664. Il offre en outre de notables différences avec des exemplaires de première émission sous la même date.

Très bel exemplaire du premier volume seul; le second n'a subi aucune modification.

340. BOILEAU. Œuvres diverses du Sⁱ Boileau Despreaux... Nouvelle édition, revûë et augmentée de diverses pieces nouvelles. Avec les passages des Poëtes Latins imitez par l'Auteur. *A Amsterdam, chez Henri Schelte,* 1702. 2 t. en 1 vol. in-12, fig.; vélin blanc.

Magnifique exemplaire.

341. DESMARETS (J.), TESTU (l'abbé) et **NEVERS** (le duc de). La Deffense du poëme heroïque avec quelques remarques sur les œuvres satyriques du sieur D*** [Despréaux], dialogues en vers et en prose [par Jean Desmarets, l'abbé Testu et le duc de Nevers]. *Paris, Jacques Le Gras,* 1674. In-4, de 5 ff. prél. et 156 pp.; mar. rouge, fil., tr. dor. (*Capé*).

Bel exemplaire de ce livre très rare.

342. REGNARD. Satyre ‖ contre ‖ les maris. ‖ Par le sieur R** T. D. F. (Regnard, Trésorier de France). *A Paris,* M.DC.XCIV (1694). In-4, de 2 ff. et 15 pp. — **PERRAULT.** L'Apologie des Femmes, par M. P** (Perrault). *Paris, Coignard.* In-4, de 12 ff. (préface) et 16 pp. — En 1 vol.; mar. rouge, dent., tr. dor. (*rel. du temps*).

Éditions originales, extrêmement rares. Reliure avec armoiries sur les plats.

343. FONTENELLE (de). Poesies pastorales. Avec un traité sur la nature de l'Eglogue & une digression sur les anciens et les modernes, par Monsieur de Fontenelle, de l'Academie françoise. Seconde édition, augmentée. *Paris, Michel Brunet,* 1698. In-12; mar. bleu, tr. dor.

Très rare. Vers la fin se trouve un *Recueil de poésies diverses* avec des *poésies galantes.* Exemplaire avec témoins.

344. COTIN (l'abbé Ch.). La Ménagerie par M. l'Abbé Cotin. *A Amsterdam, chez Henri Schelte,* 1705. Pet. in-12, de 65 pp.; mar. vert, fil., tr. dor. (*Hardy*).

La *Ménagerie* est une satire en vers et en prose, dirigée contre Ménage, lequel, dit l'auteur, *a cherché querelle avec moy et l'a trouvée.* A la suite est un fragment d'une comédie : *Chapelain décoiffé* (en vers), en deux façons, et une pièce fort libre intitulée : *Galanterie ;* ces pièces ne sont pas de Cotin.

Cette charmante édition s'annexe aux Elzeviers (v. Willems, n° 1753). Elle a d'abord été imprimée par A. Wolfgang, *à la Sphère,* en 1666, sous la rubrique de *La Haye;* celle-ci est la même, avec le titre renouvelé.

Joli exemplaire. H.: 0,130.

345. DESHOULIÈRES (Mme). Poësies de Madame [et de Mademoiselle] Deshoulières. Nouvelle édition. Augmentée de plusieurs ouvrages qui n'ont point encore paru. *Paris, Jean Villette,* 1707-1711. 2 t. en 1 vol. in-8, portraits; veau fauve, tr. dor. (*anc. rel.*).

Édition ornée d'un joli portrait gravé par Van Schuppen, d'après El.-Sophie Chéron. On y a ajouté un autre portrait gravé par Schmidt.

Exemplaire avec un envoi autographe de Mlle Deshoulières à M. Hallé, sans doute Claude Hallé, le peintre connu.

346. DESHOULIÈRES (Mme). Vers allégoriques de M^de Deshoulières à ses enfans. *S. l. n. d. (Paris, Impr. royale).* In-4, de 8 pp. ch. et 3 ff.; mar. rouge, compart. à fil., tr. dor., doublé de tabis (*Bozerian*).

Grande rareté. La dernière pièce est une *Églogue,* de Mlle Deshoulières.

Exemplaire de de Bure, auquel on a joint le charmant portrait de l'auteur, gravé par Savart.

347. HOUDART DE LA MOTTE. Odes de M. de La Motte, de l'Académie françoise. Avec un Discours sur la Poësie en général et sur l'Ode en particulier. Troisième édition augmentée. ... *Paris, Grégoire Dupuis,* 1711. 2 tomes en 1 vol. in-8 ; mar. vert, fil., dos à petits fers, tr. dor. (*Padeloup*).

Excellente reliure.

348. HOUDART DE LA MOTTE. Fables nouvelles, dédiées au Roy ; par M. De La Motte. *Paris, Grég. Dupuis,* 1719. In-4, fig.; veau fauve (*anc. rel.*).

Édition ornée de jolies figures à l'eau-forte, la plupart de Gillot et quelques-unes d'après A. Coypel.

3. *Poètes italiens.*

349. PETRARCA (Fr.). (Trionfi, Sonetti e Canzoni di M. Fr. Petrarcha, col commento di Bern. Glicino et di Fr. Philelpho.
Venetia, P. Veronese, 1490-91.) 2 part. en 1 vol. in-fol., fig.
sur bois, bas. brune, fil.

Ce volume n'a aucun titre général. Les pièces préliminaires contiennent une table des matières de la première partie et un *Prologus* de
Bern. Ilicino (ou Glicino), adressé à Borso d'Este, duc de Modène. Les
Triomphes sont terminés par cette souscription : *Finit Petrarca nup sūma
diligētia a reuerēdo p. ordīs minoⱬ magr̄o gabriele bruno ueneto terre
sāctæ mīstro cmēdatus āno dn̄i.* 1491 (sic) *die* 10 *maii.* La seconde partie
commence par une table des chapitres et une épître de Fr. Philelphe à
Philippe Marie-Ange, duc de Milan. Au verso du dernier f. on lit :
*Finisse gli sonetti... coreti et castigati per me Hieronymo Centone Paduano.
Impressi in Venetia per Piero Veronese nel* M.CCCCLXXXX (1490) *Adi .xxii.
de Aprilo* (sic)....
Il faut conclure de la souscription de la première partie que le volume
n'a paru qu'en 1491.
Cette édition est rare et recherchée pour le texte. En tête de chacun
des six triomphes se trouve une gravure sur bois, de la grandeur de la
page et dans un joli encadrement niellé. Ces gravures, qui paraissent ici
pour la première fois, sont d'une composition remarquable, et on ne peut
les attribuer qu'à l'école de Mantegna. Elles sont dans le même style que
les gravures du Dante de l'édition donnée par le même imprimeur
en 1491.
Bel exemplaire, avec témoins, de ce livre peu connu. Aux armes du
marquis de Morante.

350. PETRARCA. Il Petrarcha. (A la fin :) *Impresso in Vinegia
nelle case d'Aldo Romano e d'Andrea Asolano suo socero nel
anno M.D.XXI.* (1521) *del mese di Giulio.* Pet. in-8 ; mar.
rouge, comp., tr. dor. (*anc. rel.*).

Édition rare et précieuse en raison de sa préface qui ne se trouve
que là.
Exemplaire de CHARLES Ier, roi d'Angleterre, dont il porte le monogramme (*Carolus*) peint sur le titre, au milieu d'une tablette surmontée
d'un cœur traversé par un ruban. Bien des feuillets sont remmargés, et
l'exemplaire est roux dans plusieurs parties.

351. TASSO (T.). Giervsalemme liberata, Poema Heroico del

signor Torquato Tasso... (A la fin :) *In Ferrara, Per Vittorio Baldinj*, 1581. In-4, front.; vélin blanc.

C'est l'édition donnée au mois de juillet par Febo Bonna, qui l'a dédiée à Alphonse II, duc de Ferrare. Très rare.

352. TASSO (Torquato). La Gerusalemme... figurata da Bernardo Castello... *In Genova, appresso Giuseppe Pavoni*, 1617. Pet. in-fol., fig.; mar. rouge, compart. à fil., dos à petits fers, tr. dor. (*rel. du temps*).

Édition ornée de deux frontispices, avec les portraits du Tasse et de Charles-Emmanuel, duc de Savoie, à qui elle est dédiée, ainsi que d'une gravure en taille-douce hors texte, à chaque chant.
Belle reliure, digne de Le Gascon.

353. ARIOSTO (L.). Orlando furioso di M. Lodouico Ariosto ornato di varie figure, con alcune stanze. Et cinque canti d'un nuouo libro del medesimo nuouamente aggiunti, & ricorretti. *In Vinegia, appresso Gabriel Giolito de Ferrari*, 1554. In-8; mar. La Vallière, comp. à froid, tr. dor. et cis. (*Hagué*).

Édition ornée de gravures sur bois bien composées. Très bel exemplaire.

354. ARIOSTO (L.). Orlando furioso..... *In Lyone, appresso Gugliel. Rovillio*, 1570. In-16, fig. s. bois; vélin bl., milieux, tr. dor. (*rel. du temps*).

Édition ornée de jolies gravures sur bois. Très bel exemplaire.

355. SANNAZAR (J.). L'Arcadie de Messire Iaques Sannazar, gentil homme napolitain, excellent Poete entre les modernes, mise d'Italien en Francoys, par lehan Martin, secretaire du cardinal de Lenoncourt.... *Ce livre a esté imprimé à Paris par Michel de Vascosan... pour luy, et Gilles Corrozet libraire...* M.D.XLIIII (1544). In-8; veau fauve, fil. à fr., tr. dor. (*Simier*).

La prose et les vers sont alternativement employés par le traducteur.
Bel exemplaire d'un livre parfaitement imprimé.

IV. THÉATRE.

356. PLAUTUS poeta comicus. (A la fin :) *Ioannes Gruninger Argentiñ. imprimebat. Anno* || ....M.D.VIII. (1508)... *octauo die Aprilis Argentine.* Pet. in-8, semi-goth. ; basane verte, fil.

Édition extrêmement rare, imprimée avec des caractères d'un aspect particulier, dont Grüninger s'est servi ensuite pour une petite édition de Térence, de 1511 (voir notre cat. de 1883, n° 327). Chaque comédie est ornée d'une gravure sur bois.

Exemplaire non rogné.

357. TÉRENCE. Les Six Comedies de Terence tres-excellent Poëte Comique... Le tout Latin & François (trad. par J. Bourlier)... *A Paris, par Claude Micard...* 1574. In-16 ; vélin blanc.

Édition rare. Exemplaire avec témoins. Quelques mouillures.

---

358. GRESBAN (A. et S.). Le premier [et le second] volume des || Catholicques œuures et Actes des Apostres redigez en escript || par Sainct Luc... Le tout veu et corrige bien || et deuemet selon la vraye ve||rite, Et ioue par personna||ges a Paris en lhostel || de Flandres Lan mil cinq cens. xli. (1541). *On les vend en la grand Salle du Palais par Arnoul et Ch. les Angeliers freres...* (A la fin :) *Fin du mistere... Et fut acheue ledit liure dimprimer le .xxvii°. iour de May Lan Mil cinq cens. xli. pour Arnoul ɕ Charles les Angeliers freres.* 2 vol. in-fol., goth., à 2 col., fig. s. bois ; veau brun, tr. dor. (*anc. rel.*).

Édition la plus recherchée. Magnifique exemplaire, sans le volume contenant l'Apocalypse qu'on y joint, portant sur les plats un Dauphin couronné, armes du fils aîné de Henri II, depuis FRANÇOIS II, roi de France.

359. MONTREUX (Nic.). Athlette pastourelle, ou fable bocagere, par Ollenix du Mont Sacré, gentilhomme du Mayne (pseudonyme). *Lyon, Iean Veyrat,* 1591. In-8 ; mar. rouge, fil., tr. dor. (*Belz-Niedrée*).

Édition très bien imprimée en car. italiques. Joli exemplaire.

360. PRADON (Nic.). Les Œuvres de Mr Pradon divisées en deux tomes. Nouvelle édition, corrigée et augmentée. *Paris*, 1744. 2 vol. in-12; mar.vert (*anc. rel.*).

Exemplaire portant au dos de la reliure les armes de Boucot, famille à laquelle appartenait le bibliophile et iconophile éminent de ce nom.

361. FAVART (Ch.-Simon). L'Anglois à Bordeaux. Comédie en un acte et en vers libres, par M. Favart. Représentée pour la premiere fois par les Comediens françois ordinaires du Roi le lundi 14 mars 1763. *Paris, Duchesne*, 1763. In-8 ; mar. rouge, fil., tr. dor. (*anc. rel.*).

Aux armes du maréchal-duc DE RICHELIEU.

362. Parodies bachiques sur les airs et symphonies des opéras, recueillies et mises en ordre par M. Ribon. Seconde édition, revüe et augmentée. *Paris, Christophe Ballard*, 1696. In-12, front. gr.; mar. citr., compart. à fil., tr. dor. (*Bedford*).

Volume rare, avec musique notée. Exemplaire couvert d'une reliure exécutée par le premier relieur de l'Angleterre.

363. (ESTÈVE.) État actuel de la musique du Roi et des Trois spectacles de Paris. *Paris, Vente*, 1773. In-12; fig.; mar. rouge, fil. et ornem., tr. dor. (*anc. rel.*).

Frontispice gravé d'après Eisen, quatre gravures d'après Eisen et Marillier, et portrait de Mᵐᵉ Favart.
Exemplaire aux armes de PAPILLON DE LA FERTÉ, intendant des *Menus plaisirs du roi*.

364. ALBORGHETTI (Fr.-M.). Solimano. Dramma per musica da rappresentarsi in Roma... *In Roma*, 1757. Pet. in-8; veau fauve, riche compart. en mosaïque, tr. dor. (*rel. ital. du temps*).

Ouvrage dédié à la comtesse (puis duchesse) de Stainville.
Exemplaire revêtu d'une riche reliure aux armes du comte (puis duc) DE CHOISEUL-STAINVILLE, alors ambassadeur à Rome, écartelées de celles de sa femme : Crozat du Châtel. De la coll. Double.

365. VEHUS (H.). Deo Auspice ‖ pro Divo Maximi.Ro.Re.se. avg. ‖ Hieronymi Vehi vulgo feus ‖ adulescentuli Baden‖sis Boemicus Tri‖umphus..... (*Strasbourg, Grüninger*, 1504). Pet. in-4, de 22 ff.; mar. vert, riche dent. à pet. fers, tr. dor. (*Capé*).

Plaquette d'une rareté extraordinaire, signalée aux bibliographes pour la première fois, croyons-nous, dans le *Bulletin du Bibliophile* de

10

M. Techener (1852, page 658). C'est un panégyrique, sous forme scénique, en l'honneur des victoires remportées par Maximilien Ier sur un corps de Tchèques venus au secours du gendre et héritier de Georges le Riche, duc de Bavière, dont l'empereur d'Allemagne réclamait une portion. Cette victoire, ce « triomphe sur les Bohémiens » (*Boemicus triumphus*) eut lieu près de Ratisbonne en 1504 ; les Tchèques combattaient derrière leurs chars, où ils s'étaient retranchés, à la mode des anciens Germains ; Maximilien faillit y perdre la vie. C'est à la suite de ce fait d'armes qu'il s'empara de l'Alsace.

Cette pièce, qui par sa forme lyrique et musicale appartient au théâtre latin moderne, est l'œuvre d'un adolescent badois. La musique est d'Ulrich Krantz, organiste du Frauenfeld. On y trouve nombre de pièces de vers émanant de Strasbourgeois. Sur le titre est une gravure sur bois représentant l'empereur Maximilien recevant de Dieu l'épée de combat. Le nom de l'imprimeur est mentionné dans un distique final.

Très bel exemplaire, aux armes du marquis de Morante. Racc. à deux ff.

V. ROMANS, CONTES, ETC.

366. Le premier liure de l'histoire et ancienne Chroniqve de Gerard d'Evphrate, dvc de Bovrgongne... Mis de nouueau en nostre vulgaire Françoys. *A Paris, Par Estienne Groulleau...* 1549. (A la fin :) *Fin du Premier liure de Gerard d'Euphrate, imprimé à Paris, par Estienne Groulleau, pour luy, Ian Longis, et Vincent Sertenas, Libraires, 1549.* In-fol., fig. s. b.; veau br., tr. dor. (*anc. rel.*).

Édition rare, ornée de 46 figures sur bois dont plusieurs portent le caractère du dessin de JEAN COUSIN. « Les grandes planches p. ix, xxv et xxviii ne peuvent appartenir qu'au peintre français du Jugement dernier. Plusieurs confirment l'attribution du *Songe de Poliphile* au même maître. » (Didot, *Cat. rais.*, n° 643.)

Ces grandes planches sont assurément des chefs-d'œuvre de la gravure du xvie s.; M. Didot les a fait reproduire dans son *Recueil des œuvres choisies de Jean Cousin.*

367. VALENTINIAN (Th.). L'Amant resvscité de la mort d'amovr, en cinq liures, par Theodose Valentinian françoys. *A Lyon, Par Maurice Roy, et Loys Pesnot,* 1558. In-4, fig.; veau fauve, fil., tr. dor. (*Niedrée*).

Livre singulier et fort rare. En tête de l'épître de l'*autheur à sa Marguerite* (consacrée à l'éloge de toutes les Marguerite célèbres), est une belle gravure sur bois représentant un gentilhomme et une dame.

Exemplaire parfait.

368. LA FONTAINE. Les Amours de Psyché et de Cupidon, par J. de La Fontaine. Édition ornée de figures, imprimée en couleurs, d'après les tableaux de M. Schall. *A Paris, Chez Defer de Maisonneuve, Libraire... De l'imprimerie de P.-Fr. Didot jeune,* 1791. In-fol.; mar. rouge, fil., dos orné, tr. dor. (*rel. du temps*).

Édition ornée de quatre jolies planches. Exemplaire sur papier vélin.

369. FÉNELON. Les ‖ Avantures (*sic*) ‖ de ‖ Telemaque ‖ fils d'Ulysse. ‖ *S. l. n. d.* (1699). 2 part. en 1 vol. in-12, 80 et 350 pp.; mar. brun, fil. à fr., tr. dor. (*rel. du* XVIIᵉ *s.*).

Édition précieuse, pour ainsi dire inconnue, et dont les exemplaires sont introuvables. C'est celle qui, d'après le docteur Bosquillon, l'éditeur du *Télémaque* imprimé chez Crapelet (1799), a donné pour la première fois la suite du fragment publié en 1699 chez la veuve Barbin, et dont la continuation a été empêchée par la police de Louis XIV. Malgré la dénégation de M. Brunet, le contraire n'est pas encore prouvé. Rien ne s'oppose, en effet, qu'en présence de l'interdiction dont nous venons de parler, on n'ait publié clandestinement et rapidement l'ouvrage entier, avant même que la Barbin ait pu reprendre le cours régulier de son édition. L'avis suivant, inséré au verso du titre de notre volume, serait bien singulier, si le public avait déjà eu connaissance de l'œuvre entière qu'on lui présente ici comme une nouveauté :

« AU LECTEUR. L'empressement que le public a marqué pour le commencement de cet ouvrage *m'en a fait chercher le reste avec soin, et je puis dire avec succès,* que puisque cette impression a été faite *sur une copie* sans lacune, très différente de celles *qui sont entre les mains de quelques particuliers,* L'OUVRAGE EST PRÉSENTEMENT COMPLET ET ENTIER, tel que l'a fait son illustre Auteur, dont la beauté et le tour des pensées, la variété et la force des expressions ne peuvent être remplacés que par luy-même. Il est d'ailleurs inutile de faire l'éloge de ce livre : le public en connoît le mérite; et si le commencement luy a tant plû, *il sera charmé du reste,* et me sçaura gré de mes soins. Le Lecteur ne sera pas surpris de voir le chiffre redoublé quand il sçaura *qu'on n'avoit d'abord eu intention que de donner la suite de ce qui avoit été imprimé;* mais on a depuis crû avec raison que *l'ouvrage complet feroit beaucoup plus de plaisir* ».

Il résulte clairement de cet avis qu'au moment où parut cette édition, le *Télémaque* complet n'était connu que de quelques particuliers, à l'état de copies manuscrites. Qu'elle ait été faite subrepticement ou non, sur une copie bonne ou mauvaise (les variantes y sont nombreuses), là n'est pas la question.

Elle est imprimée en caractères fins, à 37 lignes à la page pleine. La seconde partie porte comme titre de départ : *Suite des Avantures de Telemaque.* Papier excellent, bonne impression.

370. FÉNELON. Les Avantures de Telemaque fils d'Ulysse, ou

suite du quatrième liure de l'Odyssée d'Homère. Seconde
édition, revûë et corrigée. *Suivant la copie de Paris. A
La Haye, chez Adrian Moetjens... M.DC.XCIX* (1699). 3 t.
en 5 vol. in-12; veau fauve, fil., tr. rouge (*anc. rel.*).

> Première édition de Moetjens à cette date; c'est une réimpression de
> l'édition de Barbin aussitôt après sa publication. La pagination se suit dans
> les quatre premières parties (jusqu'à la p. 899). Il n'y a que la première
> qui porte au titre : *seconde édition.*
> · Exemplaire avec le nom de *M. le Président de Sauvion,* sur le titre.

371. FÉNELON. Les Avantures de Telemaque, etc. (comme
ci-dessus). *Suivant la Copie de Paris. A La Haye, Chez Adrian
Moëtjens, M.DC.XCIX* (1699). 5 t. en 2 vol. in-12; mar. rouge,
fil., tr. dor. (*Lortic*).

> Autre édition à la même date. Le t. 1er est conforme au précédent. Le
> t. II porte au titre : *seconde édition, revuë, corrigée et augmentée.* La pre-
> mière partie de cette réimpression n'a plus 466, mais 483 pp. à cause des
> augmentations. La suite de ce tome est du même tirage que dans
> l'édition précédente, ainsi que tout le t. III.
> Charmant exemplaire, avec témoins.

372. Recueil ‖ de quelques ‖ pieces ‖ nouvelles ‖ et galantes, ‖
Tant en Prose qu'en Vers ‖ ... *A Cologne, chez Pierre du Marteau,* 1663. Pet. in-12, de 3 ff. prél. et 182 pp.; mar. rouge,
compart. à fil., tr. dor. (*Lortic*).

> Édition originale, *à la Sphère,* sortie des presses elzéviriennes. « C'est,
> dit M. Willems (*Les Elzevier,* n° 1319), le plus intéressant peut-être de
> tous les recueils de ce genre. »
> Il compte trente-quatre pièces bien choisies, parmi lesquelles se trouve
> l'édition originale du *Voyage de Bachaumont et La Chapelle.* La *Plainte de
> la France à Rome,* signée : Corneille, est de Fléchier.
> Très joli exemplaire. H. : 0,124.

373. CHAPELLE et BACHAUMONT (de). Voyage ‖ de messieurs
‖ de Bachaumont ‖ et ‖ Chapelle. ‖ Où l'on a joint diverses
Poë‖sies du même Auteur avec une ‖ Préface, qui contient
plusieurs ‖ particularitez remarquables de ‖ sa vie, & une
idée générale de ‖ ses principaux ouvrages. ‖ *A Cologne,
Chez Pierre Marteau* ‖ 1697. In-12, de 8 ff. et 152 pp.; mar.
rouge, compart. à fil., tr. dor. (*Lortic*).

> Première édition séparée du *Voyage,* imprimée en Hollande.
> Parmi les pièces qui suivent, on remarque une *Lettre écrite de la cam-
> pagne à M. de Molière.*
> Exemplaire parfait, relié sur brochure.

374. LAFAYETTE (Mme de). La Princesse de Clèves. *S. l. n. d.* 4 part. en 2 vol. pet. in-12, front. gr.; mar. rouge, fil., tr. dor. (*Hardy-Mennil*).

Édition imprimée à Amsterdam, par Wolfgang, vers 1678, à laquelle on a ajouté à la fin le privilège en faveur de Claude Barbin, portant la date de la première édition : *Achevé d'imprimer pour la première fois le 8 mars* 1678. On la rattache à la collection elzévirienne.
Très joli exemplaire. H. : 0,132.

375. Nouveaux Contes à rire et Aventures plaisantes de ce temps, ou Recreations françoises. Troisieme edition enrichie de figures en taille-douce. *Cologne, chez Roger Bontemps,* 1702. In-8, fig.; mar. vert, fil. et tr. dor. (*Hardy*).

Édition ornée d'une figure à mi-page à chaque conte.

376. CATHERINE II. Le Czarewitz Chlore. Conte moral. De main imperiale & de maîtresse. (Par Catherine II, revu et publié par Formey.) *Berlin, Frédéric Nicolaï,* 1782. In-8, de 42 pp.; cuir de Russie, fil. et tr. dor.

Ouvrage fort rare.

---

377. BOCCACCIO (Giov.). Il Corbaccio. || *In Parigi,* || *Per Federigo Morello.* || 1569. In-8; mar. brun, riches compart., tr. dor. (*rel. du temps*).

Cette *Invective contre une méchante femme* est plus connue sous le titre de *Labirinto d'amore.* Édition estimée, faite sur un manuscrit de 1384, avec des notes de J. Corbinelli.
Exemplaire revêtu d'une riche reliure due à un des Ève. Signature de BALLESDENS sur le titre.

378. BOCCACE. Flammette. || Cōplainte des tristes amours || de Flãmette a soñ amy Pāphile/Translatee || Ditalien ,en vulgaire francoys. || On les vend a Lyō par Claude Nourry/|| dict le Prince : pres nostre dame de Cōfort. (A la fin :) *Cy finist la cōplainte de Flammette a son amy* || *Pamphile* | *Nouuellement imprimee a Lyon* || *par Claude Nourry* | *dict le Le Prince :* || *pres Nostre dame de Confort.* || *Mil .ccccc. xxxij.* (1532). Pet. in-8, goth., fig. s. bois; mar. rouge, fil., tr. dor.

Fort rare. Très bel exemplaire, sauf qq. racc.

379. La vita de Merlino ℟ de le sue prophetie historiade che lui

fece lequale trattano de le cose che hanno auenire. (A la fin :)
.... *Stampata in Venetia del M.CCCCC.XVI* (1516) *adi* .xx.
zenaro. In-4 ; mar. brun, orn., tr. dor. (*Capé*).

Édition très rare de ce roman de chevalerie, traduit du français.

Le *Manuel* a annoncé par erreur 2 ff. prél. au lieu de 12. Les gravures
sur bois sont exécutées au trait, exprès pour les scènes auxquelles elles
s'appliquent. Le dessin se ressent du style de Mantegna. Voy. le sujet
p. cv. Exemplaire un peu court en tête.

380. Della Historia dell' invitissimo cavalliero Tirante il Bianco...
Tradotta di nuovo dalla lingua spagnuola nella italiana per
M. Lelio Manfredi. (*Parte prima :*) *Venetia, Lucio Spineda,*
1611 ; (*Parte seconda e terza :*) *Vinegia, Domenico Farri,* 1566.
3 vol. pet. in-8 ; mar. rouge, large dent., tr. dor. (*anc. rel.*).

Ce roman, écrit primitivement en anglais, fut traduit successivement
en portugais, en valencien et en catalan, et c'est d'après cette dernière
traduction que la version italienne a été faite.

Les volumes de notre exemplaire, reliés de la même façon, sont de
deux éditions différentes. Il provient de la *Bibliothèque de M. le marquis
d'Aix, à la Serraz.*

381. GESSNER (S.). Œuvres de Salomon Gessner. *Paris, A.-A.
Renouard* (*Imprim. de Crapelet*), an VII (1789). 4 vol. in-8 ;
mar. bleu, compart. à fil. et ornem., tr. dor. (*Thouvenin*).

Magnifique exemplaire, avec 3 portraits et 49 jolies figures *avant la
lettre*, d'après MOREAU.

VI. ÉPISTOLAIRES. — POLYGRAPHES.
MÉLANGES LITTÉRAIRES.

382. (PHALARIDIS Epistolæ, e græco in latinum translatæ a
Franc. Aretino (Accolti d'Arezzo). — M. Bruti Epistolæ a Mi-
thridate collectæ et e gr. in lat. versæ per Raimitium. — Cratis
Cynici epistolæ, e gr. in lat. traductæ per Athan. Cons-
tantinop.) *Parisiis, per Michaelem* [*Friburger*], *Martinum*
[*Crantz*] *et Ulricum* [*Gering*]. S. d. (1471). Pet. in-4 ; mar. vert
foncé, fil. à fr., tr. dor.

Volume considéré comme le second, mais en tout cas l'un des premiers livres imprimés à Paris, en Sorbonne, avec les mêmes caractères

que ceux du premier livre sorti des mêmes presses dans le courant de l'été de 1471.

Très bel exemplaire.

383. LUCIEN. Gli dilettevoli dialogi, le uere narrationi ; le facete epistole di Luciano, Philosopho di Greco, in vulgare nouamente tradotte et historiate. (A la fin :) *In Venegia, per Bernardin. Bindon. nel M.D.XLIII* (1543). Pet. in-8, fig. ; mar. rouge, fil. et tr. dor. (*anc. rel.*).

> Édition ornée de gravures sur bois, médiocres ou grossières.
> Exemplaire aux armes d'un duc DE ROHAN. Quelques taches.

384. CICERO. M. Tvllii Ciceronis epistvlarvm familiarivm liber primvs incipit ad Lentvlvm proconsvlem. M. T. C. P. Lent. proconsvli salvtem dicit. (A la fin:)... *M.CCCC.LXXI* (1471). *S. l.* In-fol., de 146 ff. ; parch.

> Édition fort rare, imprimée avec les caractères d'Antoine Zarot, premier imprimeur de Milan.
> Exemplaire grand de marges, avec initiales peintes à la main. Quelques raccommodages.

385. CICÉRON. Les Epistres familières de Marc Tvlle Ciceron... traduites de Latin en François correspondant l'un à l'autre, partie par E. Dolet, et le reste par F. de Belleforest, avec arguments... (texte lat. et français). *A Paris, Pour Henry le Bé, demeurant rue des Sept Voyes, devant le College de la Mercy,* 1566. In-12, à 2 col. ; veau fauve, compart. en or et en mosaïque, tr. et dor. cis. (*rel. du temps*).

> Première et rare édition des deux traductions réunies.
> Fort joli exemplaire, réglé. Plats provenant de la reliure primitive, avec armes, nom et devise de Jacques MALENFANT, de Toulouse, aumônier de Jeanne d'Albret, reine de Navarre.

386. GASPARINI Pergamensis clarissimi oratoris ‖ epistola℣ liber fœliciter incipit. *S. l. n. d.* In-fol., de 60 ff. ; mar. rouge, fil., tr. dor. (*anc. rel.*).

> Cette édition des lettres de Gasparino Barzizio a été imprimée à *Bâle, par Michel Wensler et Frédéric Biel,* vers 1470 ; une pièce de vers placée en tête du livre nous fait connaître les noms de ces typographes. Elle est extrêmement rare, et n'est pas signalée au *Manuel.* Hain l'a décrite au n° 2675.
> Très bel exemplaire.

387. VIVÈS (L.). Les Dïalogves de Ian Loys Vives, tradvits de

latin en françois. Pour l'exercice des deux langues. Par Benia-
min Iamin... A Paris, Pour Gabriel Buon... 1577. In-12;
vélin blanc, fil., ornem., tr. dor. (rel. du temps).

> Livre rare et curieux. Texte latin et traduction.
> Exemplaire réglé. Reliure molle, portant la date de 1577 et les initiales :
> H. H. V. L. V. N.

388. FRACASTORII (Hieron.), Veronensis, Opera omnia, in
unum proxime post illius mortem collecta... Secunda editio.
Venetiis, apud Juntas, 1574. In-4 ; mar. rouge, fil., tr. dor.
(anc. rel.).

> Parmi ces œuvres de Frascator, on remarque des dissertations sur les
> questions de psychologie, d'astronomie, de critique, de médecine, et un
> poème : Syphilis, sive de morbo Gallico, libri tres, dédié à Pierre Bembo.
> Magnifique exemplaire, aux premières armes de J.-A. DE THOU.

389. DEL BENE (S.). Le Coronement de Messire Françoys Pe-
trarqve, poete florentin, faict à Rome. Envoyé par Messïre
Sennucce Del Bene, au Magnifique Cam Della Scala, Seigneur
de Verone. Nouuellement traduit de Toscan en François. A
Paris, chez Gabriel Buon...1565. Pet. in-4, de 9 ff.; mar. bleu,
tr. dor. (Chambolle-Duru).

> Relation d'un témoin oculaire. Livre extrêmement rare et non cité au
> Manuel.

390. Principum et illustrium virorum epistolæ. Ex præcipuis
scriptoribus, tam antiquis, quam recentioribus, collectæ. Ams-
terodami, apud Ludouicum Elzeuirium. A° 1644. Petit in-12,
titre gravé ; mar. bleu, compart., tr. dor. (Simier).

> Très jolie édition, mais qui est étrangère aux presses elzéviriennes,
> malgré son titre.
> . Charmant exemplaire, dans une riche reliure aux armes de lord
> STUART DE ROTHESAY.

391. RABELAIS (Fr.). Les Œuvres... augmentées de la vie de
l'Auteur et de quelques Remarques sur sa vie et sur l'histoire.
Avec la clef et l'explication de tous les mots difficiles. S. l.,
1659-1669. 2 vol. in-12; mar. violet, fil. à compart., ornem.,
tr. dor.

> Très bel exemplaire.

392. CHARPENTIER. La Vie de Socrate dédiée à Monseigneur
le cardinal Mazarini, par M. Charpentier, de l'Académie fran-

çaise. *Paris, Antoine de Sommaville,* 1657. Pet. in-8 , front.
gr.; mar. rouge, compart., tr. dor. (*rel. du temps*).

C'est l'ouvrage qui ouvrit à l'auteur les portes de l'Académie.

Exemplaire revêtu d'une excellente reliure aux armes et au chiffre
d'un inconnu.

393. SÉVIGNÉ (Mᵐᵉ de). Lettres ‖ de Marie ‖ Rabutin-Chantal ‖
marquise de Sevigné, ‖ à Madame la comtesse ‖ de Grignan ‖
sa fille. *S. l.,* 1726. 2 vol. in-12, de 381 et 324 pp.; veau brun
(*rel. du temps*).

Seconde édition originale, en gros caractères; c'est celle dite de
Rouen. Elle contient 134 lettres : la première n'en contenait que 31.
Elle n'a pas d'errata, et les titres sont imprimés en noir. Très bel exem-
plaire.

394. LENCLOS (N. de). Lettres de Ninon de L'Enclos au marquis de Sevigné. *Amsterdam, chez François Joly,* 1750. 2 part.
en 1 vol. in-16, portr. et front.; mar. rouge, tr. dor. (*Lortic*).

Première édition. Portrait d'après Ferdinand et frontispices gravés
par Fessard, d'après Chauveau.

395. ROUSSEAU (J.-J.). Œuvres. *Paris,* etc., 1761-1781. 28 vol.
in-8 ; mar. rouge, fil. et tr. dor. (*anc. rel.*).

Collection formée des différentes éditions de cet auteur données à
Neufchâtel, en 1764; à *Amsterdam, par Marc-Michel Rey,* en 1761; à *Paris,
par Duchesne,* en 1761; à *Genéve,* en 1781.

396. VOLTAIRE. Œuvres de M. de Voltaire. Nouvelle édition,
revue, corrigée et consid. augmentée avec des figures en taille
douce. *Amsterdam, Jacques Desbordes,* 1739. 4 vol. in-8, portr.
et fig.; mar. rouge, comp. à fil., dent., doublé de mar. rouge,
dent. (*Bradel l'aîné*).

Précieux exemplaire avec de *nombreuses corrections autographes de*
VOLTAIRE. En beaucoup d'endroits de la *Henriade,* il a attaché avec des
pains à cacheter des carrés de papier sur le texte, qu'il a remplacé par
d'autres vers, et il a ajouté quatre pages de son écriture au huitième
chant.

Il a ensuite appartenu à Helvétius qui y a écrit des notes au crayon.
M. Firmin Didot, l'ayant reçu en don en 1796, l'a fait richement relier et
a consigné son origine en ces termes sur un feuillet de garde : « *Ces
4 volumes m'ont été donnés en 1796, à Auteuil, chez* Mᵈᵉ *Helvétius, par le
C. de la Roche, hôte et ami d'Helvétius.* FIRMIN DIDOT. » Ils ont figuré à la
vente de ce dernier en 1810, mais feu M. Ambroise Firmin-Didot a racheté
ce souvenir paternel à la vente de Saint-Vincent, le 1ᵉʳ mai 1852.

HISTOIRE

I. GÉOGRAPHIE. — TOPOGRAPHIE. — ETHNOGRAPHIE. VOYAGES.

397. PTOLOMÆUS. Claudii Ptolomæi Alexandrini li‖ber Geographiæ cvm tabvlis et ‖ vniversali figvra et cvm ad‖ditione
locorvm qvæ‖a recentioribvs reper‖ti sunt diligenti cvra
emenda‖tvs et im‖pressvs (cum annotationibus Bern. Sylvani
Eboliensis). (A la fin, avant les cartes :) *Venetiis per Iacobum
Pentium de leucho. ‖ Anno domini M.D.XI* (1511). *Die XX ‖
Mensis Martii.* In-fol. ; parchem. vert (*anc. rel.*).

> Édition précieuse et rare, ornée de vingt-huit cartes gravées sur bois,
> dont deux mappemondes, avec les noms géographiques imprimés en ca-
> ractères mobiles, en rouge et noir, procédé appliqué alors pour la pre-
> mière fois.
> La seconde mappemonde, qu'on ne trouve que dans bien peu d'exem-
> plaires, est des plus précieuses pour la cartographie du Nouveau Monde.
> Elle a été dressée par Oronce Fine. On y trouve indiquées les Antilles
> (*Ispaniaᷓ. insu. — Terra Cubæ*) et la côte du Brésil (*Terra sanctae Crvcis*).
> Exemplaire grand de marges, mais avec des taches d'humidité et quel-
> ques piqûres de vers dans la marge du fond. Nettoyé et restauré, il devien-
> drait fort beau. La reliure porte au dos les initiales L. S.

398. PTOLOMÆUS. Claudii Pto‖lemæi geo‖graphicæ‖ enarra-
tionis ‖ libri octo ‖ Bilibaldo Pirckeym‖hero interprete. ‖
Annotationes Ioannis De Regio-Monte ‖ in errores commissos
a ‖ Iacobo Angelo ‖ in translatione sua. (A la fin, avant l'Index :)
Argentoragi (sic) *Iohannes Grieningerus, communibus Iohannis
Koberger impensis excudebat... MDXXV* (1525). *Tertio Kal'.
Apriles.* In-fol., de 82 ff. ch., 14 n. ch. et 34 ff. pour l'index ;
avec 50 cartes gravées sur bois ; veau brun, comp. à froid.

> J. Huttichius passe pour avoir dirigé cette magnifique édition, d'après
> laquelle Michel Servet a donné la sienne. L'épître dédicatoire, adressée à

Sébastien, évêque de Brixen, est datée de Nuremberg : *Kal. Sept.* 1524.
Les cartes sont les mêmes que celles de l'édition donnée par Grüninger en 1522. Nombreuses gravures sur bois, bordures, etc.

Exemplaire avec témoins, mais avec de fortes piq. de vers dans la
marge à un certain nombre de feuillets.

399. PTOLEMÆI (Claudii) Alexandrini Geographiæ libri octo
Græco-Latini... cum tabulis geographicis ad mentem auctoris
restitutis per Gerardum Mercatorem... *Iodocus Hondius excudit
sibi et Cornelio Nicolai, in cujus officina prostant, Frãcofurti,*
(seu) *Amsterodammi,* 1605. Gr. in-fol., front. et 28 pl. ; mar.
fauve, compart. à fil., milieux, tr. dor. (*rel. du temps*).

Édition ornée d'un beau titre gravé, de vingt-huit cartes doubles,
historiées, très curieuses, et du portrait du géographe Mercator devant
lequel est un globe où est dessinée l'*Amérique.*
Exemplaire grand de marges, avec toutes les planches coloriées. Quelques raccommodages.

400. EDRISI. De Geographia vniversali (en arabe). Hortvlvs
cultissimus, mirè Orbis regiones, Prouincias, Insulas, Vrbes,
earumq. dimensiones et Orizonta describens. *Romæ, in Typographia Medicea, M.D.XCII* (1592). In-4 ; mar. citr. (*rel. du
temps*).

Exemplaire aux deuxièmes armes de J.-A. DE THOU.

401. ALBERTINUS (Fr.). Mirabilia Rome. ‖ Opusculũ de Mira-
bilibus ‖ Noue et Ueteris Urbis ‖ Rome editũ ‖ a Fran‖cisco
Albertino ‖ Florentino. ‖ Cum Priuilegio. (A la fin :) *Imp̃ssũ
Lugd'. p̃ Ioã. mariõ sũptib' & exp̃sis Romani morin bi‖blio-
pole eiusdẽ ciuitatĩs ãno dñi. M.D.xx* (1520) *die vero .xxviii.
martii.* In-4 ; fig. s. bois ; mar. rouge, fil. à fr., tr. dor. (*Bau-
zonnet-Trautz*).

Ce livre rare et fort intéressant était un guide du voyageur à Rome,
dont il décrit toutes les curiosités. Il se rattache aussi aux *Americana*, en
raison d'un passage relatif à Améric Vespuce (au rº du dern. f.), dans le
chapitre consacré aux Florentins illustres.
Très bel exemplaire, de la coll. Yemeniz.

402. MONTAIGNE (M. de). Journal du voyage de Michel de Montaigne en Italie, par la Suisse et l'Allemagne, en 1580 et 1581 ;
avec des notes par M. de Querlon. *Paris, Le Jay,* 1774. In-4 ;
portrait ; veau fauve, fil., tr. rouge. (*rel du temps*).

Exemplaire qui paraît être en grand papier. Beau portrait gravé par
Saint-Aubin, ajouté.

403. INTERIANO (Georgio). La vita : ҁ Sito de zichi : ‖ chia-
mati ciarcassi : hi‖storia notabile. ‖ Cum Gratia ҁ Pri‖uile-
gio. (A la fin :) *Finis. Ne Quis Hec Typis Impune‖Excudat : Cau-
tum est.* S. l. n. d. (Venise, 1502). Pet. in-8, goth., de 8 ff.
(le dern. blanc) ; mar. rouge, fil. à fr., tr. dor. (*Lortic*).

> C'est un des plus anciens écrits sur l'ethnographie du Caucase. En
> tête, est une épître dédicatoire (en latin) d'Alde Manuce à J. Sannazaro,
> où il parle avec éloges de cet opuscule de Georges Interiano, de Gênes,
> « sur la vie et les mœurs des Sarmates, appelés Zigi par Strabon, Pline et
> Étienne (de Byzance), et qui habitent l'Orient au delà du fleuve Tanaïs
> (le Don) et le Palus Mæotide (la mer d'Azov) ».
> Réimpression contemporaine de l'édition aldine. L'une et l'autre sont
> d'une telle rareté, qu'à l'époque de la rédaction de son *Alde Manuce*, feu
> M. Didot n'a pu en rencontrer un exemplaire, après bien des recherches,
> qu'à la bibliothèque du Vatican.

404. BRANT (Séb.). Von dem Anfang und Wesen der hailigen
Statt Ierusalem... Durch Sebastianum Brant eemals in latei-
nischer histori vergriffen (trad. en allemand par Casp. Frey, du
livre *De Origine et conservatione bonorum regum,* de Brant).
(A la fin :) *Getruckt in der loblichen statt Straszburg durch der
Ersame Iohannem Knoblouch...* 1518. In-fol., goth., grav. sur
bois ; demi-rel. cuir de Russie.

> Nombreuses gravures sur bois grossièrement exécutées et la plupart
> fortement empreintes du style strasbourgeois.

405. GEORGIEVITZ (B.). De afflictione tam captivorvm quàm
etiam sub Turcæ tributo viuentium Christianorum, cum figuris res clarè exprimentibus : additis nonnullis vocabulis, Dominica oratione, Angelica salutatione, Symbolo Apostolorū lin-
gue Sclauonicæ, cū interpretatione latina libellus. Autore
Bartholomæo Georgij Hongaro, peregrino Hierosolymitano...
(A la fin :) *Anuerp.* (sic) *typis Copenij. An.* 1544. Pet. in-8,
fig. sur bois ; mar. vert, tr. dor. (*Niedrée*).

> Première édition, dédiée à Charles-Quint, et ornée de huit figures sur
> bois, à mi-page, assez bien exécutées ; la dernière représente l'auteur, en
> costume de pèlerin, à genoux devant un Christ. Livre très curieux en rai-
> son de plusieurs pages d'exercices en langue croate avec traduction
> latine.
> Exemplaire Yemeniz.

406. BERGERON (P.). Relation des voyages en Tartarie de
Fr.-Guillaume de Rubruquis, fr. Iean du Plan Carpin, fr. As-

celin et autres religieux de s. François et s. Dominique, qui y
furent enuoyez par le Pape Innocent IV et le Roy s. Louys.
Plus un traicté des Tartares, avec un abregé de l'histoire des
Sarasins et Mahometans, le tout recueilly par Pierre Bergeron, Parisien. *A Paris, chez la veufue Ieän de Heuqueuille et
Louys de Heuqueuille*, 1634. 3 part. en 1 vol. in-8; mar. vert,
fil. et coins, tr. dor. (*Thompson*).

> Première édition. Chaque partie a un titre spécial.
> Très bel exemplaire, de la collection Yemeniz.

407. **Plan de Paris**, commencé l'année 1734. Dessiné et gravé
sous les ordres de Messire Michel Étienne Turgot, marquis de
Sousmons... Achevé de graver en 1739... Levé et dessiné
par Louis Bretez. Gravé par Claude Lucas. Et écrit par Aubin.
Gr. in-fol.; mar. vert, large dent., ornem., tr. dor. (*rel. du
temps*).

> Plan en perspective ou à vol d'oiseau, dit le plan Turgot, très curieux
> pour l'histoire de la topographie de la ville de Paris. On y trouve repré-
> sentés tous les monuments de cette époque et nombre de maisons parti-
> culières aujourd'hui disparues. Il se compose de vingt planches doubles
> ou triples.
> Exemplaire revêtu d'une riche reliure aux armes du roi LOUIS XV.

II. HISTOIRE UNIVERSELLE. — PAGANISME.
HISTOIRE ECCLÉSIASTIQUE.

408. **ÆNEAS Silvius**. Cosmographia Pii Papae in Asiæ & Eu-
ropæ eleganti descriptione. Asia. Historias rerum Vbique
gestarū cū locorum descriptione complectitur. Europa temporum Authoris, varias continet historias (A la fin :) *Impressa
est... per Henricum Stephanum impressorem diligētiss. Parrhi-
sijs ę regione scholæ Decretorum sumptibus eiusdem Hēriçi &
Ioänis Hongōti. VI Idus Octobris anno Domini M.D.IX* (1509).
In-4 ; veau bleu, comp., tr. dor.

> Cette édition a été donnée par Geoffroy Tory, ainsi qu'il nous l'apprend
> dans son épître à Germain de Ganay, évêque de Cahors.
> Très bel exemplaire.

409. **BERGOMENSIS** (J.-Ph.). (Supplementum chronicarum.)

Incipit Tabula generalis Supplementi Chronicarum ‖ secundum ordinem Alphabeti. (A la fin :) *Impressum Brixie per Bo-
ninum de Boninis ‖ de Ragusia Anno dñi. M.cccc.lxxxv* (1485)
‖ *die Primo Decēbris.* In-fol.; peau de truie, compart. et ornem. noirs et à froid (*rel. du temps*).

> Deuxième édition de cette chronique. Bel exemplaire.

·410. BERGOMENSIS (J.-Ph.). Nouissime historiarū omniu reper-
cussiões : nouiter a Reuerendissimo patre Jacobophilippo
Bergomense ordinis Heremitaruȝ edite : que Supplementum
supplementi Cronicarū nuncupantur. Incipiendo ab exordio
mūdi vsqȝ in Annū salutis nostre.. M. cccccij. Cum gratia ȼ
Priuilegio. (A la fin :) *Explicit supplementum supplementi
Chronicarum Diligenter Et Accurate Reuisum Atque Correctū.
Venetiis impressum Opere & impensa Georgii de .Rusconibus
Anno a Natiuitate Christi.* M.D.VI. (1506). *Die .iiii. Maii.* In-
fol. , fig.; mar. vert, fil. à fr., tr. dor. (*Hardy*).

> Édition plus complète que la précédente et précieuse en ce qu'elle
> contient un chapitre sur la *Découverte de l'Amérique.*
> Elle est ornée de trois gravures sur bois curieuses, quoique d'un style
> rude, à pleine page, et d'un grand nombre de petites donnant des vues
> des villes à vol d'oiseau.
> Très bel exemplaire.

411. BIANCHINI (Fr.). La Istoria universale provata con monu-
menti, e figurata con Simboli degli Antichi. Opera di Monsi-
gnor Francesco Bianchini... *In Roma, nella Stamperia di
Antonio de' Rossi,* 1747. In-4 , portr. et cartes; mar. brun,
riches comp. en mosaïque, tr. dor.

> Exemplaire de dédicace, dans une riche reliure aux armes de LOUIS XV.

412. APOLLODORI Atheniensis Bibliotheces, siue de Deorum
origine, tam græcè, quam latinc... *Romæ in ædibvs Antoni
Bladi, Pontif. Max. Excvsoris de Campo Floræ. M.D.LV* (1555).
In-8; mar. rouge, fil. et tr. dor. (*anc. rel.*).

> Première édition, faite d'après les manuscrits du Vatican.
> Très bel exemplaire, bien relié.

413. GOES (D. a). Fides, religio, moresqve Aethiopvm svb im-
perio preciosi Ioannis (quem vulgo Presbyterum Ioannem
vocant) de gentium, vnà cum enarratione confœderationis ac
amicitiæ inter ipsos Aethiopum Imperatores, & Reges Lu-

sitaniæ initæ, Damiano à Goes Equite Lusitano autore ac interprete.... *Parisiis, apud Christianum Wechelum...* *M.D.XLI* (1541). Pet. in-8; mar. vert, ornem., tr. dor. (*Lortic*).

Ouvrage curieux et rare, sur les Éthiopiens et le prêtre Jean.
Très bel exemplaire.

414. Lhistoire de ma‖Dame saincte Anne / de ses parens / ҫ de ‖ sa vie / miracles / ҫ exemples. *Imprimé en Anuers a la rue de de la chā‖bre a la Taulpe / par la Vefue de ‖ Henry Pierre.* S. d. (vers 1540). Pet. in-8, goth.; mar. vert, fil. à fr., tr. dor. (*Duru*)

Petit volume de toute rareté. Une vignette au titre. Très joli exemplaire.

415. Ivbilevm vniversale S. D. N. D. Vrbani diuina Prouidentia P.P.VIII. Ad diuinam opem implorandum. *Parisis, apud Rob. Stephanvm* (1629). — Bvlle de Nostre Très-Sainct Père le pape Vrbain VIII. Sur la célebration du Iubilé vniversel en la ville de Paris. Auec le Mandement de Monseigneur l'Archeuesque de Paris. *Paris, Rob. Estienne,* 1630. — En 1 vol. pet. in-8; mar. citron, fil. et tr. dor. (*Lortic*).

Très rare. Exemplaire avec un envoi à M. Bignon, avocat général du roi, de la part de l'archevêque de Paris, qui réduit en sa faveur le nombre de stations à faire à cinq seulement.

416. VICTOR D'UTIQUE. L'Histoire des persecvtions faites en Afrique par les Arriens, svr les catholiqves, du tems & regne de Genserich & Hunerich, Rois des Vandales, faite en Latin, par Victor, Euesque d'Vtique, Et à present mise en François, par F. de Belleforest... *A Paris, chez Gabriel Buon,* 1563. Pet. in-8; veau fauve, fil. et tr. dor. (*Niedrée*).

Livre fort rare. Très bel exemplaire. Mouill. à qq. ff.

417. Histoire des Anabatistes, ou Relation curieuse de leur doctrine, regne et revolutions, tant en Allemagne, Hollande, qu'Angleterre, où il êt traité de plusieurs sortes de Mennonites, Kouakres, & autres qui en sont provenus. Le tout enrichi de figures en taille-douce. *A Paris, chez Ch. Clouzier,* 1615. In-12, front. et fig.; vélin.

Ouvrage curieux et peu connu.

III. HISTOIRE ANCIENNE.

418. JUSTINUS. Trogi Pompei externæ historiæ in compendivm ab Ivstino redactæ. Externorum imperatorum uitæ authore Æmylio Probo. (A la fin :) *Venetiis in ædibvs Aldi et Andreæ Asvlani soceri, mense ian. M.D.XXII* (1522). In-8; mar. bleu, tr. dor.

Édition rare, plus correcte que les précédentes. Très bel exemplaire. Annotations manuscrites du temps.

419. JUSTINUS. Iustino uulgarizato iustissimamente [da Hieron. Squarzafico] qui comencia. (A l'av.-dern. f. :). *Finisse il libro di Justino... impresso in lalma citade de uenesia ale spesse di Johāne da colonia : & Johāne gheretzē copagno ne gli anni dil signiore. M.CCCC.LXXVII.* (1477) *ali giorni .x. Septembr...* Pet. in-fol., sig.; veau brun.

Fort rare. Très bel exemplaire, avec une superbe bordure enluminée à la première page.

420. THUCYDIDE. L'Histoire de Thucycide de la guerre du Péloponèse (trad. par Nicolas Perrot d'Ablancourt). *Paris, chez J.-G. Nion* (et *David*), 1714. 3 vol. in-12; mar. rouge, fil., tr. dor. *(Derome).*

Exemplaire aux armes de la comtesse D'ARTOIS.

421. DIODORI Sicvli historiarvm libri aliqvot, qui extant opera et studio Vinc. Obsopœi in lucem editi (en grec). *Basileæ, Io. Oporinus,* 1539. In-4; mar. vert, fil., tr. dor. *(anc. rel.).*

Première édition. Elle ne contient que les livres XVI à XX. Exemplaire qui avait figuré à la vente Firmin-Didot, en 1811. Excellente reliure.

422. SALLUSTIUS (C. C.). (Bellum catilinarium et jugurthinum.) Ciceronis invectivæ in Catilinam. (A la fin du Salluste :)... *Impressusqʒ Parisius p magistrum Vdalricū / cognomento Gering...* In-4, lettres rondes de 133 ff. à 27 lign. à la page, sign. a à l, a-e; mar. La Vallière, rich. comp., tr. dor. *(Hardy).*

Réimpression faite vers 1479, par Gering seul, du Salluste, imprimé

vers 1470 par les trois associés. Les caractères ont été regravés et amé-
liorés.

Très bel exemplaire de cette édition extrêmement rare. Qq. piq. de
vers.

423. CÆSAR. C. Iulii Cæsaris Commentarii... Scholia Aldi Ma-
nutii Pauli. F. Aldi N. Ioannis Sambuci Spicilegia. *Antuerpiæ,
excudebat Christophorus Plantinus, architypographus regius,*
1574. In-8; mar. rouge, doré en plein, tr. dor. (*Eve*).

La reliure de ce livre est d'une richesse et d'un fini parfaits.

424. SIMEONI (G.). Cesar renovvellé ; par les obseruations mili-
taires du S. Gabriel Symeon, Floren. *Paris, Iean Longis,* 1558.
(A la fin :) *Acheué d'imprimer le dernier iour de Decembre* 1559,
Par Jean Marcorelle. In-8 ; mar. vert, fil. à fr., tr. dor.

Première édition, fort rare.

425. SIMEONI (G.). Livre premier de Cæsar renovvelé par le
S. Gabriel Simeon, florentin. Reueu et diligemment corrigé
auec le second de nouueau adiousté par Françoys de S. Thomas. *Lyon, Iean Saugrain, commis,* 1570. 2 part. en 1 vol.
in-8; veau brun écaille.

Cet ouvrage est un abrégé des *plus beaux et profitables exemples, faits,
ruses, considérations et autres choses plus notables et dignes d'un grand
prince,* trouvés parmi les Commentaires de César et de Salluste. — Livre
peu commun.

426. TACITUS. C. Cornelii Taciti Historiarvm et annalivm libri
qvi exstant, Ivsti Lipssii studio emendati & illustrati... *Antverpiæ, ex offic. Christ. Plantini M.D.LXXIV* (1574). In-8 ; mar.
rouge, compart. à fil., tr. dor. (*rel. du xvii° s.*).

Première édition de Tacite, revue par le célèbre Juste Lipse.
Exemplaire aux armes de Henri DE BÉTHUNE, archevêque de Bordeaux.

427. HERODIAN. L'histoire d'Herodian, excellent historio-
graphe, traittant de la vie des svccessevrs de Marc-Avrele
à l'empire de Romme, Translatee de Greq en Françoys, par
Jaques des Contes de Vintémille, Rhodien. *A Lyon, par Gvil-
lavme Roville,* 1554. In-fol., front., gr. s. bois; veau brun
foncé, tr. dor.

Traduction rare, publiée par Pontus de Tyard. Édition dédiée au connétable de Montmorency. Elle est remarquable au point de vue décoratif :

le bel encadrement du titre est aux emblèmes de Henri II et de Diane de
Poitiers; les en-têtes sont d'une ornementation d'un goût exquis ; superbes
lettres ornées.

C'est probablement l'exemplaire offert par le roi au connétable
de Montmorency. Dans la reliure, on a enchâssé d'anciens plats
portant d'un côté le portrait de HENRI II, en or, en relief; et de l'autre,
un médaillon, également en or, en relief, représentant le Char de la
Renommée, entouré de cette inscription : *Ob res in Ital. Germ. et Gal. for-
titer ac fœlic. gestas. Ex voto due (?)* 1554.

428. SUETONIUS. C. Suetonij Tranquilli XII Cæsares... Sexti
Aurelij Victoris a D. Cæsare Augusto usqʒ ad Theodosium
excerpta. Eutropij de gestis Romanorum Lib. X. Pauli Diaconi
libri VIII ad Eutropij historiam additi. (A la fin :) *Venetiis in
ædibus Aldi, et Andreæ Soceri mense Avgvsto M.D.XVI* (1516).
In-8; mar. rouge, fil., ornem. (*Hardy*).

    Première édition aldine, dédiée à Grolier par Egnazio. Fort rare.

429. Historiæ Augustæ scriptores VI... Claudius Salmasius ex
veteribus libris recensuit... Emendationes Isaaci Casauboni...
Parisiis, M.DC.XX (1620) [*Hierosme Drouart*]. 2 part. en 1 vol.
in-fol. ; mar. olive, doré en plein, tr. dor. (*anc. rel.*).

    Reliure aux armes et au chiffre de la reine MARIE DE MÉDICIS. Elle
a été restaurée.

430. PALISSOT DE MONTENOY. Histoire raisonnée des premiers siècles de Rome, depuis sa fondation jusqu'à la République, par M. Palissot de Montenoy... *A Londres,* 1756.
2 tom. en 1 vol. in-12 ; mar. rouge, fil. et tr. dor. (*rel. du
temps*).

    Portrait de Palissot, ajouté.
    Exemplaire aux armes du duc ou de la duchesse Charlotte-Anne-Fran-
çoise de Montmorency-Luxembourg.

431. ARETINO (L.). (Libro chiamato de la p̄ma guerra punica
qual fo tra Romani et Carthaginesi : Composto da... Leonardo
Aretino : prima in latino : poi in lingua materna). *S. l. n. d.*
In-4, de 86 ff. à 27 lign. par page; bas. bleue, fil.

    ‹ Édition rarissime, imprimée vers 1470 par un imprimeur inconnu qu
a employé les mêmes caractères dans l'édition originale de l'Horace.
    Exemplaire du comte Boutourlin. La condition laisse à désirer.

432. JORNANDES. ISIDORUS, etc. Diversarum gentium His-

toriæ antiquæ scriptores tres : Jornandes Episcopus : de
regnorum ac temporum succcssionibus. Eiusdem Historia de
origine Gothorum. Isidorus Hispalens. : de Gothis, Wandalis
et Suevis. Eiusdem Chronicon Rēgum Wisigothorum. Pauli
Warnefridi F. Diaconi : De gestis Longobardorum libr. VI.
Frid. Lindenbrogius recensuit et observationibus illustravit.
Hamburgi, apud Michaelem Heringium, 1611. Gr. in-4 ; mar.
rouge, fil., tr. dor. (*anc. rel.*)

Superbe exemplaire aux troisièmes armes de J.-A. DE THOU.
Des coll. R. Heber et Ch. Brunet.

IV. HISTOIRE DE FRANCE.

1. *Histoire politique.*

433. SIGEBERTI Gemblacensis cœnobitæ, chronicon ab anno 381
ad 1113 cum insertionibus ex historia Galfridi et additionibus
Roberti abbatis montis. centū et tres sequētes ānos cōplecten-
tibus.... *Venale habetur in officina Henrici Stephani (vbi impressum est) e regione scolæ Decretorum sita : et in vico sancti
Iacobi in officina Ioannis Parui sub Lilio aureo.* (A la fin :)....
Anno dñi.... 1513 / *Calendis Iunij.* In-4 ; mar. rouge, fil. à fr.,
milieux, tr. dor. (*Lortic*).

Première et rare édition de la chronique de Sigebert de Gembloux, qui
est un des plus complets et des plus précieux monuments de ce genre.
Exemplaire parfait.

434. TRITHÈME (J.). Compediũ siue Breuiariũ primi volvminis
annalivm, sive historiarvm de origine regvm et gentis Fran-
corvm.... Joannis Tritemij abbatis. (A la fin :) *Impressvm et
completvm est presens chronicarum opus. anno dñi. MDXV.*
(1515). *in vigilia Margaretæ uirginis. In nobili famosaq; urbe
Moguntina huius artis impressoriç inuentricç prima. Per Ioannem Schöffer...* In-fol., fig.; demi-rel., dos et coins de mar.
rouge.

Livre fort important pour l'histoire des origines de l'imprimerie, en
raison de la souscription finale qui attribue cette grande invention à Jean
Fust et à Pierre Schöfer. Très belle gravure sur bois hors texte.
Exemplaire de la bibl. de l'évêché de Spire, avec cachets.

435. (FAUCHET, Claude) Recveil ‖ des Antiqvitez ‖ gavloises et ‖ françoises. *A Paris, chez Jacques du Puys...* 1579. In-4; mar. rouge, fil., ornem., tr. dor.

Première édition, fort rare, de ce livre qui donne l'histoire de la Gaule et de la France jusqu'à la mort de Clovis. Très bel exemplaire.

436. LE MAIRE (J.). Les Illustrations de Gau‖le ҫ Singularitez de Troye ‖ ... Auec les deux epistres de l'amant Verd Composez par Jan le Maire de Belges. (*Paris,* 1512-1519). 5 part. en 1 vol. in-4, goth., fig. s. bois; mar. rouge, fil. et compart. à froid, tr. dor. (*Hardy*).

Recueil d'éditions fort rares; les parties portant la date de 1519 ne sont pas citées au *Manuel.*

La 1re partie des *Illustrations* a 10 ff. prélim. et lxxij ff. de texte, plus 8 ff. (*Les epistres de l'Amant verd*) non chiff. La souscription est ainsi conçue : *Imprime a Paris Lā mil cinq cētȝ ꞇ. xix.* ‖ *pour Enguillebert ꞇ maistre Jehā de marnef*‖ *Et Pierres viart libraires....*—La 2e partie n'a pas de souscription; le privilège qui se trouve en tête est de Blois à la date du 1er mai 1512. Elle a 4 ff. prél. et lij ff. plus 2 ff. pour la table. — La 3e partie a 8 ff. prél. et lvij (57) ff. plus 1 feuillet pour la marque. En voici la souscription : *Imprime a Paris au Mois de Feurier Lan* ‖ *Mil cinq centȝ et quinze/par le commandement de Maistre Jan le Maire... Pour Enguille*‖*bert ꞇ Jehan de Marnef... Et pour Pierre Viart... Ausquelȝ ledit Maistre Jan le Maire/a communicque son priuiliege Royal.... Dōt la teneur est inseree* ‖ *au second liure Datee du premier iour de May :* ‖ *Lan Mil cinq centȝ ꞇ douze.*—Lepistre du Roy a Hector, etc., a 30 ff. non ch. avec cette souscription : *Imprime a Paris ou moys Daoust Lan* ‖ *Mil Cinq Centȝ et disneuf : pour Enguille*‖*bert de Marnef..,* etc...—Le traictie des scismes, etc., a 38 ff. non chiffrés. Les initiales du texte sont toutes historiées. Au dernier feuillet, qui est aussi le dernier du volume, on lit : *Imprime a Paris au moys Daoust* ‖ *Lan Mil cinq centȝ et xix, pour En*‖*glebert et Iehan de Marnef....* A la fin de chaque partie se trouve la marque de Marnef.

Curieuses figures sur bois.

Superbe exemplaire, avec témoins.

437. DU MOULIN (Ch.). Prima Pars Tractatvs de origine, progressv et excellentia Regni et Monarchiæ Francorum, et coronæ Franciæ, Authore Do. Carolo Molinæo Iurium Doctore... *Lugdvni. Ad Salamandræ, apud Claudium Sennetonium. M.D.LXIIII.* (1564). In-4; veau fauve, riches compart. en or et en mosaïque, tr. dor. (*rel. du temps*).

Œuvre d'un des plus grands jurisconsultes français, dont la famille était alliée à Anne de Boleyn, mère d'Élisabeth, reine d'Angleterre, qui ne désavouait pas cette alliance. Édition dédiée à Jeanne d'Albret, reine de Navarre. Portrait de l'auteur gravé sur bois.

Exemplaire avec témoins, réglé, revêtu d'une riche reliure dont on trouvera une reproduction au catalogue illustré.

438. BOUCHET (Jean). Les anciennes et modernes Ge=‖ncalogies Des Roys De Fran=‖ce et mesmement Du Roy Pha=‖ramond/ Auec leurs Epitaphes ‖ et Effigies... *Et sont a vendre a Paris en la rue saint Iacques* ‖ *Et a Poictiers au Pellican. Et a Lim- primerie a la* ‖ *Celle / et deuant les Cordeliers, par Iacques Bou-*‖*chet Imprimeur au dict Poictiers.* (A la fin :)... *Imprimez* ‖ *nouuellement a Poictiers par Iacques* ‖ *Bouchet Imprimeur le vingt septies*‖*me iour de Nouembre Lan mil cinq cens* ‖ *trente vng* (1531). In-4, goth.; fig. s. bois; mar. bleu fleurd., tr. dor. (*Trautz-Bauzonnet*).

Seconde édition, non moins rare que la première, ornée de portraits des rois de France jusques et y compris Louis XII. Texte en vers et en prose.

Fort bel exemplaire, avec témoins.

439. BOUCHET (Jean). Lhistoire et cronicque de Clotaire ‖ Pre- mier de ce nom .vii. roy des Frãcoys et monarque des gau‖les. et de sa tresillustre espouse : madame saincte Radegonde ‖ extraicte au vray de plusieurs cronicq̃s antiq̃s ꝗ modernes... (A la fin :) *Ceste vie a este imprimee a poictiers par sire Enguil*‖*bert de marnef libraire iure de lad. uniuersite, demou*‖*rant a lenseigne du Pellican deuant le palis dud' poi-*‖*ctiers. Le iour du moys de* ‖ *Lan mil cinq cens.* ‖ *Et sont a vendre au pellican* ‖ *aud poictiers et aussi a paris.* In-4, goth.; fig. s. bois. — Le seiour salutaire. ‖ Ce liure est tres vtile et necessaire a tou‖tes gens pour occuper ꝗ employer le tẽps ‖ fructueusement et non pas en euures in‖vtilis (*sic*) ꝗ illicites cõme plusieurs le font. Et mesme=‖ment aux iour et nuytee de nouel Ouquel liure ‖ sont cõtenuee (*sic*) plusieurs choses tres dignes de sca=‖uoir. Et non acoustumees de lyre en francoys. (Au-dessous, la mar- que de Jean Mesnage. A la fin :) *Cy fine ce petit liure intitule...* *Lequel a este cõpose ꝗ finy* ‖ *en la paroisse de saint poul de poictiers. Lan Mil* ‖ *cinq cens u treize* (1513). *Nouuellemẽt im- prime. ꝑ Iehan* ‖ *Mesnage De paris le iij. iour de Decembre.* In-4, goth., 26 ff. à long. lignes, gros caractères. — En 1 vol.; mar. vert, fil., tr. dor. (*anc. rel.*).

L'*Histoire de Clotaire* est en édition originale, extrêmement rare. Le privilège daté du 27 janvier 1317 permet de remplir la date restée en blanc. L'ouvrage est dédié à la reine Claude, première femme de François Ier, dont les armes réunies avec les deux emblèmes (la *Salamandre* et l'*Hermine*) sont gravées sur le titre. Au verso du 2e feuillet est une grande gravure sur bois représentant Clotaire et sainte Radegonde, en pied. Le dessin en est correct, et la gravure marque déjà un certain progrès de l'art par la fermeté de la taille. L'ouvrage est orné, encore, de six autres gravures presque à pleine page; quoique grossoyées, elles ne manquent pas d'intérêt.

L'opuscule relié à la suite n'est connu que par le présent exemplaire et paraît UNIQUE. Il émane d'un imprimeur dont les productions sont encore inconnues et dont la marque a échappé aux laborieuses recherches de M. Silvestre.

. . Cet exemplaire laisse à désirer au point de vue de la conservation; le dernier f. du premier ouvrage et le titre du second sont doublés; une marge est rapportée au bas du dern. f.; enfin, il y a des mouillures, mais pour un livre unique il n'y a pas de choix à faire. Il provient de la vente Pressac (1857).

440. CORROZET (Gilles). Le Thresor des histoires de France. Réduit par Tiltres, en forme de lieux conmuns. Par feu Gilles Corrozet. Augmenté et continué jusques à présent. *A Paris, chez Jean Corrozet,* 1644. Pet. in-8; mar. bleu, compart. à fil., milieux, tr. dor. (*Lortic*).

Livre intéressant. C'est ici que la fameuse *Chronique* du règne de Louis XI est attribuée à Jean de Troyes.
Très bel exemplaire.

441. GREGORII (B.) Turonĕsis episcopi. Historiarum precipue gallicarū Lib. X. In vitas patrum fere sui temporis. Lib. I. De gloria confessorum præcipue gallorum. Lib. I. — Adonis Viĕnĕsis episcopi. Sex ætatu mūdi Breues seu cōmentarii : vsq; ad Carolū simplicem francorum regem. *Venundantur ab Impressore Iodoco Badio et Ioăne Paruo.* (A la fin:)... *In ĕdibus Ascensianis. Anno... M.DXXII* (1522). *ad Idus Nouĕb.* Pet. in-fol.; mar. fauve, fil. à fr., milieux, tr. dor. (*Lortic*).

Seconde et rare édition, conforme à la première. Très bel exemplaire.

442. DAGNEAUX (Cl.-J.-B.). Histoire générale de la France écrite d'après les principes qui ont opéré la Révolution, par Cl.-J.-B. Dagneaux, ci-devant Dom Devienne. *Paris, Gueffier,* 1791. 2 vol. in-8; mar. La Vallière, fil. à fr., tr. dor.

Ouvrage non achevé, s'arrêtant à l'année 1359.
Exemplaire sur VÉLIN.

443. JOINVILLE (Jean, sire de). L'Histoire et Chroniqve dv treschre-‖stien roy S. Loys, IX. ‖ du Nom, ɛ XLIIII Roy de France. ‖ Escripte par feu messire Iehan Sire, seigneur de Ion‖ville (sic) ... Et main‖tenant mise en lumiere par Anthoine Pierre de ‖ Rieux. *On les uend a Poitiers, a l'enseigne du Pelican*, M.D.XLVII. (1547). (A la fin :) *Imprimee a Poictiers, par Iehan & Enguilbert de Marnef ‖ freres, demourans a l'enseigne du Pelican. Et fut acheuée ‖ d'imprimer le xv. de Mars, M.D.XLVI.* (1546). In-8; veau brun écaille, tr. dor. (*anc. rel.*).

Première et rare édition.

444. (CHOISY, l'abbé de.) Histoire de Philippe de Valois et du roi Jean. *Paris, Claude Barbin*, 1688. In-4; fig.; mar. rouge, fil. et tr. dor. (*rel. du temps*).

Jolies vignettes en taille-douce.
Exemplaire aux armes de LOUIS XIV.

445. CHOISY (l'abbé de.) Histoire de Charles cinquième, roi de France..... *Paris, Antoine Dezallier*, 1689. — Histoire de Charles VI, roi de France... *Paris, J.-B. Coignard*, 1695. 2 vol. in-4 ; fig.; mar. rouge, fil. et tr. dor. (*anc. rel.*).

Jolis en-têtes gravés en taille-douce. Bel exemplaire.

446. Histoire de Louis unziesme, roi de France, et des choses memorables aduenuës de son regne, depuis l'an 1460 jusques à 1483. Autrement dicte la Chronique scandaleuse, escrite par un greffier de l'Hostel de ville de Paris. *Imprimee sur le vray original*, 1611. In-8; veau fauve.

Première édition plus correcte de cette chronique attribuée à Jean de Troyes.

447. Chroniqve scandalevse, ov Histoire des estrange (sic) faicts arriuez soubs le Regne de Lovys XI, roy de France. Depuis l'an 1460 iusques à 1483. Escrite par vn Greffier de l'Hostel de Ville de Paris. *Imprimée sur le vray Original*, M.DC.XX (1620). In-4 ; portrait de Louis XI ; mar. vert, tr. dor. (*Capé*).

Même édition, avec le titre renouvelé. Curieux portrait gravé par Matheus.
Très bel exemplaire.

448. COMMINES (Ph. de). Les Memoires de messire Philippe

de Commines... sur les principaux faicts & gestes de Louis onziesme et de Charles huictiesme son filx... reueus et corrigez par Denis Sauuage de Fontenailles... sur un exemplaire pris à l'original de l'Autheur. *On les vend au Palais a Paris var Galiot du Pre.* 1561. (A la fin :) *Imprimé à Paris par Guil. Morel pour Galiot du Pre.* In-fol. ; mar. vert, fil., orn. sur les pl., tr. dor. (*Lortic*).

Très bel exemplaire d'une bonne édition.

449. SEYSSEL (Cl. de). Histoire du roy Loys dovziesme, pere dv pevple, par Mess. Clavde de Seissel.... *A Paris, chez Iacques du Puis, à la Samaritaine,* 1587. In-8 ; mar. noir, fil., tr. dor. (*anc. rel.*).

Exemplaire réglé, revêtu d'une reliure avec médaillons incrustés en or et couleurs, copiés d'une reliure orientale. Les plats et le dos sont parsemés de fleurs de lis et de deux palmes croisées.

450. Premier & second [& tiers] livre des dignitez, magistrats & offices du Royaume de France. Ausquels est de nouveau adiousté le tiers liure de ceste matiere outre la reueue & augmentation d'iceux. *A Paris, par Guillaume le Noir...* 1560. In-8, de 68 ff. — Cronique abregee des faitz, gestes, et vies illustres des Roys de France : commençant à Pharamond iusques à nostre tres cher, & tres haut, François Roy de France, second de ce nom... *A Paris, Par Guillaume le Noir* (1560). In-8, de 60 ff. ; fig. sur bois. — La Chronique des Roys de France, puis (*sic*) Pharamond iusques au Roy Henry, second du nom, selon la computation des ans iusques en l'an mil cinq cens cinquante & trois. Le catalogue des papes, puis S. Pierre iusques à Iules tiers du nom. Catalogue des Empereurs, puis Octouian Cesar iusques à Charles, V du nom... *Paris, Galiot du Pré,* 1553. In-8. — En 1 vol. ; veau br., fil., tr. dor. (*anc. rel.*).

Le premier ouvrage ne se trouve pas dans le *Manuel*. Le second est orné de 61 portraits. Le troisième, imprimé en caractères italiques, contient trois vignettes sur bois.

Exemplaire avec le portrait de HENRI II, en médaillon en relief, sur les deux plats. De la bibliothèque Yéméniz.

451. (BELLAY, Jean du.) Translation de l'epistre du Roy Treschrestien Francois premier de ce nom, a nostre sainct Pere Paul troisiesme, par laquelle est respondu aux calomnies con-

tenues en deux lettres enuoyees au dict sainct Pere, par Charles cinquiesme Empereur, l'une du xxv iour d'Aoust, l'autre du xviii Octobre, M.D.XLII (1542). *A Paris, de l'impr. de Robert Estienne,* 1543. In-8 ; mar. rouge, orn., tr. dor. (*Lortic*).

Traduction d'une épître latine rédigée par le cardinal du Bellay. Extrêmement rare. Très bel exemplaire.

452. (BELLAY, Jean du.) Epistola Regis christianissimi ad amplissimos sacri Imperii ordines. *Parisiis, apud Carolum Stephanum, Typographum Regium,* 1553. In-4, de 8 ff. — Oratio de sententia Chr. regis scripta ad serenissimos... viros, universosque sacri imperii ordines Spiræ conuentum agentes. *Parisiis, ex offic. Rob. Stephani typ. reg.,* 1544. In-4, de 4 ff. — En 1 vol.; mar. rouge, tr. dor. (*Capé*).

La première épitre est de Henri II. La seconde pièce a été rédigée par le cardinal du Bellay pour la défense de François Iᵉʳ dans sa querelle avec Charles-Quint. Très rares.

453. Le sacre et covronnement du Roy Henry deuxieme de ce nom. *De l'imprimerie de Robert Estienne...* S. d. (1547). In-8, de 20 ff.; veau fauve, fil., tr. dor.

Plaquette fort rare, dont il y a deux éditions imprimées avec des caractères différents (voir notre cat. de 1879, nº 505). Dans celle-ci, la marque des Estienne est sans la croix de Lorraine. La gravure sur bois représentant la cérémonie du sacre, d'une belle exécution, est courte de marges dans le présent exemplaire qui vient de la bibl. Yémeniz.

454. Discours merveilleux de la Vie, Actions et Deportemens de Catherine de Medicis, Royne Mere, declarant tous les moyens qu'elle a tenus pour usurper le Gouvernement du Royaume de France et ruiner l'estat d'iceluy. M.DC.XLIX (1649). *Selon la copie imprimée à Paris.* Pet. in-8, de 138 pp.; mar. bleu, fil., tr. dor. (*Hardy*).

Satire attribuée à tort à Henri Estienne. Rare. Très bel exemplaire.

455. (BELLOY, Pierre de.) Moyens d'abvs, entreprises et nvllitez, dv rescrit et bvlle dv pape Sixte Vᵉ dv nom, en date du mois de Septembre 1585. Contre le serenissime Prince, Henry de Bovrbon, Roy de Nauarre..... et Henry de Bovrbon, ... Prince de Condé, Duc d'Anguien, Par vn Catholique, Apostolique, Romain : mais hon François, et tres fidele subiet de

la Couronne de France. *Cologne, de l'Imprimerie d'Herman Iobin,* 1586. Pet. in-8 ; mar. rouge, fil. et tr. dor. *(anc. rel.).*

Fort rare. Bel exemplaire.

456. PEREFIXE (Hardouin DE BEAUMONT DE.) Histoire dv Roy Henry le Grand. Composée par Messire Hardovyn de Perefixe... Reueuë, corrigée et augmentée par l'Auteur. *A Paris, de l'impr. d'Edme Martin,* 1662. In-4 ; mar. bleu, compartim. et orn., tr. dor.

Précieux exemplaire de cet ouvrage estimé, et où l'on a intercalé 154 portraits et scènes des événements de l'époque, gravés par Landry, Léonard Gaultier, Boissard, Thomas de Leu, Goltzius, Antoine Wierix, Montcornet, etc., etc., en très belles épreuves.
De la coll. Thomas Griffith, etc.

457. SULLY (le duc de). Memoires des sages et royales œconomies d'Estat, domestiqves, politiqves et militaires de Henry le Grand... et des servitvdes vtiles obeissances convenables et administrations loyales de Maximilian de Bethvne l'vn des plus confidens, familiers et vtiles soldats et scruiteurs du grand Mars des François. Dediez à la France, à tous les bons soldats et tous peuples François. *A Amstelredam, chez Alethinosgraphe de Clearetimelee et Graphexechon de Pistariste, à l'enseigne des trois Vertus couronnées d'Amaranthe.* S. d. (1638). 2 vol. in-fol. ; mar. rouge, fil. à comp., ornem. et tr. dor. *(Niedrée).*

Première édition, fort rare, faite au château même de Sully, en 1638, par un imprimeur d'Angers. Très bel exemplaire.

458. VALDOR. Les Triomphes de Lovis le Jvste XIII. dv nom... contenant les plvs grandes actions ov Sa Majesté s'est trouvée en personne, représentées en Figures Ænigmatiques exposées par vn Poëme Héroïque [en latin] de Ch. Beys, et accompagnées de vers François sous chaque Figure, composez par P. de CORNEILLE. Avec les portraits des rois, princes et généravx d'armes, qui ont assisté... Lovis le Ivste Combattant ; et leurs Deuises et Expositions en forme d'Éloges, par H. Estienne... Ouurage entrepris et fini par Jean Valdor. *Paris, Imprimerie royale, par Antoine Estiene,* 1649. Gr. in-fol., fig. ; veau brun, fil., tr. dor. *(anc. rel.).*

On trouvera, dans la *Bibliographie cornélienne* de M. E. Picot (n° 195), une description détaillée de ce bel ouvrage, curieux à bien des titres.

459. Médailles sur les principaux événements du règne entier de Louis-le-Grand, avec des explications historiques. *A Paris, de l'Imprimerie royale,* 1723. Gr. in-fol., fig.; mar. rouge, fil., tr. dor. (*rel. du temps*).

> Beau frontispice d'après A. Coypel, et 318 gravures de médailles, par Sébastien Le Clerc, les Simonneau, Bernard Picard, etc. Chaque page est entourée d'un bel encadrement.
> Exemplaire aux armes du roi LOUIS XV.

460. BASSOMPIERRE (de). Mémoires du Maréchal de Bassompierre, contenans l'histoire de sa vie, et de ce qui s'est fait de plus remarquable à la Cour de France pendant quelques années. *A Amsterdam, au dépens de la Compagnie,* 1723. 4 vol. in-12; mar. vert, fil., tr. dor. (*Hardy-Mesnil*).

> Exemplaire aux armes du prince D'ESSLING.

461. BUSSY (le comte de). Les Mémoires de Messire Roger de Rabutin, Comte de Bussy, Lieutenant général des armées du Roy, et Mestre de camp général de la cavalerie légère. *A Paris, chez Jean Anisson,* 1696. 2 vol. in-4; mar. bleu, fil., tr. dor. (*Petit-Simier*).

> Édition originale, ornée de 35 portraits sur cuivre des principaux personnages du règne de Louis XIII (1634-1666).
> Exemplaire aux armes du prince D'ESSLING.

2. Histoire provinciale. — Mélanges historiques.

462. (CORROZET, Gilles.) Le Catalogve des villes et citez assises es trois Gavles, Auec le bastiment, erection & fondation d'icelles, Plus vn traicté de la propriété des Bains, fleuues, & fontaines admirables. Le tout reueu & augmenté par I. le Bon, medecin du Roy. *A Lyon, Par Benoist Rigavd,* 1575. In-16; fig. sur bois; mar. rouge, fil. à fr., tr. dor.

> Ouvrage curieux, en vers et en prose, avec des gravures représentant des vues des villes de France. La seconde partie est de Claude Champier, ainsi que le chapitre final *Des Saints Lieux de Gaule.* Le *Traité des fleuves* est traduit du latin de Symphorien Champier, par son fils Claude. Le docteur Le Bon y a ajouté un chapitre sur les eaux de *Borbonne le Bains* au point de vue médical.
> Très joli exemplaire de cette rare édition.

463. CORROZET (Gilles). Les Antiqvitez, croniqves et singvla-

ritez de Paris, Ville Capitalle du Royaume de France. Auec
les fondations & bastiments des lieux : les sepulchres & Epitaphes des Princes, Princesses, et autres personnes illustres.
Par Gilles Corrozet, Parisien, & depuis augmentees, par N. B.
(N. Bonfons) Parisien. *Paris, Nicolas Bonfons,* 1586. In-8. —
Les Antiqvitez et singvlaritez de Paris. Livre second. De la
sepulture des Roys, & Roines de France, Princes, Princesses
& autres persoñes illustres : Representez par figures ainsi
qu'ils se voyent encores a presĕt es Eglises ou ils sõt inhumez.
Recueillis par Iean Rabel. M. paintre. *Paris, Nicolas Bonfons,*
1588. In-8, avec 55 gravures sur bois. — 2 vol. in-8, cart.

> Ouvrage d'un grand intérêt pour l'histoire de Paris. La seconde partie
> de cette édition est fort rare, et remarquable par les gravures de Rabel,
> qui reproduisent les tombeaux des souverains, princes et hommes célè-
> bres. On y trouve la vue de l'abbaye de Saint-Germain-des-Prés et un
> portrait de Christophe de Thou.

464. SAUVAL (Henri). Histoire et recherches des antiquités de
la ville de Paris. *Paris, Charles Moette et Jacques Chardon,*
1724. 3 vol. in-fol. ; demi-rel., dos et coins de mar. rouge.

> Première et rare édition.
> Exemplaire non rogné, avec le chapitre additionnel : *Amours des Rois
> de France sous plusieurs races,* qui manque souvent.

465. Recueil des Privileges de l'Université de Paris, accordez
par les rois depvis sa fondation, jusques à Louis le Grand,
XIV. du nom. *Paris, Vᵛᵉ Cl. Thiboust,* 1674. In-4 ; mar. rouge,
fil. à fr., tr. dor. (*Duru*).

> Fort rare. Très bel exemplaire.

466. PRADEL (A. du). Les Adresses de la ville de Paris, avec
le Trésor des Almanachs. Livre commode en tous lieux, en
tous temps et en toutes conditions, par Abraham du Pradel,
Astrologue Lionnois. *A Paris, chez Vᵛᵉ Denis Nion,* 1691. Pet.
in-8 ; mar. rouge, tr. dor. (*Duru*).

> Très rare. Bel exemplaire.

467. Almanach royal, Année M.DCC.LXXXIII (1783) présenté à
Sa Majesté pour la première fois en 1699 , par Laurent
d'Houry, ayeul de l'Éditeur. *Mis en ordre, publié et imprimé*

par d'Houry... In-8 ; mar. rouge, doré en plein à petits fers,
tr. dor. (*rel. du temps*).

Très riche reliure aux armes de LE PELLETIER, baron DE SAINT-FAR-
GEAU, président à mortier au Parlement de Paris.

468. Relation des entrées solemnelles dans la ville de Lyon de
nos rois, reines, princes, princesses, Cardinaux, Légats
et autres grands personnages depuis Charles VI jusques
à présent. Imprimée pour Messieurs du Consulat. *Lyon, Aimé
Delaroche,* 1752. In-4 ; mar. vert, large dent., tr. dor. (*anc.
rel.*).

Ce volume contient la relation de 39 entrées dans la seule ville de
Lyon, dont six seulement avaient paru séparément.

Exemplaire du duc DE SUSSEX.

469. CHAMPIER (Symphorien). Le recueil ou croniques des
hystoi‖res des royaulmes d'austrasie / ou France orientale
dite a ‖ present lorrayne De hierusalem / de Cicile. Et de la
duche ‖ de bar. Ensemble des sainctz contes et euesques de
toulx [Toul] ‖ contenant sept liures tant en latin que en francoys
(suit la table des livres et une préface en latin, terminée par le
mot : CHAMPIER). *Venūdantur in vico mercuriali apud Lug‖du-
num in officina Vincentij de portunarijs de tridino.* (A la fin :)
*Cy finist le recueil des histoires des royaulmes daustrasie de
Sicile ‖ ¢ de hierusalem / de la duche de bart / des euesques de
toulx ensemble ‖ lordre de cheualerie compose a nancy en lorrayne et finy lan de grace ‖ mil. ccccx* (1510), *le dixiesme de
mars par maistre Simphorien Champier cō‖selier ¢ premier
medecin de treshault ¢ puissant prince monseigneur ‖ le duc de
Lorrayne / de calabre ¢ de bar ¢c. ‖ Finis. Deo gratias.* In-fol.,
goth., fig. s. bois ; mar. rouge, fil. à fr., tr. dor.

Édition unique, rarissime, imprimée à Lyon, avec les caractères de
Janot de Campis. Ouvrage en vers et en prose, en latin et en français.
L'*Ordre de chevalerie* est pourvu d'un faux-titre.

Très bel exemplaire, de la bibl. du prince d'ESSLING. Racc. à un f.

470. ESTIENNE (Charles). Discours des histoires de Lorraine et
de Flandres. Au Roy treschrestien Henry II. *A Paris, chez
Ch. Estienne... M.D.LII* (1552). Pet. in-4 ; parchem.

Ouvrage écrit pour justifier les droits de la France sur la Flandre et
la Lorraine, à l'occasion de l'expédition de Henri II contre ces pays.

Très bel exemplaire de ce livre rare.

V. HISTOIRE DES PAYS ÉTRANGERS.

471. EYTZING (Mich. von). De Leone Belgico, eiusq; Topographica atq; historica descriptione liber... Michaele Aitsingero Avstriaco avctore. (A la fin :) *Coloniæ Vbiorvm. Impressit Gerardvs Campensis, anno... millesimo qvingentesimo octvagesimo tertio* (1583). *Impensis Francisci Hogenbergii...* In-fol.; fig. sur cuivre; vau fauve, ornem., tr. dor. (*rel. du temps*).

Première et rare édition de cet ouvrage qui contient l'histoire des troubles des Pays-Bas, de 1559-1583. Il est orné du portrait de l'auteur, de 112 planches gravées par Fr. Hogenbergh, et d'une carte des Pays-Bas.

Exemplaire revêtu de la signature du président DE THOU et de celle, répétée deux fois, de son fils J.-A. DE THOU.

472. Le Tres excellent et somptveux Triomphe, faict en la ville de Venise, en la publication de la Ligue. Auec les aduertissemens de la tres-heureuse et vrayement miraculeuse victoire, obtenue par l'armée Chretienne, à l'encontre du grand Turc. *A Lyon, Par Benoist Rigavd.* 1571. Pet. in-8, de 8 ff.; mar. brun clair, orn., tr. dor. (*Masson-Debonnelle*).

Cette Ligue fut publiée le 2 juillet 1571, et, le 7 octobre suivant, des flottes combinées de Venise, de l'Espagne et du pape, commandées par don Juan d'Autriche, gagnèrent sur les Turcs la grande bataille de Lépante, célébrée dans la présente plaquette, qui est extrêmement rare.

Exemplaire à l'emblème de M. Ruggieri, frappé sur les plats.

472. LUNA (Miguel de). La Verdadera Historia del rey don Rodrigo, en la qual se trata la causa principal de la perdida de España, y la conquista que della hizo Miramamolin Almançor Rey que fue del Africa, y de las Arabias, y vida del rey Iacob Almançor. Compuesta por el sabio Alcayde Abulcacim Tarif Abentarique, de nacion arabe, y natural de la Arabia Petrea. Nueuamente traduzida de la lēgua Arabiga por Miguel de Luna vezino de Granada, Interprete del Rey don Phelippe nuestro señor. Año 1603. *En Çaragoça, por Angelo Tavanno,* 2 part. in-4; fig. s. bois; mar. rouge, fil., tr. dor. (*Masson-Debonnelle*).

On a démontré que cette histoire, citée souvent comme une autorité, n'est que l'œuvre personnelle de Michel de Luna, qui s'est ainsi rendu coupable d'une supercherie. La date du soi-disant original arabe est fixée à l'année 763, dans un avis placé à la fin de la seconde partie; mais cette histoire n'a été composée, en réalité, qu'au commencement du xvi° siècle, d'après des sources arabes.

Cette édition est la seconde. On lit au recto du dernier feuillet que l'œuvre fut achevé d'imprimer le 9 novembre 1602.

Magnifique exemplaire, avec témoins, de ce livre fort rare.

474. CHAMBRE (D.). Discovrs de la legitime svccession des femmes avx possessions de levrs parens : et du gouuernement des princesses aux Empires et Royaumes... Par Dauid Chambre Escossois, conseiller en la cour de Parlement à Edinbourg... *A Paris, chez Iean Feurier, pres le college de Reims,* 1579. In-8, de 34 et 2 ff.; mar. rouge, dent., tr. dor.

Première édition, très rare, de cet opuscule écrit principalement pour la défense des droits de Marie Stuart à la couronne d'Angleterre.

Très bel exemplaire.

475. CHARLES Ier. Eikòn Basilike (en grec). Le Portrait dv Roy de la Grand'Bretagne. Fait de sa propre main durant sa solitude et ses souffrances. *A Roven, chez Iean Berthelin,* 1649. In-4, front.; mar. vert foncé, riches compartim. en or et en mosaïque, tr. dor. (*rel. du temps*).

Première édition faite en France de la traduction d'un livre célèbre qui avait suscité bien des controverses. On l'a attribué au docteur Gauden, évêque d'Exeter, mais les récentes investigations de MM. Edward J.-L. Scott et John-B. Marsh (1880) prouvent que son auteur est bien l'infortuné Charles Ier.

Cette traduction est d'un sieur Porrée qui l'a dédiée au roi Charles II. Une autre traduction en avait été donnée dans la même année, sous la rubrique de La Haye. Notre édition contient plusieurs pièces additionnelles.

Exemplaire revêtu d'une riche reliure.

476. The Reing of king Charles, an History faithfully and impartially delivered and disposed into Annals. *London, Printed by E. C. for Edward Dod...* 1655. In-4; fig.; cuir de Russie, compart. à fil. et à froid.

Précieux exemplaire auquel on a ajouté soixante portraits et sujets relatifs au règne de Charles Ier, gravés par Faithorne, Hollar, Marshall, etc.

477. Russia seu Moscovia, itemque Tartaria, commentario topographico atque politico illustratæ. *Lugd. Batavorum, ex offic.*

Elzeviriana, 1630. In-32, titre gravé; mar. fauve, doré en plein, tr. dor. (*anc. rel.*).

Délicieuse reliure, probablement de Le Gascon. Les plats sont couverts d'un fouillis serré de pampres au milieu desquels on voit des oiseaux.

478. RODERICUS SANCIUS. Incipit Epistola lugubris & mesta simul & consolatoria ‖ de infelice expugnatione ac misera ir-ruptione & inuasione ‖ Insule Euboye dicte Nigropontis a perfido crucis christi ‖ hoste Turchorum impiissimo principe & tiranno nuper inflicta :..... edita a Roderico Santii Episcopo Palentino ‖ Hispano... (A la fin :) *Explicit Epistola lugubris et lacrimabilis...* S. l. n. d. (vers 1470). In-fol., de 14 ff., sans chiffres ni sign., à 33 lignes [par page; mar. olive, fil. à fr., milieux, tr. dor. (*Lortic*).

Édition inconnue aux bibliographes, en lettres rondes, peut-être la plus ancienne de cette épître provoquée par la prise de Négrepont, par les Turcs en 1469.
Superbe exemplaire.

479. LUSIGNAN (E. de). Histoire generale des royavmes de Hiervsalem, Chipre, Armenie, et lieux circonvoisins.... par R. P. F. Estienne de Lvsignan de la Royale maison de Chipre. *A Paris, chez Jean Foüet,* 1613. In-4 ; mar. rouge, fil. et tr. dor. (*anc. rel.*).

Livre rare. Exemplaire aux armes et au chiffre du roi LOUIS XIV. Provient des doubles de la bibl. du Roi.

480. BENZONI (G.). La Historia del mundo nuouo di M. Girolamo Benzoni Milanese, laqual tratta delle isole e mari nuouamente ritrouati et delle nuoue città da lui proprio vedute. *In Venetia, ad instantia di Pietro e Francesco Tini fratelli,* 1572. In-8 ; veau fauve, fil., tr. dor.

Volume peu commun, orné de gravures sur bois qui sont assez spirituellement dessinées et semblent rendre fidèlement les scènes décrites par l'auteur.
Exemplaire avec des piq. de vers aux derniers fl. et une marge coupée.

VI. ARCHÉOLOGIE.

481. **LIPSIUS** (J.). Justi Lipsii de Amphitheatro liber, cum æneis figuris. *Antuerpiæ, apud Christ. Plantinum,* 1584. In-4 ; mar. citr., fil., tr. dor. (*rel. du temps*).

> Dans le même volume : *Justi Lipsii de Amphitheatris extra Romam libellus;* Ibid., id., 1584 ; — *I. Lipsii Saturnalium sermonum lib.* II; Ib., id., 1585. — *De Constantia, lib.* II.; Ib., id., 1585.
> Très beau volume enrichi de curieuses gravures qui sont ici en premières épreuves. Exemplaire aux premières armes de J.-A. DE THOU.

482. **BUDÉ** (G.). Gulielmi Budæi parisiensis libri V de Asse et partibus ejus post duas Parisienses impressiones ab eodem ipso Budæo castigati, idq; anthore Io. Grolierio Lugdunensi, Christ. Gallorū Regis secretario... cui etiam ob nostrā in eum obseruantiā à nobis illi dicantur. M.D.XXII. (A la fin :) *Venetiis, in ædibus Aldi et Andreæ Asulani soceri mense septembri.* M.D.XXII. (1522). In-4 ; mar. brun, fil. à fr., milieux, tr. dor. (*Hardy*).

> Superbe exemplaire de la meilleure édition de l'ouvrage de Budé.

483. **BUDÉ** (G.). Sūmaire ou Épitome du liure de Asse faict par le commādement du Roy, par maistre Guillaume Bude, conseiller dudict seigneur et maistre des requestes ordinaires de son hostel / et par luy presente audict seigneur. (A la fin :) *Imprime a Paris Le sixiesme iour de Juing mil cinq cēs vingt ℞ sept* (1527). Pet. in-8, goth.; mar. rouge, fil. et tr. dor. (*Lortic*).

> Très bel exemplaire d'une édition extrêmement rare, non citée au *Manuel.*

484. **FABRICII** (Georgii), Chemnicensis, [Roma. Antiquitatum libri duo, et ære, marmoribus, saxis, membranisve veteribus collecti ab eodem. *Basileæ, typis Oporinianis,* 1587. In-8 ; mar. rouge, fil., dent., tr. dor. (*rel. du xviiᵉ s.*).

> Belle et précieuse reliure au chiffre du célèbre érudit et bibliophile FABRI DE PEIRESC.

485. **JUNIUS** (Hadr.). De Anno et mensibus commentarius; item Fastorum liber, quo quidquid peculiariter apud Græcos,

12

Hebræos, Romanos, cæterasque exteras nationes memorabile quolibet die actum fuerit et observatum, compendio commòn-stratur, etc., etc. *Basileæ*, 1556. In-8; màr. rouge, fil., tr. dor.

Reliure au chiffre différent de PEIRESC.

486. Notitia utraque cum orientis tum occidentis ultra Arcadii Honoriique cæsarum tempora, illustre netustatis monumen-tum..... *Basileæ, Apud Hieron. Frobenium et Nic. Episcopium*, 1552. In-fol.; mar. La Vallière, tr. dor. (*Capé*).

Première édition de l'ouvrage connu sous le nom de *Notitia dignitatum imperii romani*. Nombreuses gravures sur bois représentant des antiquités romaines.

487. Delle Antichità di Ercolano, esposte con qualche spiegazione (da Ottav. Ant. Bajardi). *Napoli, regia stamp.*, 1757-1792. 9 vol. gr. in-fol.; fig.; mar. rouge, fil., tr. dor. (*rel. du temps*).

Magnifique publication, ornée d'un grand nombre de planches. Superbe exemplaire, en grand papier, revètu d'une excellente reliure. Le tome IX est broché, sans doute en raison des événements de l'époque, la reliure étant française.

488. LE POIS (A.). Discours sur les médalles (*sic*) et gravevres antiques, principalement romaines... Par M. Antoine Le Pois, conseiller et medecin de Monseignuer le duc de Lorraine. *Paris, Mamert Patisson*, 1579. In-4 ; vélin.

Ouvrage rare, orné de vingt planches en taille-douce, gravées par le célèbre artiste lorrain Pierre WOEIRIOT, ainsi que de figures sur bois, dont un Priape, qui est rarement intact.

Cet exemplaire, sur papier fort, offre cette particularité non signalée par les bibliographes qu'au verso du titre est tiré le portrait de l'auteur, gravé également par Woeiriot.

489. LE POIS (A.). Discovrs svr les médalles (*sic*) et gravevres antiqves, principalement romaines... *Paris, Mamert Patisson*, 1579. In-4 ; fig. ; veau fauve, fil.

Même édition que la précédente, avec cette différence que le portrait de l'auteur n'y a pas été inséré.

490. ZANTANI (A.). Le Imagini con tutti i riversi trovati et le vite de gli imperatori tratte dalle medaglie et dalle historie de gli antichi. *Enea Vico Parm. f. l'anno MDXLVIII* (1548). In-4 ; mar. noir, comp., tr. dor. (*rel. du temps*).

Première et rare édition avec des médailles fort bien gravées par Vico. Impression aldine ; jolis ornements.
Exemplaire revêtu d'une belle reliure italienne.

491. SWEERTIUS (F.). XII Cæsarum romanorum imagines e numismatibus expressæ, et historica narratione illustratæ. Ex museio Franc. Sweertii F. Antuerp. *Antuerpiæ, apud Ioannem Baptistam Vrintium,* 1603. In-4, de 29 ff. ; mar. vert, fil., tr. dor. (*Kœhler*).

> Livre fort rare, orné de douze portraits dans des entourages très riches, le tout gravé à l'eau-forte et au burin dans le goût des petits maîtres.
>
> Très joli exemplaire.

492. MONTFAUCON (dom Bern. de). L'Antiquité expliquée (en français et en latin) et représentée en figures. *A Paris, chez Florentin Delaulne..,* 1719. 5 tomes en 10 vol. — Supplément... *A Paris, chez la veuve Delaulne...* 5 vol. — Les Monumens de la monarchie françoise, qui comprennent l'Histoire de France, avec les figures de chaque règne que l'injure des tems a épargnées... *Paris, J.-M. Gandouin,* 1729-1733. 5 vol. — Ensemble 20 vol. in-fol. ; cuir de Russie, compart., tr. dor.

> Ouvrage dont l'importance est connue en raison de ses gravures.
> Superbe exemplaire en grand papier.

VII. BIOGRAPHIE. — ICONOGRAPHIE. — POLYGRAPHIE.

493. (Généalogie des Rois de France jusques et y compris Charles IX.) *S. l. n. d. (Paris, Jean Le Clerc, avant* 1575). In-fol., de 13 ff. imprimés d'un seul côté ; mar. bleu, riches compart. dorés (*rel. moderne*).

> Précieux recueil, non signalé par les iconographes et peut-être unique. C'est la première édition de cette généalogie composée de treize placards isolés (sign. A-N.), collés ici à la suite les uns des autres, de façon à former un long tableau. Les portraits des rois, à mi-corps, gravés sur bois par Jean Le Clerc lui-même, sont renfermés dans des cartouches, attachés aux branches d'un arbre généalogique, et accompagnés d'un texte imprimé. Ni Papillon ni M. Brunet n'ont connu cette suite ; ils ne citent que celle de 1595, en quatorze feuilles, continuée jusqu'à Henri IV.

494. TILLET (J. du). Recveil des Roys de France, levrs Covronne et Maison, Ensemble, le rengs (*sic*) des grands de France, par Iean du Tillet, Sieur de la Bussiere, protenotaire et secretaire du Roy, greffier de son Parlement. Plvs, Vne

Chronique abbregée contenant tout ce qui est aduenu, tant en fait de Guerre, qu'autrement, entre les Roys & Princes, Republiques & Potentats estrangers, par M. I. du Tillet, Euesque de Meaux freres. *A Paris, chez Iaques du Puys*, 1580. In-fol., fig.; mar. citron, fil., tr. dor. (*anc. rel.*).

> Livre précieux et fort rare, orné de 45 figures sur bois, dont 41 portraits de rois, de Clovis à Charles IX. Sur le titre, la belle marque de Jacques du Puys, dessinée par Jean Cousin. Les figures, d'une très bonne exécution, reproduisent avec fidélité les sceaux et armoiries. M. Bernard, dans son *Geofroy Tory*, 2e édition, pp. 223 et 327, a donné la description du manuscrit original avec miniatures remis à Charles IX, auquel il est dédié, et dont il attribue la peinture à Tory. Les portraits de l'édition de du Puys sont copiés, dit-il, sur ce manuscrit, dont la rédaction doit remonter au règne de Henri II, et quinze d'entre eux sont marqués de la croix de Lorraine. Ils sont fort jolis.
>
> Exemplaire ayant appartenu à Louis du Tillet, neveu de l'auteur, et ensuite aux *capucins du Marais*, dont il porte le cachet sur le titre et le nom sur un des plats de la reliure. Notes manuscrites et quelques mouillures.

495. Effigies regum Francorum omnium a Pharamundo ad Henricum usque tertium, ad viuum, quantum fieri potuit, expressæ, cælatoribus Virgilio Solis Noriber : & Iusto Amman Tigurino. Accessit Epitome Chronicon, eorum vitas et gesta breviter complectens. *Noribergæ*, 1576. (A la fin :) *Noribergæ, in officina typographica Katharinæ Theodori Gerlachij relictæ Viduæ & Hæredum Iohannis Montani*. In-4, front. et 262 portr.; mar. rouge, compart., tr. dor. (*Lortic*).

> Ces portraits sont des copies de ceux attribués à Claude Corneille, qui avaient paru à Lyon, en 1546, dans un livre intitulé *Epitome des roys de France;* mais leur exécution est supérieure et ils sont encadrés dans des bordures renfermant de petites scènes historiques ou de mœurs.
>
> Vingt de ces portraits, qui sont à l'eau-forte et au burin, sont signés de Virgile Solis, et ce sont les plus jolis. Les autres sont de Jost Amman.

496. CLÉMENT, de Treille (Nic.). Avstrasiæ Reges et Dvces epigrammatis per Nicolaum Clementem Trelæum Mozellanum descripti. *Coloniæ, M.D.XCI.* (1591). In-4, de 4 ff. et 130 pp.; veau fauve, fil., tr. dor. (*Simier*).

> Précieux recueil orné de 63 portraits (dont un répété) des rois d'Austrasie et des ducs de Lorraine, finement gravés en taille-douce par le célèbre artiste lorrain Pierre WOEIRIOT. Édition publiée par les soins de François Guibaudet, de Dijon, aux frais d'un sieur de Blondefontaine,

lorrain. Il en a paru simultanément deux éditions, une latine et une française, sous la rubrique de Cologne, qui paraît cacher la ville de Nancy ou de Pont-à-Mousson.

Très bel exemplaire, réglé, de ce livre rare.

497. BOISSARD (J.-J.). Icones ‖ diversorvm ‖ Hominum fama ‖ et rebus gestis ‖ illustrium. *Metis Mediomatric. Excvdebat Abrahamvs Faber. M.D.XCI.* (1591). In-4, de 111 pp. et 2 ff.; mar. La Vallière, compart. à fil., milieux et tr. dor. (*Lortic*).

Deuxième édition, extrêmement rare, de ce recueil imprimé à Metz, et orné de 52 portraits gravés en médaillons, par Alexandre Vallée, et du portrait de l'auteur du texte, Jean-Jacques Boissard, de Besançon.

Superbe exemplaire avec témoins.

498. Ritratti et Elogii di capitani illustri. Dedicati all' Altezza Serenma**.** di Francesco d'Este duca di Modena... *In Roma alle spese di Pompilio Totti Libraro. MDCXXXV* (1635). In-4, de 8 ff. et 291 pp. ch.; mar. rouge, fil., tr. dor. (*rel. du XVIII° s.*).

Livre précieux, non cité au *Manuel*, malgré son mérite incontestable. Il nous offre une série de cent vingt-neuf portraits de capitaines illustres de tous les pays, depuis le xii° siècle, portraits gravés en taille-douce, par des artistes inconnus. A en juger par un certain nombre d'entre eux, ils ont été, en général, copiés sur d'excellents modèles, et souvent par des mains très habiles. Nous nous bornerons à signaler les suivants : *Charles le Téméraire; Gattamelata*, général vénitien; *Scanderbeg; Philippe le Bon*, duc de Bourgogne ; *Tanneguy du Châtel; Mathias Corvin*, roi de Hongrie, bibliophile illustre ; *Charles VIII*, roi de France; Christophe Colomb ; *Gaston de Foix; Louis XII, Maximilien I*er, empereur (d'après Lucas de Leyde); Fernan Cortez, *François I*er, *Charles-Quint, Étienne Batory*, roi de Pologne; *Jean Zamoyski*, connétable de Pologne; *Henri IV, Charles de Longueville, Barthélemy Poppenhaim*, général de l'Empire. Il va de soi que les Italiens y tiennent le premier rang.

Le volume était déjà terminé à la p. 287 et pourvu de la souscription finale, lorsqu'on s'est aperçu qu'on avait mis de côté le connétable Fabrice Colonna, dont le portrait et l'éloge ont été ajoutés à la suite, hors cadre (cahier Oo).

Quant au texte, le bref du pape Urbain VIII (9 février 1635) nous apprend qu'il a été traduit en 1623, par Louis Orelli, de Pérouse, d'un ouvrage latin d'Horace Torsellini, de la compagnie de Jésus, avec des additions d'Octave Tronsatelli, d'après Juste Lipse, et autres.

Exemplaire revêtu d'une reliure très fraîche aux armes de Mme DE POMPADOUR, avec l'étiquette gravée portant le mot : *Versailles*. Il provient de la bibl. D. Crozat.

499. PLUTARQUE. Decade contenant les vies des Emperevrs...
Extraictes de plusieurs autheurs Grecs, Latins et Espagnols,
et mises en François par Antoine Allegre... *A Paris, Par Vascosan, imprimeur du Roy*, 1567. In-8 ; mar: rouge, fil., tr. dor.
(*anc. rel.*).

> Exemplaire aux armes de la comtesse DE VERRUE (Meudon), prove-
> nant de la collection Yémeniz.

---

500. Mélanges tirés d'une grande bibliothèque (par le marquis
de Paulmy et Contant d'Orville). *Paris, Moutard*, 1779-1781.
24 vol. in-8 ; mar. rouge, fil., tr. dor. (*rel. du temps*).

> Ouvrage fort intéressant, même aujourd'hui, contenant une énorme
> quantité d'analyses et d'extraits des livres de science, de littérature et
> d'histoire, depuis le moyen âge, le tout à l'usage des dames.
> Exemplaire revêtu d'une reliure très fraîche, aux armes de la comtesse
> D'ARTOIS.

TABLE DES DIVISIONS

MANUSCRITS.

IMPRIMÉS.

THÉOLOGIE.

JURISPRUDENCE.

SCIENCES ET ARTS.

FIN DE LA TABLE DES DIVISIONS.

Paris. — Typ. de Firmin-Didot et Cⁱᵉ, 56, rue Jacob. — 1883.

A *LA LIBRAIRIE FIRMIN-DIDOT ET Cie*

56, RUE JACOB, 56

CATALOGUE ILLUSTRÉ

DES

LIVRES RARES ET PRÉCIEUX

MANUSCRITS ET IMPRIMÉS

FAISANT PARTIE DE LA BIBLIOTHÈQUE

DE

M. AMBROISE FIRMIN-DIDOT

THÉOLOGIE — JURISPRUDENCE — SCIENCES — ARTS — LETTRES — HISTOIRE

Un vol. in-4o, sur papier vergé,
avec chromolithographies, gravures sur bois et photogravures.

PRIX : 40 FRANCS

SE VEND AU PROFIT DES PAUVRES

Nota. — Cette sixième partie comprend tout ce qui nous reste en manuscrits d'art et en miniatures isolées. Après la vente, il sera publié une table alphabétique du présent catalogue, suivie de la liste des prix d'adjudication. Ce catalogue illustré sera le dernier.

Afin d'établir l'unité bibliographique de cette collection célèbre, il sera publié, ultérieurement, une table méthodique générale, une table alphabétique, une table des provenances illustrés, etc.

Paris. — Typographie Firmin-Didot et Cie, 56, rue Jacob. — 1893

www.ingramcontent.com/pod-product-compliance
Lightning Source LLC
Chambersburg PA
CBHW070409090426
42733CB00009B/1600